《詩經》
蟲魚意象研究

邱靜子 著

文史哲學集成

文史哲出版社印行

國家圖書館出版品預行編目資料

《詩經》蟲魚意象研究 / 邱靜子著. -- 初版. --
臺北市：文史哲，民 96
　頁：　公分.-- （文史哲學集成；523）
　含參考書目
　ISBN 978-957-549-710-1 (平裝)

1. 詩經 － 研究與考訂

831.18　　　　　　　　　　96005653

文史哲學集成　523

《詩經》蟲魚意象研究

著　　者：邱　　靜　　子
出 版 者：文 史 哲 出 版 社
　　　　　http://www.lapen.com.tw
登記證字號：行政院新聞局版臺業字五三三七號
發 行 人：彭　　正　　雄
發 行 所：文 史 哲 出 版 社
印 刷 者：文 史 哲 出 版 社
　　　　　臺北市羅斯福路一段七十二巷四號
　　　　　郵政劃撥帳號：一六一八〇一七五
　　　　　電話886-2-23511028・傳真886-2-23965656

實價新臺幣三四〇元

中華民國九十六年（2007）二月初版

余培林先生序

　　《論語‧陽貨》篇記孔子告訴弟子學習《詩經》的益處說：「《詩》可以興，可以觀，可以群，可以怨，邇之事父，遠之事君，多識於鳥獸草木之名。」由行文的次序，可知「興」、「觀」、「群」、「怨」及「事父」、「事君」是大道理，「多識於鳥獸草木之名」是小事情。朱熹《論語集註》就如此說：「二者（指『事父』、『事君』）舉重而言，其餘緒又足以資多識。」

　　《詩經》多比、興，這是讀《詩經》的人都知道的。而比、興的詩句，大多由鳥獸蟲魚草木之名構成，其實即使是賦體的詩句，由鳥獸蟲魚草木之名構成的也所在多有。因此，「事父」、「事君」的大道理，往往就寄寓在這些鳥獸蟲魚草木之名之中。要想了解「事父」、「事君」大道理的詩義，還必得由瞭解這些鳥獸蟲魚草木之名著手。換言之，研究鳥獸蟲魚草木之名，也是了解詩義重要途徑之一。

　　但要想從鳥獸蟲魚草木之名以了解詩義，這是一條頗為艱困的道路。原因有二：一是實物難知，這是屬於科學層面的。如〈秦風‧小戎〉篇「龍盾之合」的「龍」，實物形象完全不可考。又如〈衛風‧淇奧〉篇「綠竹猗猗」的「綠竹」，是一名還是二名，也很難決定。二是意象難明，這是屬於文學層面的。如〈王風‧黍離〉篇三章的前二句，取義為何，眾說紛紜。因此，自陸璣《毛詩草木鳥獸蟲魚疏》以下，研究《詩經》博物的專書不知多少，卻很少有一本令人一看便曉的。近年出版的《詩經植物圖鑑》，植物形象清晰，但這些植物在詩中取義為何，既不可知，動物圖鑑

也付闕如，令人不無遺憾。

　　邱生靜子，在中學任教十餘年，既誨人不倦，也好學不厭。在教學之餘，於九十年進入玄奘大學中文系攻讀碩士學位，並以《詩經》中蟲魚及其意象為研究對象，經過四年的苦心鑽研，撰成〈詩經蟲魚意象研究〉論文一篇，其成績斐然可觀。

　　這篇論文最大的特點，是將生物科學與文學融而為一。也就是說，這篇論文不僅重視蟲魚所表現的意象，更重視蟲魚自身的形體、性能、功用等。在這方面，值得一提的又有三點：一是作者對蟲魚考徵詳實，並用現代科目名稱加以分類。如同是蟲，則有鞘翅目、鱗翅目、膜翅目、雙翅目、同翅目、蜉蝣目之區別；同是魚，則又有鱸形目、鯉形目、鯰形目、鱘形目之分異。二是古人對蟲魚的界定廣泛而模糊，蟲魚二類的區分也不甚嚴謹，作者則一一予以訂正。如伊威置於甲殼綱，龜鼉則置於爬行綱，即是一例。三是論文之末附有「蟲魚圖鑑」，將各類蟲魚形狀，以彩色圖片呈現，使人一目瞭然。

　　上述三點都屬於生物科學的範圍，靜子以一位文學研究者，竟能從事這分工作，並且做得如此完好，都是長期努力的結果。難怪沈謙教授翻閱之後，就對我說：「你指導了一篇非常好的論文。」其實，這都是靜子自己的努力，我只是竊占「指導」之名而已。

　　本論文即將付梓，我特為之序，以表示我的欣悅與讚許之情。

余培林序於台灣師範大學
民國九十五年十月一日

自 序

　　大學畢業已逾十年，教職收入穩定，婚姻生活美滿，進修之意念，總因無迫切需要而擱置。然一場論文發表會，一份免費報名簡章，深埋心中之唸書種子再度萌芽，而那位引領自己進研究所大門，無心插柳柳成蔭者，為大學時期教授修辭學之沈謙老師。

　　及進研究所就讀，方知過去滿足現狀之愚昧。所裡名師雲集，不論余培林老師之《詩經》，或是張建葆老師之《說文》，抑或是鄭明俐老師之小說研討等，皆令我眼界始大，思考乃深。儘管學校工作瑣碎繁重，所允之公假亦有期限，然得以重拾書本當學生，聆聽所裡之課程，則是工作最好之心靈加油站與精神饗宴。此外，班上同學組成多元不一，教官、護士、教師各有所長，彼此切磋琢磨，相互交流，亦為學習留下美好而充實之回憶。

　　而兩年學習最重要之成果驗收，不外乎碩士論文之提出。我材粗鄙，雖鍾情於《詩經》，然所擬題目皆不適，幸蒙余師培林垂愛，猥以指正，方定「《詩經》蟲魚意象」為研究範圍，冀完成《詩經》草、木、鳥、獸、蟲、魚意象研究之整體，探究《詩經》蟲魚物象之意蘊與移情，搭起生物個體與文學命脈研究之新橋樑，為推廣《詩經》盡綿薄之力。

　　憶論文之撰寫過程，余師逐字、逐句檢視，逐節、逐章審閱，小至標點、遣詞用法；大至體例、意象呈現，每於關鍵之處點撥，曉以解詩之鑰，使我茅塞頓開，論文得以有更全面之觀照，更縝密之論述。余師嚴而不厲，威而不猛，面對缺失，總勉我謹慎求是；如急於求成，則提醒以質為重，其溫良典範，實惠我甚多。

而論文口試時，朱守亮老師及莊雅州老師，用心而仔細地評閱論文，使疏漏謬誤之處，得以更臻完善，老師嚴謹之治學態度，令我感佩不已。

碩士研讀期間，歷經懷孕、生子人生之重要過程，產下學生女後，論文之撰寫，常是左手抱子，右手打字，眾多家務則仰賴外子代勞。此外，父母之策勵，舅姑之支持，及手足、好友之關懷，皆是此論文得以順利完成之幕後功臣。

論文定稿後，本以爲從此束之高閣，蒙灰染塵，作藝術觀而已。幸得莊雅州老師之稱許及余師培林之肯定，鼓勵我出書成冊。余師培林對我之厚愛，從代爲洽詢及勞神作序，可見一斑。余師曾來函期勉道：「近來研究《詩經》鳥獸草木蟲魚成爲顯學，但研究者是文學家，往往難入科學範圍；反之，是科學家，則又難入文學領域。你這篇論文能兼顧兩方面，實屬不易。」又言：「論文出版，不爲自己，是爲《詩經》研究，你的論文，我如此關心，也是爲學術研究。」余師一席話，使我少了晉身「作者」之喜悅，憑添一份中文人之使命。

本書之付梓，承文史哲出版社逐字黏貼古奧造字，於此並致謝忱。文雖成書，然下筆倉促，其思慮未周，論述未詳者，尚祈賢達惠予指教。

邱靜子　民國九十五年十月
序於新竹琬琰軒

摘　要

　　張少康《中國古代文學創作論》云：「文學創作的過程，實質上即是塑造藝術形象（意象）的過程。」《詩經》爲中國韻文之祖，最早之詩歌選集，其詩中意象之鮮明早爲人熟知。本論文〈《詩經》蟲魚意象研究〉主以現代生物學方法，分五章逐一考證《詩經》蟲、魚之屬性與特質，釐清前人之誤解，還原蟲、魚之真貌，並藉此得知詩人興發之所由，探究蟲、魚入詩之人文觀，揭示生物個體與文學命脈之密切聯繫。此外，本論文亦將《詩經》中之蟲、魚以圖鑑呈現，蟲魚意象則予以量化及表列，希冀對《詩經》「蟲魚意象」之鑑賞有所助益。

　　第一章爲全文之「緒論」，首先就前人「自然物象」之研究成果作一回顧整理，說明研究動機與目的；其次，以傳統與現代兼具之法，提出論文之研究方式及取材原則；再者，就古今蟲、魚界說之異同，界定本文蟲、魚之範圍；末了歸納近人關於意象之研究及意象闡釋分歧現狀，試圖將「意象」予以圓融統合，並以此作爲探究《詩經》蟲魚意象之依據，窺得詩人創作之微旨。

　　第二章「蟲類意象」，將《詩經》中之蟲，依出現名稱之異，先以「蟲之總稱爲意象」、「蟲之個別名稱爲意象」、「蟲之特殊名稱爲意象」三節畫分，再輔以前賢說《詩》之基礎，以現代科學之法（界、門、綱、目、科、屬、種），考證其生物屬性，詳述其物種特徵，企圖還原詩人當初所見之物，進而闡發詩人內心幽微之意。

　　第三章「魚類意象」，分類方式與第二章同，惟不同者，由於

文獻古籍記載資料之多寡不一,蟲類多確認至「科」,魚類則可詳言至「屬」。

第四章「蟲魚辨析」,本章主以「前人以爲蟲而非蟲者」、「前人以爲魚而非魚者」、「名爲蟲而實非蟲者」、「名爲魚而實非魚者」計四節,一一搜羅,深入辨析,除正本清源外,亦探求其詩中之意象及意象反映之文化內涵,竝現古今生物觀之差異,期盼將《詩經》中之蟲、魚作一全面觀照。

第五章「結論」,本論文融合生物與文學兩大面向切入,對誤解或懸而未決之蟲、魚,可提供科學之客觀依據,除增進博物學知識,了解詩人觀物取象,興發詩情之創作方法外,尚能沿波溯源,得詩人豐美之意象,賞析詩歌耐人尋味之雋永內涵。總結《詩經》蟲、魚於詩中之表現,可依「意象之分類與內容」、「意象之主題」、「意象之媒介」三部分,歸納而獲致結論。得知詩人援引蟲、魚入詩,並不在歌詠蟲、魚本身之特質,而是透過蟲、魚之特性、形相、聲音,映襯人類生活中類似之現象與情思。故《詩經》並無純粹蟲、魚之「詠物詩」,然蟲、魚於作品主題表現上,卻佔舉足輕重之地位。

《詩經》蟲魚意象研究

目　　次

第一章　緒　論

第一節　研究動機與目的

一、引　言

　　《詩經》為我國最早一部詩歌總集，其詩教與詩藝，皆以非凡之靈姿異彩，揭示文學序幕，開啟詩歌門扉，表現可謂光輝燦爛，舉世難匹。早於春秋時期，孔子即重視其價值，故有勉伯魚「不學詩，無以言。」[1]之庭訓；又向弟子揭示「詩可以興，可以觀，可以群，可以怨，邇之事父，遠之事君，多識於鳥獸草木之名。」[2]之詩教。高明〈孔子的詩教〉一文，謂興、觀、群、怨「四可」，君、父「二事」，鳥、獸、草、木「四名」，乃從人之情志、倫理、智慧三面言之，[3]足見讀詩於心性之薰陶及啟發大矣！

二、動　機

　　《詩經》以其豐富之文化內涵，獨特之藝術魅力，吸引無數學者前仆後繼，投入研究，浸潤其中，終生不厭。所成文章，實汗牛充棟，難以數計。其中論及《詩經》之自然物象者，頗有可

---

1 見《十三經注疏》，《論語・季氏》，卷十六，頁 150，藝文印書館。
2 見《十三經注疏》，《論語・陽貨》卷十七，頁 156，藝文印書館。
3 見高明《孔學論叢》，頁 165-190，黎明文化事業股份有限公司。

觀。就動植物言，管仁福〈試論《詩經》中「鳥獸草木」的價值蘊含〉一文，引《毛詩類釋》之統計曰：「鳥四十三種，獸四十種，草三十七種，木四十三種，蟲三十七種，魚十六種，蔬菜三十八種，花果十五種，藥物十七種，馬之異名二十七種。」[4]其數雖待斟酌，[5]然詩三百零五篇，動植物即如此繁多，堪稱小型之自然知識百科。

故翻開《詩經》，觸目所及無非鳥、獸、草、木、蟲、魚諸物，其中蟲、魚二類，或因前儒多爲文學家，常見解經歧異之處，如〈周南・螽斯〉「螽斯羽，詵詵兮。」之「螽斯」及〈召南・草蟲〉「喓喓草蟲，趯趯阜螽。」之「阜螽」，嚴粲《詩緝》曰：「今考《爾雅》云：『阜螽，蠜。』阜螽即蝗也。《爾雅》又云：『蜇螽，蜇蝑。』此別是一物，蝗之類也。螽斯即阜螽，非斯螽也。斯，語助，猶鷺斯、鹿斯也。」[6]然邢昺《爾雅・疏》則曰：「阜螽之族，厥類實繁，此辨之也。」又曰：「蜇螽，〈周南〉作螽斯，〈七月〉作斯螽，雖字異文倒，其實一也。」足見嚴、邢二氏之說，非旦「螽斯」、「阜螽」二物訓解有異，連「螽斯」究爲「螽」？抑爲「螽斯」？亦見紛歧，令人深感困惑。

又如〈小雅・南有嘉魚〉「南有嘉魚，烝然罩罩」之「嘉魚」，鄭玄《箋》云：「言南方水中有善魚，人將久如而俱罩之，遲之也。」陳啓源《毛詩稽古編》亦云：「嘉非魚名也，猶下章『樛木』之『樛』，

---

4 見管仁福〈試論《詩經》中「鳥獸草木」的價值蘊含〉，頁 56，北方論叢，第一期，1994。
5 依文鈴蘭〈《詩經》中草木鳥獸意象表現之研究〉曰：「胡樸安在《詩經學》云：『計全《詩經》中，言草者一百零五，言木者七十五，言鳥者三十九，言獸者六十七。』但是筆者加以分別查考後，發覺該文中所列舉的統計，似有商榷之處。計全《詩經》中，標明草木鳥獸的個別種類者，草八十三，木六十二，鳥五十八，獸四十五；單單採用一般性的名稱或總稱者，草十四，木十一，鳥五，獸十六；重複地採用一般名稱與個別種類者，草十，木十，鳥一，獸三十二。」見頁 33，政大國研所，七十二年碩士論文。而依筆者之統計：《詩經》中昆蟲計二十四種，魚類計十四種，非蟲非魚者不在此數，此與《毛詩類釋》所言略有出入。
6 見嚴粲《詩緝》卷一，頁 24，欽定四庫全書。

『甘瓠』之『甘』云爾。《黃氏日抄》曰:『嘉魚非指丙穴之魚,丙穴魚飲乳泉而美,未必元名嘉魚。』[7]然而朱熹《詩集傳》卻言:「嘉魚,鯉質鱒鯽肌,出於沔南之丙穴。」[8]又陳大章《詩傳名物集覽》曰:「嘉魚似鱒,蜀中謂之拙魚,蜀郡山處處有之,從石孔出,大者五六尺。」又曰:「《嶺表錄異》:『嘉魚形如鱒,甚肥美。』」[9]前賢對「嘉魚」一詞,仍是各執己說。今如能以生物科學之法,考證其物性與特質,還原物象之真貌,或可開解疑霧,得知詩人援物入詩之所在,此研究動機之一也。

此外,讀《詩》之過程,亦對前儒就詩中蟲、魚之意象,常持南轅北轍之見,教人不知所從。如〈召南·草蟲〉「喓喓草蟲,趯趯阜螽。」詩中「草蟲」、「阜螽」所象徵之意象,括而言之,即有四義之多:一、比男女佳時以禮相求。鄭玄《箋》云:「草蟲鳴,阜螽躍而從之,異種同類,猶男女佳時以禮相求呼。」二、比男女不當合而合。歐陽修《詩本義》云:「生於陵阜者曰阜螽,生於草間者曰草蟲,形色不同,種類亦異,故以阜、草別之。凡蟲鳥皆於種類同者相匹偶,惟此二物異類而相合,故詩人引以比男女不當合而合。」[10]三、感物類之相從,而思其君子。嚴粲《詩緝》云:「召南之大夫行役在外,其妻獨居,聞草蟲喓喓然而鳴,見阜螽趯趯然躍而從之,感物類之相從,而思其君子。」[11]四、象徵季節。余培林《詩經正詁》云:「草蟲、阜螽皆在表示時節變化,感觸思念,因之而興。」[12]

又如〈陳風·衡門〉「豈其食魚,必河之鯉?」詩中「鯉」字之意象,前儒一指聖人;二指大國;三指男女歡合之隱語;四象

7　見《皇清經毛詩類彙編》,陳啓源《毛詩稽古編》,頁 97,藝文印書館。
8　見朱熹《詩集傳》卷九,頁 110,華正書局。
9　見陳大章《詩傳名物集覽》卷六,頁 677,欽定四庫全書。
10　見歐陽修《詩本義》卷第二,頁 206-207,通志堂經解。
11　見嚴粲《詩緝》卷二,頁 32,欽定四庫全書。
12　見余培林《詩經正詁》上,頁 42,三民書局。

徵佳餚，亦有四說。諸家訓解之分岔，上二例可知其概。由於詩主藉意象具現，而意象之塑造，與外在物象密不可分，欲掌握解詩之鑰，得由意象入手，此爲研究動機之二也。

三、目 的

本文擇取《詩經》中之蟲魚意象爲研究範疇，撰寫之目的如下：

（一）完成《詩經》動植物意象之整體研究

綜觀今數十年來，中外學者之研究成果如后：

1、植物方面：

日人水上靜夫之《中國古代植物學研究》，言《詩經》中作爲信仰對象之植物，有梅、桃、李、木瓜、木桃、木李、棣、唐棣、常棣、栗、桑、楊柳、桐、松、椒等樹木，以及茅、葦、芍藥、竹、荓苡等本草，其諷詠古代原始信仰之背景，多方引證，考察詳矣。又如白川靜《詩經研究》，述及《詩經》中摘草之預祝儀式，以及樹木興發之祝頌意識，其於民俗、宗教之背景，多有闡發。餘如周示行〈《詩經》興義新探舉例〉，剖析葛藟、甘瓠之興句；或如趙沛霖《興的源起－歷史積澱與詩歌藝術》，謂《詩經》與逸詩中原始樹木興象，源起於社樹崇拜；或如陳靜俐〈《詩經》草木意象〉，於草木意象之種類、主題、媒介，皆持之有故。因而植物方面，不論通觀或細察，已相當可觀，於後學諸多啓發。

2、動物方面：

（1） 鳥類有趙沛霖之《興的源起 —— 歷史積澱與詩歌藝術》研究於先，探討鳥類興象源起於鳥圖騰崇拜；再有林佳珍〈鳥類意象及其原型研究〉於後，其從宗教文化及考古發現，上窺鳥類意象之原型背景，對鳥類意象剖析深刻。

（2）　獸類則有李湘之說狐，日人石川三佐男之說兔，而楊明哲〈《詩經》獸類意象研究〉，其以獸類爲經，以意象爲緯，探討獸類與詩文意象之人文觀，言之甚詳。

（3）　魚則有聞一多之〈說魚〉，闡析古代有關魚之意象，如《詩經》打魚、釣魚、烹魚、吃魚等用語，均爲求偶合歡之隱語；又日人田中正春〈《詩經》中所見之魚、漁〉，析分《詩經》中二十餘篇有關魚、漁之表現，大抵爲對結婚抑或有德者之頌讚，及豐年之預兆。又如家井真〈《詩經》中有關魚之興詞及其展開〉，及趙沛霖《興的源起－歷史積澱與詩歌藝術》，二人咸以爲魚類興象源起於生殖崇拜；而余培林〈《詩經》中的「魚」〉一文，針對兩性隱語說，逐一檢視，有破有立，頗具見解。此外，陶思炎《中國魚文化》一書，收羅古代有關魚之文化表現，可謂集前人之大成。

（4）　至於蟲類意象，前人僅零星敍述，未見專題討論。如孫伯涵〈《詩經》意象論〉中言及草蟲、阜螽與蟋蟀，董挽華〈《詩經》國風中的特殊「意象」〉，提及螽斯等。

綜上得知，草、木、鳥、獸之意象研究，前人於縱、橫兩面，已著力甚深。而魚類論述雖多，然多止於魚字之研究，對魚之個別種類則涉獵較少，依本文所計，《詩經》中魚之個別種類共十四種、三十六見，遠多於魚字出現之數（二十九見），欲求魚之意象，捨此必不能得其全。孔子言「多識於鳥獸草木之名」，而不及蟲、魚者，非屛棄蟲、魚二名，實涵意於「鳥獸草木」之中，猶之僅言及「事父」、「事君」，而兄弟、夫婦、朋友相處之道，亦隱含其中也。故《爾雅》有釋草、木、蟲、魚、鳥、獸、畜，陸璣有《毛詩草木鳥獸蟲魚疏》，有鑑於此，本文遂以蟲魚意象爲主題，冀完成《詩經》動植物意象研究之宏觀。

（二）探究《詩經》蟲魚物象之意蘊與移情

宇宙萬物，各異其趣。人既知物象，更探索物之意蘊，故觀物之移情作用，乃自然蘊釀而成。莊子觀魚謂魚樂，是以人情投於物也。自遠古之農業、漁獵時代以來，蟲、魚為平凡無奇之物，然與人類生活息息相關。如蠶可製衣；蜂能取蜜；魚則為桌上佳餚及娛樂玩賞。蟲、魚除提供生活所需外，其與詩歌之關係亦呈現多樣。諸如：

1. 蟲、魚於《詩經》中多有其特殊意義與象徵。如蟲類意象中，螟、螣、蟊、賊、蜂、青蠅，以其常為害人之生活環境，多象徵小人；魚類意象中，「魚」字或象徵人民，或象徵賢人，或象徵豐年，或象徵禮意之勤，較蟲類多元不一。

2. 《詩經》之蟲、魚適時呈現周代社會之文化內涵。如蟲、魚分別象徵小人及賢達者，透露當時政治之現實情狀。其次，詩中蟲類每每用以作為物候象徵，展現古人浸潤於自然，對自然深刻之體驗與觀察。再則，喜好食魚之風尚，呈現《詩經》時代之飲食風貌。

《詩經》之自然物象，多與詩人主觀情志相融，而別具「意象」，已非客觀之外在物象。「意象」乃詩人體現主觀情感與客觀物象交融後之形象表現（詳見本章第四節「意象釋義」），其重要如同詩歌之靈魂。意象之構築，開展出文學作品豐富之生命。西方意象派學者龐德（Ezra Pound），謂「詩人們與其卷帙浩繁，著作等身，不如一生中創造一個意象。」[13]足見詩主藉意象具現。而意象之塑造，與外在物象密不可分，欲掌握解詩之鑰，得由意象入手。是以凡研究《詩經》之草木鳥獸者，除為個人興之所趨

---

13 見傅孝先著《困學集·意象派：現代詩的先河》，頁 259，時報文化出版社。

外，恐亦鑑於此也。邢昺《論語・疏》云：「多識於鳥獸草木之名者，言詩人多記鳥獸草木之名，以爲比興。」此緣於比興之運用，與自然物象具「因指見月」之關係。曾永成〈釋「多識於鳥獸草木之名」的詩學內涵〉文中亦謂「詩中由鳥獸草木之名，引發其物之表象，由此表象之具體特徵及生活關聯，又引出各樣之生命意義。」[14]可知《詩經》之草木鳥獸早爲詩化語言，以其所指稱之物，而負載豐富之生命啓示與人性意蘊。而詩中之蟲、魚亦當如是，絕非詩人隨意拾取而已。因此，倘能領略其中所傳達之信息，方能窺探《詩經》豐富而高妙之內涵。

詩人於平凡中追尋，化平凡爲特殊，進而激發思考樂趣，使詩歌成爲生命現實之反映。同時，亦使其生命得以潤澤、豐盈。莊子所觀之魚爲「出遊從容」，而《詩經》詩人所描述之人與蟲、魚究竟如何交通？又如何移注豐富之情於蟲、魚？乃本文聚焦之重心。

（三）搭起生物個體與文學命脈研究之新橋樑

蟲、魚二字，本屬生物名詞，前人自然多以其本身之研究爲主，如《爾雅》、陸璣《毛詩草木鳥獸蟲魚疏》、《埤雅》、《本草綱目》等皆爲博物志之專著。而本文以「《詩經》之蟲魚意象」爲範疇，結合生物科學及文學鑑賞二大面向深入研究，實欲傳達自身對「科學與文學合一」之體認，使文學與科學有新聯繫，不再涇渭分明。

鍾嶸《詩品・序》言：

　　氣之動物，物之感人，故搖盪性情，形諸舞詠。[15]

《文心雕龍・明詩篇》亦云：

---

14 見曾永成〈釋「多識於鳥獸草木之名」的詩學內涵〉，頁47，西南民族學院學報・哲學社會科學版，二十一卷，第十二期。
15 見何文煥輯《歷代詩話》，鍾嶸《詩品・序》，頁3，北京中華書局。

人秉七情，應物斯感，感物吟志，莫非自然。[16]

朱光潛《談美》則謂：

物的形象是人的情趣的反照。

美感經驗，是人的情趣和物的姿態的往復迴流。[17]

外物之形形色色，皆爲引發情感之動力，余光中《掌上雨》曰：「詩人內在之意，訴之於外在之象，讀者再根據這外在之象，試圖還原詩人當初的內在之意。」[18]因此，若欲還原詩人當初內在之意，則必對此外在物象之習性、特徵，有一正確認識，換言之，正確了解物象之習性、特徵，必有助於了解詩人之心象，方知詩人爲其觸發之所由，若妄加揣測或人云亦云，猶如瞎子摸象，恐屬片面知解。意象既是詩人體現主觀情感與客觀物象交融後之形象表現，而生物學正可提供一客觀認識此外在物象之依據，從而領略詩人之幽微真義，使《詩經》之蟲、魚，不僅只爲生物之主體，而是與詩歌之意象聯繫，產生文學上之特殊意義。

（四）透視詩歌呈現之文化廣度與深度

「文化」爲一多方思維之綜合概念。傳統社會中，文化乃一種凝聚向心力之有效機制，象徵民族精神之靈魂。而社會學之文化義涵，指「人類團體中普遍存在的人爲現象，是人類爲了求生存，以生物的和地理的因素爲根據，在團體生活和心理互動的過程中創造出來的人爲環境和生活道理及方式。」[19]然隨時空轉移遞嬗，不同時代特質即展現風貌各異之文化取向，而涵攝社會意識型態之《詩經》，正是透視當時文化之核心。因文學反映生活，亦爲歷史社會之縮影。

就蟲、魚而言，除實用之效，亦於文化層面佔有特殊之地位。

---

16 見王更生注譯《文心雕龍讀本》上篇，頁83，文史哲出版社。
17 見朱光潛《談美》，頁49，聖天堂出版有限公司。
18 見余光中《掌上雨》，頁17，時報文化出版社。
19 見龍冠海《社會學》，頁148，三民書局。

如草蟲、蟋蟀等用作物候象徵；螽斯象徵子孫眾多；魚或為祭祀珍品，或指宴饗佳餚，或象徵豐年。此當是反映先民社會對自然之尊崇與依賴，不因蟲、魚之微物而輕視。後人如能藉此認知古代蟲魚文化，使今人走於時代尖端，享受繁華之餘，亦能綜覽先人足跡，泛思古之幽情，受文化之薰陶與洗禮。

此外，人與自然和諧共存之關係，乃古人所求。孟子云：「親親而仁民，仁民而愛物。」又曰：「數罟不入洿池，魚鱉不可勝食也；斧斤以時入山林，材木不可勝用也。」[20]故於萬物多能興觀照之情，達「物我合一」之理想。《詩經》之蟲、魚，因詩人之巧思、點化而與之契合。今吾人涵詠文學之時，隨現代生物保育意識之興起及重視，冀於生存世界之生態文化賦予愛護之心、關注之情，此誠為現代人關懷文學所須面臨之使命也。

第二節　研究方法與取材原則

一、研究方法

本文運用生物學、民俗學、邏輯學、統計學等具體之研究方法，探究《詩經》之蟲、魚意象。先以統計方式，將《詩經》中「蟲」、「魚」詩歌予以量化及表列，並進而分類。分類法則，兼具傳統與現代。如將蟲、魚出現之名，約分為總稱、個別名稱、特殊名稱三大類，後二者則以生物觀點，依其特徵、習性細分若干目。所謂「目」者，乃生物分類學之專有名詞。分類學者為便於認識生物之異同，與異同程度，闡明生物類群間之親緣關係、進化過程及發展規律，其基本階層有七，即：「界」、「門」、「綱」、

---

20 見《十三經注疏》，《孟子・盡心》卷十三，頁 244，及《孟子・梁惠王》卷一，頁 12，藝文印書館。

「目」、「科」、「屬」、「種」。如以《詩經》之蠶、鱧、蠆爲例,則依次是:

（一）「動物界」—「節肢動物門」—「昆蟲綱」—「鱗翅目」—「蠶蛾科」

（二）「動物界」—「脊椎動物門」—「脊椎動物亞門」—「條鰭魚綱」—「新鰭亞綱」—「鱸形目」—「攀鱸亞目」—「鱧科」—「鱧屬」

（三）「動物界」—「節肢動物門」—「蛛形綱」—「蠍目」

由於文獻古籍記載資料之多寡不一,論述時,蟲類多確認至「科」,魚類則可詳言至「屬」,冀以透過科學之析分,認知物種之特性,還原詩人當初所見之物,窺探詩人內心之意也。至於蛛形、兩棲諸類,以其非蟲、非魚,故僅列出綱名,以別蟲、魚二屬,餘則略而不言。其次,對於詩歌意蘊之鑑賞,除客觀物象外,輔以前人豐富之研究基礎,對《詩經》之「蟲魚意象」深入剖析。終以歸納之法,依蟲、魚意象之內涵,綜合出若干表現方式、主題、運用媒介等,期以得蟲、魚意象全面之風貌也。

二、取材原則

本論文題爲「《詩經》蟲魚意象研究」,其選材原則如下:

（一）詩中提及「蟲」或「魚」字之詩篇。其中「蟲」或「魚」字,義爲鳥或獸類者亦予選錄,希冀於釐清「蟲」、「魚」之字義有所助益,以窺「蟲」、「魚」之全貌,故另立一章辨析之。如〈周頌·小毖〉「肇允彼桃蟲」之桃蟲,實爲鳥;〈魯頌·駉〉「有驔有魚」之魚,義爲獸也。

（二）詩中雖無蟲或魚字,然實以個別名稱出現者。如〈小雅·小宛〉「螟蛉有子」之螟蛉,〈曹風·蜉蝣〉「蜉蝣之羽」之蜉蝣;〈小雅·六月〉「炰鱉膾鯉」之鱉、鯉,

〈大雅・韓奕〉「魴鱮甫甫」之魴、鱮也。

（三）詩中雖無蟲或魚字，亦非個別名稱，而以特殊名稱出現，義指蟲或魚者。如〈大雅・大田〉「及其蟊賊」之賊，爲鞘翅目之大象蟲；〈周頌・閟宮〉「黃髮台背」之台，爲鮋形目之鮐魚也。

（四）詩篇中，前人以爲蟲或魚，而今非是者。如〈小雅・斯干〉「維虺爲蛇」之蛇、虺；〈大雅・緜〉「爰契我龜」之龜。前人定義之蟲、魚，廣而模糊，乃受制於有限資源之故，因而主觀認定多，客觀研究少。故本文專立一章，討論此類，除正本清源外，意欲藉此窺見古今生態文化之異，上溯先民思想之內涵。而此所謂「前人以爲者」，主以《爾雅》、《說文》、陸璣《疏》、《埤雅》四書爲本，若上述四書之蟲、魚界定有別時，則依多者爲說。如蛇、虺二物，《爾雅》以爲魚類，《說文》、陸《疏》、《埤雅》以爲蟲屬，故暫從後者。

第三節　古今蟲魚界說之異同

蟲、魚二名，眾所熟知，本無須說明。然由於古人定義之蟲、魚，與今歧異甚大，如《詩經》中龍、蛇、龜、鼈等，皆視爲蟲或魚屬，故分別條列，以知古今蟲、魚界說之異同，並確立本文分類之依據。

一、古人定義之蟲、魚

《爾雅・釋蟲》曰：「有足謂之蟲，無足謂之豸。」郭璞《注》

曰:「豸亦蟲也。」[21]《大戴禮記・曾子天圓》:「毛蟲之精者曰麟；羽蟲之精者曰鳳；介蟲之精者曰龜；鱗蟲之精者曰龍；倮蟲之精者曰聖人。」[22]《大戴禮記・易本命》篇稱毛蟲、羽蟲、介蟲、鱗蟲、倮蟲者，毛蟲為獸，羽蟲是鳥，介蟲乃龜、鼈屬，鱗蟲指龍、魚類，裸蟲則為人。[23]無怪乎《禮記・儒行・疏》曰:「蟲是鳥獸通名。」[24]東漢許慎《說文解字》曰:「魚，水蟲也。象形，魚尾與燕尾相佀。」[25]《爾雅・釋蟲・疏》:「龜、蛇、貝、鱉之類，以其皆有鱗甲，亦魚之類。」[26]

二、今日生物學定義之蟲、魚

生物學言蟲者，專指昆蟲，其有兩大特徵:一、具腳六隻（三對）。此為確認昆蟲最常用，亦為最簡潔、快速之法。正確性可達八、九成。二、體分頭、胸、腹三部份。每一部份，皆有一定之器官與構造。不過，由於許多昆蟲由背望去，其體常被翅膀掩蓋，上述三部份並不易細分；此外，昆蟲種類不勝枚舉，外形亦繁複多樣，如欲辨別，則須由側面，或將其翻身，方能見得分明。至於魚之定義則是:終生生活於水裏、以鰓呼吸、以鰭游泳之脊椎動物。魚類包括軟骨魚綱及硬骨魚綱等兩大類群，世上已知魚類約兩萬六千多種，為脊椎動物中種類最多之大類。

---

21 見《十三經注疏》,《爾雅・釋蟲》第十五，頁 165，藝文印書館。
22 見高明《大戴禮記今注今譯・曾子天圓》第五十八，頁 218，臺灣商務印書館。
23 見高明《大戴禮記今注今譯・曾子天圓》第五十八，頁 513，臺灣商務印書館。
24 見《十三經注疏》,《禮記・儒行・疏》第四十一，頁 976，藝文印書館。
25 見許慎《說文解字》十一篇下，580，黎明文化事業股份有限公司。
26 見《十三經注疏》,《爾雅・釋蟲》第十五，頁 165，藝文印書館。

三、古今相較與分類依據

由上可知，古人所言之蟲，或指昆蟲或指所有動物；所言之魚，包括魚、蛇、貝、鱉，足見界說甚廣，飛走之物皆可名蟲，水中之物咸稱為魚，與今所言之蟲、魚，同中有異。今日生物學所定義之蟲、魚，古亦屬蟲、魚，此其同也；而古以為蟲、魚如黽、貝、蛸蠆者，今則是兩棲、腹足、蛛形等綱，與昆蟲綱之昆蟲截然有別，此其異也。

如以科學觀點視之，生物學之蟲、魚定義，經客觀之分析，較古之範圍小而明確，故為本文分章別類之依據，以切合科學研究之精神，展現客觀研究之成果。

第四節　意象釋義

一、近人關於意象之研究

近人關於意象之研究，依所見約有三類：一為學位論文。二為專書。三則是期刊論文。首類中，諸多論文對「意象」闡述深入，列表如下：

次序	論　文　題　目	作　者	學校所別	時間與類別
1	《詩經》中草木鳥獸意象表現之研究	文鈴蘭	政大中文系	七十五年 碩士論文
2	《詩經》鳥類意象及其原型研究	林佳珍	師大國文系	七十五年 碩士論文
3	李義山詩意象之研究	朴柱邦	政大中文系	七十八年 碩士論文
4	《詩經》天文地理意象研究	周玉琴	中山中文系	八十五年 碩士論文

5	全宋詞「雨詞」意象研究	陳坤儀	文化中文系	八十五年碩士論文
6	屈賦意象研究	陳秋吟	中山中文系	八十六年碩士論文
7	《詩經》草木意象	陳靜俐	師大國文系	八十六年碩士論文
8	五代詞中山的意象研究	謝奇懿	師大國文系	八十六年碩士論文
9	晚唐詩歌中黃昏意象研究	黃大松	政大中文系	八十七年碩士論文
10	唐詩中「雲」意象之承襲與延展 ── 以初、盛唐爲主	彭壽綺	中興中文系	八十七年碩士論文
11	唐詩魚類意象研究	吳瓊玫	師大國文系	八十八年碩士論文
12	唐詩中「楊柳」意象之研究	張雅慧	東吳中文系	八十九年碩士論文
13	李白詩歌月亮意象研究	沈木生	南華大學文學研究所	九十年碩士論文
14	唐詩鶴意象研究	黃喬玲	政大中文系	九十一年碩士論文
15	唐詩中桃源意象之研究	吳賢妃	中正中文系	九十一年碩士論文
16	東坡詞草木意象研究	黃惠暖	師大國文系	九十一年碩士論文
17	《詩經》獸類意象研究	楊明哲	玄奘中文系	九十二年碩士論文

　　上述論文對各種意象之探討，十分詳盡。使用方法亦多樣：分析、歸納、統計、修辭、語法、分類等充分運用。於文學體材上，亦涵括詩、詞、賦，門類繁多，不一而足，於本文論點之啓發，甚爲重要。

　　次類之專書，僅以所見爲說：一、陳植鍔著 ── 《詩歌意象論》。二、日人松浦友久著 ── 《唐詩語匯意象論》。三、歐麗娟著 ──《杜詩意象論》。四、王夢鷗著 ──《中國文學理論與實踐》。

以上著作，雖各自有其論述重點，然皆與本論文之觀點建立，密不可分。

　　末一類著作最豐，諸家於意象之本質、類型、詞語範圍、表現方式等論述深入。其中多篇提及《詩經》之蟲魚意象，如孫伯涵〈《詩經》意象論〉，謂〈召南‧草蟲〉之「喓喓草蟲，趯趯阜螽。」速寫一幅郊野秋韻圖；〈豳風‧七月〉之「七月在野，八月在宇，九月在戶，十月蟋蟀入我床下。」以蟋蟀之行蹤，表明季節之變化。上述二者，無不掌握物象之特徵，而以簡約語言，予以概括之描繪，取得精練而準確，概括而生動之藝術成就。[27]又如董挽華〈《詩經》國風中的特殊「意象」〉，言〈周南‧螽斯〉之「螽斯羽，詵詵兮。宜爾子孫，振振兮。」以眾多螽斯翅股相擦之音，比喻繁盛，乃極諧趣之意象。而〈檜風‧匪風〉之「誰能亨魚？溉之釜鬵。誰將西歸？懷之好音。」此引亨魚之舊典，佐以溉釜之新意象，可謂整舊如新。故憂國詩人之忠心殷望與甘任勞怨，皆活現眼前。「此點化靈活之意象，較千百之教條、口號，要為有力。」[28]餘如岳泓〈《詩經‧小雅‧鹿鳴》「鹿」意象闡釋〉一文，道及：「魚屬陰，女與男相對，亦屬陰，故《詩三家義集疏》云：『不用它物者，鄭以為魚皆水物，陰類，于婦人教成之祭為宜。』故女子出嫁，祭魚是祈求婚後多子多福。」[29]指魚象徵萬物將生發興旺之意。李湘〈「魚」字應用系列〉[30]、廖群〈《詩經》比興中性意象的文化探源〉[31]及黃培坤〈試論《詩經》中的意象〉[32]三

---

27 說見孫伯涵〈《詩經》意象論〉，頁 33，煙台師範學院學報，第十八卷，第十二期，2001 年 6 月。
28 說見董挽華〈《詩經》國風中的特殊「意象」〉，頁 33-34，反攻，第三五二期。
29 見岳泓〈《詩經‧小雅‧鹿鳴》「鹿」意象闡釋〉，頁 47，山西大學師範學院學報，第四期，1999 年。
30 見李湘〈「魚」字應用系列〉，頁 3，收於《詩經名物意象探析》，萬卷樓圖書公司。
31 見廖群〈《詩經》比興中性意象的文化探源〉，頁 80，文史哲，第三期，1995 年。

文，皆繼承聞一多〈說魚〉之論點，認爲魚爲情侶間之隱語。由
於前人開創之功，使本文於論述意象時，得以因既有之基礎，獲
取些微成果。

二、意象界說

「意象」一詞，爲文學創作、批評、理論中最常見之術語。
就其產生與發展而言，中西各有其系統。然各家闡述紛紜，涵義
籠統。而古人所言之意象，亦指涉不一，故有界說之必要，以便
探討《詩經》蟲魚意象之藝術特點及規律。本文試圖綜合諸家之
論，將意象觀予以圓融統合。

（一）意象探原

意象，乃中國古代文藝理論固有之概念與詞語，早於《周易·
繫辭傳》已顯明「意」、「象」之關係，雖未連言，然已肯定「象」
爲傳達「意」之重要媒介，實意象概念之濫觴也。《繫辭傳》云：

> 子曰：『書不盡言，言不盡意。』然則聖人之意，其不可
> 見乎？聖人立象以盡意，設卦以盡情僞，繫辭焉以盡其
> 言，變而通之以盡利，鼓之舞之以盡神。[33]

又云：

> 古者包犧氏之王天下也，仰則觀象於天，俯則觀法於地，
> 觀鳥獸之文與地之宜，近取諸身，遠取諸物，於是始作八
> 卦，以通神明之德，以類萬物之情。[34]

此所謂「立象」，意指八種卦象，卦象乃古人對自然社會，萬

---

32 見黃培坤〈試論《詩經》中的意象〉，頁 66，福建論壇·文史哲版，第六
　期，1996 年。
33 見《十三經注疏》，《周易·繫辭傳》上，第七，頁，157-158，藝文印書
　館。
34 見《十三經注疏》，《周易·繫辭傳》下，第八，頁 166，藝文印書館。

事萬物長期之觀察，所形成之符號，自是不同於詩歌之「物象」；而對宇宙人類作哲學概括之「聖人之意」，亦不等同詩人創作，讀者欣賞詩歌之審美意念。然其主觀（意）與客觀（諸物）之結合所產生之「象」，及藉口耳眼鼻等感官（近取諸身）之體驗、認知等精神活動（通神明之德），以「類萬物之情」之觀物取象之法，此「觀」、「取」之間殆不離外物，而詩之創作亦不離物象，於後世文學意象說之興起，無疑具啓迪與催生之效。

　　而首將意象連用者，爲東漢王充，其《論衡・亂龍篇》曰：

　　　　天子射熊，諸侯射麋，卿大夫射虎豹，士射鹿豕，示服猛也。名布爲侯，示射無道諸也。夫畫布爲熊麋之象，名布爲侯，禮貴意象，示義取名也。[35]

　　此處之「象」，爲顯示君臣地位尊卑、貴賤之象徵，人見不同獸象即明其意，「意象」爲禮儀之物質象徵。此「寓意於象」之原則，正是《周易》「聖人立象以盡意」之延伸與擴展，此「意象」雖非文藝美學之範疇，然已提供一明確之語詞依據，開意象之先河。

　　至曹魏之王弼，進一步闡明意、象、言之關係，《周易略例・明象篇》曰：

　　　　夫象者出意者也，言者明象者也。盡意莫若象，盡象莫若言。言生於象，故可尋言以觀象；象生於意，故可尋象以觀意。意以象盡，象以言著。故言者所以明象，得象而忘言；象者所以存意，得意而忘象。[36]

　　儘管此處之「象」，仍指卦象，然尋言觀象，觀象以會意，揭示「象」、「意」、「言」三者之辯證關係，從而闡明「象」之符號載體功能，「言」之媒介工具，「意」之統帥核心地位。此於其後之意象說由哲學理論，提升至文藝美學範疇，多有啓發。

---

35 見黃暉《論衡校釋》下，卷十六，頁702，台灣商務印書館。
36 見王弼《周易略例・明象篇》卷二，頁11，百部叢書集成。

而首將「意象」概念，運用於文學創作者，爲南朝梁劉勰，《文心雕龍・神思篇》曰：

> 是以陶鈞文思，貴在虛靜，疏瀹五藏，澡雪精神；積學以
> 儲寶，酌理以富才，研閱以窮照，馴致以繹辭。然後使玄
> 解之宰，尋聲律而定墨；獨照之匠，窺意象而運斤；此蓋
> 馭文之首術，謀篇之大端。[37]

此文強調神與物遊，然後得以窺其意象，足知意象者，並非目前之實景真物，而是內心意想之形景象貌，其中之物皆染有人之色彩，有「人」者，乃帶有人之主觀思維，然後將抽象化爲具體。劉勰明言意象之營構，爲文學創作之關鍵，於文學理論史具首創之功。

（二）意象內涵之多義性

自劉勰之《文心雕龍》將意象概念運用於文學領域，爾後，「意象」每每爲詩論常用之術語。然歷代論者，於意象之內涵則指涉不一，概而論之有下列六項：

1、指意中之象

如：

> 使玄解之宰，尋聲律而定墨；獨照之匠，窺意象而運斤。
> 此蓋馭文之首術，謀篇之大端。
> 是有真跡，如不可知。意象欲出，造化已奇。[38]
> 審美主體感知具體事物，形成一定的表象，而又經過形象
> 思維的一系列加工，從而在審美主體（藝術家）的腦中形
> 成了審美形象（即意中之象），這就是意象。[39]

---

37 見劉勰著王更生注譯《文心雕龍讀本》下篇，頁 3，文史哲出版社。
38 見何文煥輯《歷代詩話》，頁 689，司空圖著《二十四詩品・縝密》，北京中華書局，1981 年 4 月初版。
39 見劉偉林〈意象論〉，頁 47，華南師範大學學報・社會科學版，第一期，1996 年。

上三例，皆指「未進入作品之意中之象。」[40]

2、指一種境界

如：

> 予與二三友日蕩舟其間，薄荷花而飲。意象幽閑，不類人境。[41]

> 學術境界主于真，宗教境界主于神。意象就是處於二者之間的一種境界，在這裡生命主觀情調與客觀自然景物交融互滲，是構成意象的根本條件。[42]

《念奴嬌》上句言「意象幽閑」，下句言「不類人境」，此意象顯指人境之外另一境界而言。

3、指意與象

> 詩有三格，一曰生思。久用精思，未契意象，力疲智竭，放安神思，心偶照鏡，率然而生。[43]

> 意象應曰合，意象乖曰離。[44]

此二例之意象，指意與象，主觀與客觀兩面，故有契合與否，及意象應合之問題。

4、指藝術形象

> 意象大小遠近，皆令逼真。[45]

> 孟東野詩，亦從風騷中出，特意象孤峻，元氣不無斫削耳。[46]

上述意象皆可以藝術形象替換，其涵義亦近於藝術形象。

5、指一種意識形態

> 意象的本質，就是物象與主體情、意、理、趣、味相契合

40 說見袁行霈《中國詩歌藝術研究‧中國古典詩歌的意象》，頁 60，五南出版社。
41 見劉乃昌編著《姜夔詞新釋輯評》，頁 61，中國書店。
42 見黃培坤〈試論《詩經》中的意象〉，頁 66，福建論壇‧文史哲版，第六期，1996 年。
43 見顧龍振編《詩學指南》，卷三，《詩格》，頁 8，台北廣文書局。
44 見何景明《大復集》卷三十二，頁 1267，欽定四庫全書。
45 見方東樹《昭昧詹言》卷八，頁 214，人民文學出版社。
46 見沈德潛《說詩晬語》卷上，頁 9，續修四庫全書。

而成的一種意識形態。[47]

6、指一種潛在影像

意象是一種語言藝術手法，它是由文學作品中的表物性詞
語構成的表示情感指向的潛在影像。[48]

可知，古今所謂意象，涵義多樣，外延甚廣。

（三）意象釋義

綜合上述所言，古今諸家觀點縱然有異，然不乏其共同之處，
即「意象」一詞，乃由意與象組成，構成要件有二：

1、須呈現為具體之象

直抒胸臆或純發議論者，皆不構成意象。換言之，意象賴以
存在之要素爲象，即物象。

2、此「象」已浸潤於人之主觀情意

純客觀之物象或圖象亦非意象。此與英文 image 或 imagery
之意略合。英文所指爲運用想像、幻想、譬喻所構築各式具體鮮
明、可感之詩歌形象。換言之，即詩人將主觀之情隱於意象之後，
而藉意象有所暗示。如卡羅琳·斯柏吉恩（Caroline Spurgeon）
定義意象爲：

> 詩人、散文家以文字描繪成的小幅圖畫，用以解說設想，
> 言有未盡之處，自有其整體的內涵，自有其深度與豐富的
> 意義，意象就是一種描寫或一種意想，用以把上述的涵意
> 傳達給讀者。而傳達的方式是利用某種事物，以說明方
> 式、含蓄的比喻方式、或類推的方式，傳達給讀者；並通
> 過由意象而引起的種種情緒和聯想，來傳達給讀者。」[49]

---

47 見賀天忠〈「意象」說：中國古代第一個系統的詩學理論〉，頁 40，襄樊
學院學報，第二十一卷，第六期，2000 年
48 見鄭全和〈論意象〉，頁 68，雲夢學刊，第二期，1994 年。
49 見《古典文學》第七集，上冊，Caroline Spurgeon 著、鍾玲譯〈先秦文學
中「楊柳」的象徵意義〉，頁 548，學生書局。

　　故知，「意象」乃詩人體現主觀情感與客觀物象交融後之形象
表現，亦為詩人以具體表現抽象或隱微思維之法，此能令讀者得
詩中言外之意。因此，詩人之「意」與外在之「象」，就意象之構
築而言，同等重要。意象為詩歌之基本要素，亦為探就詩歌內涵
與藝術之重要途徑，此乃本文撰寫「《詩經》蟲魚意象研究」目的
之所在。

第二章　蟲類意象

　　《爾雅・釋蟲》曰：「有足謂之蟲，無足謂之豸。」[1]《說文解字》說同。[2]古人飛走之物皆可名蟲，《大戴禮・易本命》篇稱羽蟲、毛蟲、介蟲、鱗蟲、倮蟲是也。又如《禮記・月令》：「其蟲鱗。」鄭《注》云：「龍、蛇之屬。」[3]又《禮記・儒行・疏》：「蟲是鳥獸通名。」[4]可知古人對蟲之定義甚廣。而本章所論之蟲類意象，則專指生物學所定義之昆蟲，即具腳六隻（三對）、體分頭、胸、腹三部份之動物而言。

　　《詩經》三百零五篇中，以蟲之「總稱」爲意象者，僅一見；以蟲之「個別名稱」爲意象者，有四十一見；以蟲之「特殊名稱」爲意象者，有三見。共計二十四種、四十五見，分布於十八篇詩中，茲分三節論述之。

第一節　以蟲之「總稱」爲意象者

　　《詩經》中「蟲」字共六見，所佔比例雖少，義則分歧不一：有泛指諸蟲者，如〈齊風・雞鳴〉之「蟲飛薨薨」；有爲專有名詞者，如〈召南・草蟲〉之「喓喓草蟲」；有實指熱氣者，如〈大雅・

1　見《十三經注疏》，《爾雅・釋蟲》第十五，頁 165，藝文印書館。
2　見許慎《說文解字》十三篇下，頁 682，黎明文化事業股份有限公司。以下簡稱《說文》
3　見《十三經注疏》，《禮記・月令》第六，頁 281，藝文印書館。
4　見《十三經注疏》，《禮記・儒行・疏》第四十一，頁 976，藝文印書館。

雲漢〉之「蘊隆蟲蟲」；有名爲蟲實爲鳥者，如〈大雅・桑柔〉之「如彼飛蟲」、〈周頌・小毖〉之「肇允彼桃蟲」。「飛蟲」泛指飛鳥，「桃蟲」專指鷦鷯。同一「蟲」字，五種訓解，指涉之多，《詩經》少有。前二者爲本章所研討之對象，以分類故，專有名詞之「草蟲」，將於第二節「以蟲之『個別名稱』爲意象者」中論述。而後三者雖非蟲類，然有助於釐清「蟲」字字義，以窺「蟲」字全貌，因而置於第四章「蟲魚辨析」詳述之。

因此，《詩經》以蟲之「總稱」爲意象者，僅一見，「蟲飛薨薨」爲蟲字詞組之意象，象徵天明。

〈齊風・雞鳴〉

蟲飛薨薨，甘與子同夢；會且歸矣，無庶予子憎！（三章）

《箋》：「蟲飛薨薨，東方且明之時。」《正義》：「《大戴禮》：『羽蟲三百六十，鳳凰爲之長。』則鳥亦稱蟲，此蟲飛薨薨未必唯小蟲也，以將曉而飛，是東方且欲明之時，即上雞鳴時也。」

案：《爾雅・釋訓》：「薨薨，眾也。」《箋》未明言此蟲所指爲何，《正義》則以爲除小蟲外，鳥亦稱蟲。因而陳啓源《毛詩稽古編》推論曰：「〈雞鳴〉之「蟲飛」，〈桑柔〉之「飛蟲」，孔《疏》皆以爲羽蟲，理或然矣！羽蟲晨飛，其鳧雁之屬乎？」[5]然朱熹《詩集傳》曰：「蟲飛、夜將旦而百蟲作也。」[6]《夏小正・傳》曰：「丹鳥者謂丹良也，白鳥者謂閩蚋也。」顧鳳藻《集解》云：「螢，一名丹鳥，一名丹良。」[7]而螢與蚊蚋，昆蟲也，且多數爲日行性動物，如蠅、蝗、蜂等，故由「夜將旦，而百蟲作」推知，「蟲飛薨薨」之「蟲」應泛指諸蟲，非侷限於鳥耳。本詩之「蟲」古人或有異解，然以「蟲飛薨薨」象徵天明之意，則皆同也。范處義《詩補傳》曰：「今雖尚早，然亦將及旦，蟲已飛而薨薨有聲矣。」[8]傳

---

5 見《皇清經解毛詩類彙編》，陳啓源《毛詩稽古編》，頁 57，藝文印書館。
6 見朱熹《詩集傳》卷五，頁 58，華正書局。
7 見顧鳳藻撰《夏小正經傳集解》卷三，頁 2，百部叢書集成。
8 見范處義《詩補傳》卷八，頁 117，欽定四庫全書。

恒《御纂詩義折衷》亦曰：「蟲飛薨薨，則東方果明矣。」⁹

此詩爲賢夫人警君之詩。許謙《詩集傳名物鈔》曰：「此詩蓋國君昏惰，夫人賢明相警，早出視朝之言，不必爲陳古刺今之作。」¹⁰三章爲妃告君之辭。謂非不願與君同夢，然群蟲飛聲薨薨然，天既曉矣，朝中會集將散而歸矣，恐君爲人所憎，故不得不促君早起也。詩人取群蟲夜伏晝出之性，象徵天已白，日已出，凡仁君當夙興勤政，而詩中之君則不然，故夫人警之也。

第二節　以蟲之「個別名稱」爲意象者

凡蟲類以個別名稱出現者，皆在此節中討論。《詩經》出現蟲類之個別名稱計有：鞘翅目之蜉蝣、熠燿、螣、蟊四種；鱗翅目之蛾、蠶、蠋、螟蛉、螟五種；膜翅目之螺蠃、蜂二種；雙翅目之蒼蠅、青蠅二種；同翅目之蜾、蜩、螗三種，直翅目之螽斯、草蟲、阜螽、斯螽、莎雞、蟋蟀六種；蜉蝣目之蜉蝣一種，共七目二十三種，四十一見。此節中，目之出現順序，乃依張永仁《昆蟲圖鑑》所載數種之多寡，¹¹而各目所屬之昆蟲，則依《詩經》之先後分述如下：

一、鞘翅目

昆蟲之中，鞘翅目最爲龐大，世上逾三十萬種，而台灣亦有一萬種以上。成員眾多，外觀變化大，唯有一共同特徵爲：上翅硬化（骨化）成翅鞘，覆蓋於腹背，左右翅成一直線接合，可保

9　見傅恒《御纂詩義折衷》卷六，頁 101，欽定四庫全書。
10　見許謙《詩集傳名物鈔》卷三，頁 170，通志堂經解。
11　見張永仁《昆蟲圖鑑》，遠流出版社。

護身體;而用以飛行之膜質下翅,縮藏於上翅下方,如劍鞘般,故名爲鞘翅。[12]通稱爲甲蟲,其生活史爲完全變態。[13]

(一) 蠾螬

《爾雅‧釋蟲》:「蠾螬,蝎。」郭璞《注》:「在木中。」邢昺《疏》:「其在木中者。《方言》:『關東謂之蠾螬,梁益之間謂之蝎。』上文蝎,蛣蝸。郭云:『木中蠹。』下文蝎,桑蠹。郭云:『即蛣蝸。』」[14]《說文》:「蠾,蠾蠐也。蝎,蠾蠐也。」[15]《埤雅》:「蠾螬,一名蛣蝸,佶屈,曲貌,以形舉也。」[16]徐鼎《毛詩名物圖說》引唐《本草》注:「此蟲在腐柳樹中,內外潔白。」又引《名物解》:「蠾螬,桑蠹也。桑質柔腴白,蠾螬食桑之腴,故色白而體柔。」[17]毛晉《陸氏詩疏廣要》:「蠾螬,一名蝎,一名蠹,一名桑蠹,一名蛣蝸,生於桑、柳、柏及構木中,諸腐木根下亦多有之。」[18]

案:據古書之描繪,驗証今之昆蟲圖鑑,諸家所言之「蠾螬」,應爲鞘翅目中鍬形蟲、金龜子、天牛等甲蟲之幼蟲。陳啓源《毛詩稽古編》曰:「身長足短,生腐木中,穿木如錐,至春雨後,化爲天牛。」[19]此類昆蟲之幼蟲,俗稱「雞母蟲」,以朽木爲食,蛹呈白色,藉其加工分解,使朽木之養分得以回歸自然,於大自然食物鏈之貢獻,其功不可小覷。

---

12 蟲類各部位名稱參見附錄一,頁 199。
13 「成長過程包括卵期、幼生期、蛹期、成蟲期四個階段。幼生期看不到翅膀,蛹期不吃也不動,四階段在外觀、習性上完全不同,就稱爲『完全變態』。一般來說,昆蟲的生活史依照成長各階段外觀與習性的差異情況,約可分成『完全變態』、『不完全變態』與『無變態』三種類型。」見張永仁《昆蟲入門》,頁 28,遠流出版社。
14 以下皆簡稱爲郭《注》、邢《疏》。
15 見許慎《說文解字》十三篇上,頁 672,黎明文化事業股份有限公司。
16 見陸佃《埤雅》冊三,卷十一,頁 6,百部叢書集成。
17 見《詩經動植物圖鑑叢書》上,徐鼎《毛詩名物圖說》,頁 76,大化書局。
18 見毛晉《陸氏詩疏廣要》卷下之下,頁 151,欽定四庫全書。
19 見《皇清經解毛詩類彙編》,陳啓源《毛詩稽古編》,頁 40,藝文印書館。

《詩經》言「蝤蠐」者，僅一見，象徵頸白而長。

〈衛風・碩人〉

> 手如柔荑，膚如凝脂，領如<u>蝤蠐</u>，齒如瓠犀，螓首蛾眉。
> 巧笑倩兮，美目盼兮。（二章）

《傳》：「蝤蠐，蝎蟲也。」《正義》：「領，一名頸，又名項。」

　　案：此為美莊姜之詩。《左傳・隱公三年》曰：「衛莊公娶于齊東宮得臣之妹，曰莊姜，美而無子，衛人所為賦〈碩人〉也。」[20]嚴粲《詩緝》曰：「首序題以閔莊姜，有《左傳》可證說，詩若不用首序，則以此詩美莊姜可乎？」[21]

　　二章敘其容貌之美。《詩經》中言美人，多以物象之，蟲常為詩人取喻對象。或以物之全貌或部分比擬之，如蝤蠐以其白而長，遂用以喻莊姜之頸，《爾雅・疏》曰：「以在木中白而長，故詩人以比婦人之頸。」[22]此以全貌為喻者；而「螓首蛾眉」則屬部分為喻。而借物取譬，此章為最。吳闓生《詩義會通》曰：「『手如』五句狀其貌，末二句并及性情，生動處〈洛神〉之藍本也。」[23]王靜芝《詩經通釋》曰：「寫美人之美，多以物象之，筆法之妙，為漢賦狀美人之辭所自來。」[24]余培林《詩經正詁》曰：「二章多用比喻，能曲盡其致。」[25]

（二）熠燿

　　《爾雅・釋蟲》：「熒火，即炤。」邢昺《疏》：「夜飛腹下有火蟲也。《詩・東山》云：『熠燿宵行』是也。」[26]《說文》：「熠，

20　見《十三經注疏》，《左傳・隱公三年》，頁 53，藝文印書館。
21　見嚴粲《詩緝》卷六，頁 84，欽定四庫全書。
22　見《十三經注疏》，《爾雅・釋蟲》第十五，頁 164，藝文印書館。
23　見吳闓生《詩義會通》卷一，頁 45，中華書局。
24　見王靜芝《詩經通釋》，頁 143，輔仁大學文學院叢書。
25　見余培林《詩經正詁》上，頁 169，三民書局。
26　「〈月令〉季夏，腐草為熒，腐草此時得暑濕之氣，故為熒。至秋而天沉陰數雨，熒火夜飛之時。」見《十三經注疏》，《爾雅・釋蟲》第十五，頁 164，藝文印書館。

盛光也。燿，照也。熒，屋下鐙燭之光也。」[27]《禮記・月令》：「季夏之月，腐草為螢。」鄭玄《注》：「螢，飛蟲，螢火也。」[28]陶弘景《本草》：「螢火，一名夜光，又名放光，一名熠燿。」又曰：「此是腐草及爛竹根所化，初猶未如蟲，腹下便有光，數日便變而能飛。」[29]朱謀瑋《駢雅訓纂》曰：「熠燿，螢也。《廣雅・釋蟲》：『景天，螢火，燐也。』《古今注・魚蟲》第五：『螢火，一名景天，一名熠燿。』」[30]。

案：《爾雅・疏》引《本草》謂「熠燿」為蟲名，此與《說文》異，證諸《駢雅》、《廣雅》、《古今注》等書，似以《爾雅・疏》訓解較勝，今從之。

「熠燿」乃螢之類，屬鞘翅目之螢科，通稱「螢火蟲」，俗稱「火金姑」。其多數腹部有發光器，為夜行發光者，極少數為晝行不發光昆蟲，如紋胸鋸角螢。幼蟲肉食性，以螺類為生，成蟲較少進食，僅以露水、花粉、花蜜度日。螢分水生、陸生二種，喜居於潮濕，雜草叢生之處。《禮記》「腐草為螢」之說雖不科學，卻反映螢之習性。由於人類土地過度開發，都市蓬勃發展，致使螢面臨光害、棲息地遭破壞等危機，已瀕臨絕種。

《詩經》言「熠燿」者，共二見，皆在〈豳風・東山〉一篇。其中「倉庚于飛，熠燿其羽」之「熠燿」為虛詞，義為鮮明貌，非關本文。本文所論者為「熠燿宵行」之「熠燿」為實詞，義為昆蟲，象徵荒涼景象。

〈豳風・東山〉

我徂東山，慆慆不歸。我來自東，零雨其濛。果臝之實，

---

27 見許慎《說文解字》十篇上，頁 489-490，495，黎明文化事業股份有限公司。
28 「溫風始至，蟋蟀居壁，鷹乃學習，腐草為螢。」見《十三經注疏》，《禮記・月令》卷十六，頁 318，藝文印書館。
29 見陶弘景《本草經集注》卷六，頁 444-445，人民衛生出版社。
30 見朱謀瑋《駢雅訓纂》卷十四，頁 884，鼎文書局。

亦施于宇。伊威在室，蠨蛸在戶，町畽鹿場，<u>熠燿</u>宵行。

不可畏也，伊可懷也。（二章）

《傳》：「熠燿，燐也。燐，螢火也。」朱熹《詩集傳》：「熠燿，明不定貌。宵行，蟲名。如蠶，夜行，喉下有光如螢也。」[31]

案：《傳》以「熠燿」為蟲名，朱熹以「宵行」為蟲名。朱熹之說，前人已駁之。胡承珙《毛詩後箋》曰：「熠燿之為螢火，自陳思王〈論〉外，如《文選·張華〈勵志詩〉》：『涼風振落，熠燿宵流。』潘岳〈秋興賦〉：『熠燿粲於階闥兮，蟋蟀鳴乎軒屏。』此皆義本毛《詩》。」又曰：「蓋魏晉人皆知「熠燿」為螢火。又皆知……《集傳》以熠燿為明不定貌，蓋欲與四章『熠燿其羽』字義畫一，楊氏慎曰：『古人用字有虛有實，熠燿之為螢火，實也；熠燿為倉庚之羽，虛也，如〈小雅〉『交交桑扈，有鶯其領』。』非為鶯即桑扈也。《集傳》以「宵行」為蟲名，其所言形狀，本於董逌、陸佃，然董、陸祇云「熠燿」別一種蟲，非螢火，初未嘗以其名為「宵行」也。《廣韻》十八藥：『螎蟉，螢火別名。』又二十六緝：『熠燿，螢火。』螎、熠，蟉、燿，字竝同。」[32]陳啟源《毛詩稽古編》曰：「『宵行』之名是因朱《傳》而傅會，『宵行』非蟲名，楊用修辯之甚確。說載《通義》。」[33]竹添光鴻《毛詩會箋》亦曰：「夜行為宵行，出《周禮》諸書。」[34]諸說是也。或謂同篇同辭而訓解不同，並不妥切，然《詩經》已有前例，如〈豳風·七月〉之「同我婦子，饁彼南畝」之「我」，為詩人自稱，而「我朱孔陽」之「我」，則為女子自稱，同一「我」字，亦有二義，故「熠燿」為蟲名說較佳。

此詩言東征之士既歸之後，述其於歸途所見及既歸之情也。崔述《豐鎬考信錄》曰：「細玩其詞，乃歸士自敘其離合之情耳。」

31 見朱熹《詩集傳》卷八，頁 95，華正書局。
32 見胡承珙《毛詩後箋》卷十五，頁 343，續修四庫全書。
33 見《皇清經解毛詩類彙編》，陳啟源《毛詩稽古編》，頁 83，藝文印書館。
34 見竹添光鴻《毛詩會箋》，頁 919，台灣大通書局。

[35]《箋》云:「室中久無人,故有此五物。」五物指果蠃、伊威、蠨蛸、鹿場、熠燿。嚴粲《詩緝》曰:「我久征役無人在家,螢火夜必飛行室中矣。」[36]王靜芝《詩經通釋》曰:「由『果蠃之實』起為到家所見,處處呈荒涼之景象。」[37]「熠燿」懼光,喜雜草叢生處,故室無人掃,無人出入之家園,多有「熠燿」之蹤影也。

(三) 螣

　　《爾雅·釋蟲》:「食苗葉,螣。」《說文》:「蟘,蟲食苗葉者。螣,神它也。」[38]陸璣《毛詩草木鳥獸蟲魚疏》:「螣,蝗也。」[39]《埤雅》:「蟘則蝗也。」[40]

　　案:《說文》、《埤雅》食苗葉之蟲均作「蟘」,《說文》「螣」字指蛇類,段玉裁《說文解字注》曰:「『蟘』,今詩作『螣』,假借字也。」[41],毛晉《陸氏詩疏廣要》亦曰:「『蟘』,詩作『螣』,一種蟲似螟蛉,食苗葉而卷為房。」[42]可知「螣」、「蟘」、「蟘」三字通用。楊簡《慈湖詩傳》云:「今或者又以所親見而言曰:『食葉者,其蟲以所出之糞包身為衣,時露首食苗。』」[43]梁益《詩傳旁通》引劉向《五行傳》亦云:「視之不明時,則有蠃蟲之孽,謂螟、螣之類;聽之不聰時,則有介蟲之孽,謂螽、蜮之類。」又引羅願良《爾雅翼》曰:「如此則但知螟、螣之為蠃,螽、蜮之為介而已。」[44]

---

35 見崔述《豐鎬考信錄》卷四,頁 18,畿輔叢書,藝文印書館。
36 見嚴粲《詩緝》卷十六,頁 200,欽定四庫全書。
37 見王靜芝《詩經通釋》,頁 323,輔仁大學文學院叢書。
38 見許慎《說文解字》十三篇上,頁 670-671,黎明文化事業股份有限公司。
39 見陸璣《毛詩草木鳥獸蟲魚疏》卷下,頁 17,欽定四庫全書。
40 見陸佃《埤雅》冊三,卷十一,頁 7,百部叢書集成。
41 見段玉裁《說文解字注》十三篇上,頁 670-671,黎明文化事業股份有限公司。
42 見毛晉《陸氏詩疏廣要》卷下之下,頁 162,欽定四庫全書。
43 見楊簡《慈湖詩傳》卷十四,頁 222,欽定四庫全書。
44 見梁益《詩傳旁通》卷九,頁 903,欽定四庫全書。

綜上得知，螟、螣爲羸蟲，蟊、蝗爲介蟲，二者並不相類，陸《疏》、《埤雅》以螣爲蝗，非也。螣應是鞘翅目之「負泥蟲」，此蟲又名「背屎蟲」，因其肛門向上開口，糞便排於體背，幼蟲蓋於蟲糞之下，遂有此名。其幼蟲沿葉脈食害葉肉，殘留表皮，形成許多白色縱痕，嚴重時全葉發白、焦枯或整株死亡。除水稻秧苗外，亦爲害多種禾本科作物。

《詩經》言「螣」者，僅一見，象徵一切害蟲。

〈小雅・大田〉

> 既方既皁，既堅既好，不稂不莠。去其螟<u>螣</u>，及其蟊賊，
> 無害我田稚。田祖有神，秉畀炎火。（二章）

《傳》：「食葉曰螣。稂，童粱也。莠，似苗也。」《箋》：「此四蟲者，恒害我田中之稺禾，故明君以正己而去之。」

案：《埤雅》曰：「苗而未秀爲稺。」[45]作物欲其茂美，必無蟲害，尤以禾之初生爲然。《傳》、《箋》云螣乃爲害作物之蟲，而此螣於秧苗期侵害最劇。故去草、除螣乃必要之工作。范處義《詩補傳》曰：「不稂不莠，謂禾皆善也。禾既善矣，當去其害。」[46]本章言夏日去草、除蟲之勞，然作物害蟲繁多，螟、螣、蟊、賊因爲害甚鉅，故舉不同部位以象徵一切害蟲。

（四）蟊

《爾雅・釋蟲》：「食根，蟊。」《說文》：「蟊，蟲食草根者。從蟲弓象形。蟊，蟊蟊也。」段玉裁《注》曰：「蟊，謂上體象此蟲繚繞於苗幹之形。而蟊字與蟲部食草根者絕異。」[47]陸璣《毛詩草木鳥獸蟲魚疏》：「或說云：『蟊，螻蛄也。食苗根爲人患。』」陳大章《詩傳名物集覽》：「《淮南子》：『孟夏螻蟈鳴者是也。翅小

---

45 見陸佃《埤雅》冊三，卷十一，頁 7，百部叢書集成。
46 見范處義《詩補傳》頁 88，通志堂經解。
47 見許慎《說文解字》及段《注》十三篇下，頁，681-682，黎明文化事業股份有限公司。

而短,飛去不遠,穴土而居,處處有之。」然此蟊自是蝗類,非螻蛄也。按《楚辭》:『螻蛄兮鳴東,蟊鼁兮鳴西。』其非一物明矣。」又引《圖經》云:「蟊,莫毫切,音茅。甲蟲大如巴豆,甲上有黃黑斑紋,烏腹尖喙,俗謂爲斑貓。」[48]

案:《說文》「蟊」、「蝥」爲重文,「蟊」則指蜘蛛之類,而陳大章《詩傳名物集覽》曰:「《正韻》『蟊』亦作『蝥』,則『蟊』與『蝥』通無疑。」故知「蟊」、「蟊」、「蝥」三字形別而義通。然陳氏謂「此蟊自是蝗類,非螻蛄也。」所言僅得其半。蟊雖非螻蛄,然亦非蝗,以蝗食葉不食根,其若蟲亦非蝡動於根者。[49]且古人稱蝗爲介蟲,段玉裁《說文解字注》引《漢書·五行傳》曰:「介蟲孽者。」段氏又曰:「蟥是介屬,螟、蟊是臝屬。」[50]知蟊非蝗類也。然食根之害蟲甚多,若依《圖經》所謂之甲蟲,則以鞘翅目象甲科之稻水象甲似之。其幼蟲破壞根系,爲害根部成孔洞,使稻株黃化枯萎,嚴重時整株死亡。該蟲食性雜,除水稻外,爲害甘薯、玉米、麥類等多種植物。

《詩經》言「蟊」者,計四篇,分爲二類,一是蟊字本身之意象;二是蟊字詞組之意象。

蟊字本身之意象,凡三見,約有二義,茲分述如下:

1、象徵一切害蟲

此類字有二見:

(1)〈小雅·大田〉

> 既方既皁,既堅既好,不稂不莠。去其螟螣,及其蟊賊,
> 無害我田稚。田祖有神,秉畀炎火。(二章)

《傳》:「食根曰蟊。」《箋》:「此四蟲者,恒害我田中之稼禾,

---

48 見陳大章《詩傳名物集覽》卷五,頁 659,欽定四庫全書。
49 「螟、螣、蟊、賊,則蝡動於心、根、節、葉之間。」見王夫之《詩經稗疏》卷二,頁 831,欽定四庫全書。
50 見段玉裁《說文解字注》十三篇上,頁 674,682,黎明文化事業股份有限公司。

故明君以正己而去之。」

　　案：此蟊與螣並言，同象徵一切害蟲，故此不再繁複，參見鞘翅目之螣。

（2）〈大雅・桑柔〉

> 天降喪亂，滅我立王。降此蟊賊，稼穡卒痒。哀恫中國，
> 具贅卒荒。靡有旅力，以念穹蒼。（七章）

　　《箋》：「蟲食曲根曰蟊。卒，盡。痒，病。天下喪亂，國家之災以窮盡我王所恃而立者，謂蟲孽爲害，五物穀盡病。」朱熹《詩集傳》：「降此蟊賊，則我之稼穡又病，而不得以代食矣。」[51]

　　案：《箋》、朱《傳》皆謂蟊爲作物害蟲，農業社會中，蟲害輕則減產，重則饑荒。自帝王以至庶民，未敢輕忽。因而治政者如以賢人爲寶，以輕稅薄斂爲好，則豐衣足食，安居樂業。今則不然，厲王無道，貪婪暴虐，以稼穡爲寶，以聚斂人民，代民而食爲好，故《詩序》曰：「〈桑柔〉，芮伯刺厲王也。」民困已深，又值蟲孽爲害，稼穡盡病，則饑饉至矣。詩人見王所恃之稼穡皆病，大命將傾，欲救乏力，唯念蒼穹而已。陳奐《詩毛氏傳疏》以蟊賊喻貪殘之人，[52]此無解於稼穡；而李巡、孫炎竝謂災由政起，[53]然此天災，以科學驗之，與惡政並無必然之關係，其說皆不可取。因此詩中之「蟊」以象徵一切害蟲爲切。

2、象徵小人

　　此類字僅一見：

〈大雅・召旻〉

> 天降罪罟，蟊賊內訌。昏椓靡共，潰潰回遹，實靖夷我邦。
> （二章）

51　見朱熹《詩集傳》卷十八，頁 209，華正書局。
52　見陳奐《詩毛氏傳疏》卷二十五，頁 368，續修四庫全書。
53　李巡曰：「食禾根者，言其稅取萬民財貨，故曰蟊也。」孫炎曰：「皆政貪所致，因以爲名也。」二說見毛晉《陸氏詩疏廣要》卷下之下，頁 162，欽定四庫全書。

《傳》:「訌，潰也。潰潰，亂也。」《箋》:「訌，爭訟相陷入之言也。王施刑罪以羅罔天下，眾爲殘酷之人，雖外以害人，又自內爭相讒惡。」《正義》:「訌言內，則蟊賊爲外，故云眾爲殘酷之人，雖外以害人，又內相讒惡，言惡人所在爲害，又自不相親也。」

案:此亦爲刺幽王詩。朱熹《詩集傳》曰:「此刺幽王任用小人，以致饑饉侵削之詩也。」[54]《箋》亦謂蟊賊爲眾殘酷之人，《正義》申之曰惡人，即邪僻之小人，此乃通論。惟姚際恆《詩經通論》謂:「『蟊賊』指褒姒也。故曰『內訌。』」[55]余培林《詩經正詁》則曰:「『蟊賊』一詞，亦未必專指褒姒也。故仍當從朱說爲是。」[56]析論甚確。此章言群小致亂，李樗、黃櫄《毛詩集解》曰:「天降此罪以網羅天下，而小人皆如蟊賊之害，用事於內，自訌潰也。」[57]詩人見小人爲惡，殘害生民，如同蟊賊之食害禾苗，故引以爲興。

蟊字詞組之意象，止一篇，象徵小人。

〈大雅・瞻卬〉

　　瞻卬昊天，則不我惠。孔填不寧，降此大厲。邦靡有定，士民其瘵。<u>蟊賊蟊疾</u>，靡有夷屆。罪罟不收，靡有夷瘳。

（一章）

《傳》:「昊天，斥王也。」《箋》:「仰視幽王爲政，則不愛我下民甚久矣。天下騷擾，邦國無有安定者，士卒與民皆勞病，其爲殘酷痛病於民，如蟊賊之害禾稼然。」《正義》:「蟊賊者，害禾稼之蟲;蟊疾是害禾稼之狀，言王之害民如蟲之害稼，故比之也。」朱熹《詩集傳》:「蟊賊，害苗之蟲也。疾，害。蘇氏曰:『國有所

---

54 見朱熹《詩集傳》卷十八，頁 221，華正書局。
55 見《詩經要籍集成》27，姚際恆《詩經通論》卷十五，頁 94-95，學苑出版社。
56 見余培林《詩經正詁》下，頁 508，三民書局。
57 見李樗、黃櫄《毛詩集解》頁 486，通志堂經解。

定，則民受其福，無所定，則受其病，於是有小人爲之蟊賊……。」」[58]

　　案：此爲刺幽王詩。《詩集傳》曰：「此刺幽王嬖褒姒，任奄人，以致亂之詩。」《箋》、《正義》皆以蟊賊喻幽王，然朱《傳》引蘇氏曰則以蟊賊喻小人，蓋幽王任小人，史有明載。[59]夫居上者，凡用賢人，雖無能亦可國治，伊尹輔太甲是也；如任小人，縱亦有才，亦會喪國，歷朝之亂亡皆明證也，《淮南子・主術篇》亦云：「所任者得其人，則國家治；所任非其人，則國家危。」[60]且下文言「哲婦傾城」，此婦當指褒姒，褒姒得寵，內必有嬖幸爲之羽翼，外必有皇父、家伯等爲之呼應，因知政亂乃王所用非人，所聽非是而致，則戕害眾民者，恐王側之小人更甚於王矣。胡承珙引《虞東學詩》云：「罪罟不收」二句，即蟊賊靡屆之實，謂此輩張設網羅，不加收斂……。」[61]胡氏亦指蟊賊爲小人，若依詩意判斷，朱說爲是。

　　舊注多以蟊賊爲二蟲，疾，害也，蟊疾爲蟊害。如《正義》、朱《傳》皆是。王質《詩總聞》則以「蟊賊蟊疾」四字並言貪者。[62]然就文句言，似於義難通。至見俞樾《群經平議》曰：「賊也，疾也，並猶害也。」[63]此惑方解。陳子展《詩經直解》亦曰：「賊與『螟、螣、蟊、賊』之『賊』不同義，舊注皆不得其解。」[64]故「蟊賊蟊疾」者，猶云蟊之爲害，蟊之爲病也，此處之「賊」非蟲，而以蟊之爲害，象徵小人之作惡。

58　見朱熹《詩集傳》卷十八，頁 220，華正書局。
59　「幽王以虢石父爲卿用事，國人皆怨。石父爲人佞巧善諛，好利。王用之，又廢申后去太子也。」見《史記・周本紀》第四，頁 80，洪氏出版社。
60　見高誘注釋《淮南子・主術篇》卷九，頁 135，華聯出版社。
61　見胡承珙《毛詩後箋》卷二十五，頁 705，續修四庫全書。
62　見王質《詩總聞》卷十八，頁 708，欽定四庫全書。
63　見俞樾《群經平議》卷十一，頁 184，續修四庫全書。
64　見陳子展《詩經直解》卷二十五，頁 1046，復旦大學出版社。

二、鱗翅目

鱗翅目為昆蟲之次大家族，全世界約十二萬種，台灣已知有四千種。眾人熟悉之蛾，便屬此類。此目昆蟲外觀共同特徵為：有兩對佈滿鱗片既薄且大之雙翅，故稱為鱗翅目，其生活史為完全變態。

（一）蛾

《爾雅‧釋蟲》：「蚔，羅也。」邢《疏》：「此即蠶蛹所變者也。」《說文》：「蛾，羅也。螆，蠶匕飛蟲，从蟲我聲。」段玉裁《注》曰：「蛾，羅。見〈釋蟲〉。許次於此，當是蟻，一名蛾，蛾是正字，蟻是或體。許意此蛾是蟻，蟲部之螆是蠶螆，二字有別。郭注《爾雅》『蛾，羅。』為蠶螆，非許意也。」[65]《埤雅》：「繭生蛾，蛾生卵。」[66]蔡元度《毛詩名物解》：「《博物志》曰：『食桑者有蛹而蛾，蛾類皆先孕而後交，蓋蛹者蠶之所化；蛾者蛹之所化。』《荀子》曰：『蛹以為母，蛾以為父。』是也。」[67]王念孫《廣雅疏證》：「蠶化飛蟲也。蚔與蛾同。《御覽》引《廣志》云：『凡草木蟲，以蛹化為蛾甚眾。』《古今注》：『飛蛾善拂鐙，一名火花，一名慕炎。』」[68]

案：《說文》「蚔」、「螆」為重文，而王念孫《廣雅疏證》則謂「蛾」與「蚔」同，則知「蚔」今作「蛾」。蛾之種類甚多，常見者有燈蛾、夜蛾等。至於蠶蛾，為蠶蛹所化。羽化後之蠶蛾，雄蛾於交尾不久即死，雌蛾雖負產卵重任，然亦於產卵後三至五

---

65 見許慎《說文解字》及段《注》十三篇下，頁，672-673，681，黎明文化事業股份有限公司。
66 見《埤雅》冊三，卷十，頁 15，百部叢書集成。
67 見蔡元度《毛詩名物解》卷第十二，頁 539，通志堂經解。
68 見王念孫《廣雅疏證》卷十下，頁 342，鼎文書局。

日死去。邢《疏》所謂「蠶蛹所變者也。」應指後者而言。多數蛾類夜晚具趨光性，其與蝶主要之差異在於停棲時，蝶將雙翅合併豎立；蛾則將翅張開，顯露美麗圖案。此外，觸角亦有分別，蝶之觸角如一拉長之驚嘆號或球棒；而蛾之外形則如絲、如梳、如羽、如鋸齒，變化多端。其中蠶蛾觸角為羽狀，燈蛾、夜蛾為絲狀。以蠶蛾短暫一生且為羽狀言之，古以「蛾」比眉者，應為燈蛾、夜蛾之類，非蠶蛾也。

　　《詩經》言「蛾」者，僅一見，為蛾字詞組之意象，象徵眉之細長。

　　〈衛風・碩人〉

　　　手如柔荑，膚如凝脂，領如蝤蠐，齒如瓠犀，螓首<u>蛾眉</u>。
　　　巧笑倩兮，美目盼兮。（二章）

　　朱熹《詩集傳》：「蛾，蠶蛾也。其眉細而長曲。」[69]段玉裁《詩經小學》：「王逸注〈離騷〉云：『蛾眉，好貌。』師古注《漢書》始有形若蠶蛾之說。〈離騷〉及〈招魂〉《注》並云：『娥，一作蛾。』今俗本倒易之，『娥』作『蛾』者，字之假借。娥者，美好輕揚之意。《方言》：『娥，好也。秦晉之間好而輕者謂之娥，〈大招〉『娥眉曼只。』；枚乘〈七發〉：『皓齒娥眉』；張衡〈思元賦〉：『娭眼娥眉』；陸士衡詩：『美目揚玉澤，娥眉象翠翰。』倘從今本用『蛾』，則一句中作蛾，又用翠羽，稍知文義者不為矣。」[70]

　　案：《詩經小學》言「蛾」為「娥」字之假借，換言之，「蛾」不為蟲，此說胡承珙、馬瑞辰亦從之。胡承珙《毛詩後箋》曰：「蛾眉，《傳》、《箋》皆無說。」又曰：「按《漢書・外戚傳》武帝悼李夫人賦云：『流連視而娥揚。』師古曰：『娥揚，揚其娥眉。』字亦作『娥』，不作『蛾』也。」[71]馬瑞辰《傳箋通釋》曰：「《藝

69　見朱熹《詩集傳》卷三，頁 36，華正書局。
70　見《皇清經解毛詩類彙編》，段玉裁《詩經小學》，頁 597，藝文印書館。
71　見胡承珙《毛詩後箋》卷五，頁 146，續修四庫全書。

文類聚》引詩正作『娥眉』，此詩上四句皆言如，至『蠑首蛾眉』但爲好貌，故不言如。師古注《漢書》因謂蛾眉形若蠶蛾，失之鑿矣。」[72]

「蛾眉」一詞，《傳》、《箋》皆無說，或以爲蛾乃尋常之蟲，故未注解。王先謙《詩三家義集疏》曰：「蛾、娥二義並通，蛾眉者，眉以長爲美，蠶蛾眉角最長，故以爲喻，顏說是也。《傳》、《箋》因其易曉故不爲說，且與蠑對文，知必從蟲作蛾。《釋文》出『蛾眉』字云：『我波反。』孔《疏》亦云：『蠑首蛾眉』指其體之所似，謂舉物之一體以象之，是毛《詩》本作『蛾』。而作『娥』者，爲三家文矣！《藝文類聚》十八引《詩》曰：『蠑首蛾眉』，正作『娥』，『蛾』、『娥』二文，詩家並采，不專一說，段氏未爲全得也。」[73]王氏之說極是。《正義》亦曰：「此經手、膚、領、齒舉全物以比之，故言如；『蠑首蛾眉』則指其體之所似，故不言如也。」可駁馬氏「不言如」之說。是以「蛾」爲蟲無疑，不過此蟲恐非朱《傳》、王氏所言之蠶蛾，前已說明，此不贅述。

綜上得知，詩取蛾如絲之觸鬚，象徵女子細長之眉，於此可見詩人觀察之微，取譬之妙矣。

（二）蠶

《爾雅·釋蟲》：「蠔，桑繭。」郭《注》：「食桑葉作繭者，即今蠶。」《說文》：「任絲蟲也。」[74]《埤雅》：「蠶，陽物也，惡水食而不飲。」[75]《淮南》：「蠶食而不飲，二十二日而化。」[76]陳大章《詩傳名物集覽》引亦有四眠者，既老將績，其口含絲，獨成繭者，謂之獨繭；自二以上謂之同工繭，獨繭絲細而有緒，養

---

72 見馬瑞辰《傳箋通釋》冊一，頁 7，臺灣中華書局。
73 見王先謙《詩三家義集疏》卷三，頁 103，鼎文書局。
74 見許慎《說文解字》十三篇下，頁 681，黎明文化事業股份有限公司。
75 見陸佃《埤雅》冊三，卷十一，頁 2，百部叢書集成。
76 見高誘注釋《淮南子》卷四，頁 61，華聯出版社。

蠶之室，欲明而溫古者，后妃享先蠶，先蠶，天駟也。蠶溺曰沙皮，曰蛻甕，曰繭蛹。」[77]

　　案：蠶爲蠶蛾之幼蟲，初孵化之蠶，色黑如蟻，體有細毛，稱爲「蟻蠶」。蠶以桑葉爲生，食桑不停，體色漸白，不久即脫皮，此時約有一日如睡眠般不吃不動，稱爲「休眠」。每經一次脫皮，即增齡一歲，共需四次脫皮，至五齡蠶方能吐絲結繭，此與《詩傳名物集覽》所引《淮南》說合。五齡幼蟲，結繭成蛹需二日，十日後羽化成蠶蛾。成蟲無法飛翔，不進食，壽命亦短。繭可取絲，古來爲帝王所重。陳大章《詩傳名物集覽》引《淮南》曰：「黃帝元妃西陵氏始蠶。」[78]《禮記・祭義》曰：「古者天子諸侯，必有公桑蠶室，近川而爲之。」[79]《周禮・內宰職》曰：「中春詔后，帥內外命婦始蠶於北郊，以爲祭服。」[80]《禮記・月令》曰：「季春天子乃薦鞠衣於先帝，命野虞毋伐桑柘，具曲植籧筐，后妃齋戒，親東鄉躬桑，禁婦女毋觀，省婦始，以勸蠶事，蠶事既登，分繭稱絲，效功以共郊廟之服。孟夏蠶事畢，后妃獻繭，乃收繭稅，以桑爲均，貴賤長幼如一，以給郊廟之服。」[81]可知天子春養蠶以爲祭服。而百姓亦養蠶，以製民衣。如范成大〈照田蠶行〉詩云：「今春雨雹繭絲少，秋日雷鳴稻堆小；農家今夜火最明，的知新歲田蠶好。」[82]生動描繪出當時農村蠶業興旺之景象。

　　《詩經》言「蠶」者有二篇，亦有二義，皆爲蠶字詞組之意象，分述如下：

1、蠶月 —— 象徵蠶事忙碌時節

　　此類詞組僅一見：

77 見陳大章《詩傳名物集覽》卷五，頁644，欽定四庫全書。
78 見陳大章《詩傳名物集覽》卷五，頁644，欽定四庫全書。
79 見《十三經注疏》，《禮記・祭義》卷四十八，頁819，藝文印書館。
80 見《十三經注疏》，《周禮・內宰職》卷七，頁113，藝文印書館。
81 見《十三經注疏》，《禮記・月令》卷十五，頁305-308，藝文印書館。
82 見顧志興主編《范成大詩歌賞析集》，頁205，巴蜀書社。

〈豳風・七月〉

　　七月流火，八月萑葦。<u>蠶月</u>條桑，取彼斧斨，以伐遠揚，
　　猗彼女桑。七月鳴鵙，八月載績，載玄載黃，我朱孔陽，
　　為公子裳。（三章）

《正義》：「養蠶之月。」朱熹《詩集傳》：「蠶月，治蠶之月。條桑，枝落之采其葉也。」[83]呂祖謙《呂氏家塾讀詩記》引王氏曰：「蠶月非一月，故不指言某月。」[84]嚴粲《詩緝》引程子曰：「蠶月條桑，當蠶長之月也，計歲氣之早晚，不可指定幾月也。」[85]范處義《詩補傳》：「蠶月，謂蠶事既畢之月。」[86]

　　案：「蠶月」，諸家皆未明言何月，若據《禮記・月令》：季春說養蠶之事，孟夏蠶事畢云云，知「蠶月」即指三月。崔述《讀風偶識》曰：「蠶月即夏正之三月，不稱三月者，豳俗重蠶，故呼此月為蠶月，猶今人之呼十二月為臘月也。」[87]可從。養蠶之事，始於種桑以致服成，蠶事繁雜，非悉心一志，無以致其功。《蠶書》曰：「飼蠶勿用雨露濕葉。」[88]蓋蠶性惡濕，凌早採桑必帶露而濕，故風戾之，使露氣燥，乃以食蠶，《禮記・祭義》云：「桑於公桑，風戾以食之。」[89]是也。今俗飼蠶以葉灑之，欲其勻厚，故古者王親耕三推而止，王后親蠶三灑而止。[90]稍有疏失，將前功盡棄。《正義》曰：「養蠶，女功之始；衣服，女功之成。」故言月不言日，謂此月皆忙於蠶生之事也。「蠶月」之義，諸家或有異解，有云蠶事既畢之月，如《詩補傳》；有云養蠶之月，如《正義》；有云蠶長之月，如《詩緝》，然「蠶事忙碌」之義，則皆有也。

---

83 見朱熹《詩集傳》卷八，頁 91，華正書局。
84 見呂祖謙《呂氏家塾讀詩記》卷十六，頁 91，欽定四庫全書。
85 見嚴粲《詩緝》卷十六，頁 161，欽定四庫全書。
86 見范處義《詩補傳》卷十五，頁 168，通志堂經解。
87 見崔述《讀風偶識》卷之四，頁 16，續修四庫全書。
88 見陸佃《埤雅》冊三，卷十一，頁 3，百部叢書集成。
89 見《十三經注疏》，《禮記・祭義》卷四十八，頁 819，藝文印書館。
90 見陸佃《埤雅》冊三，卷十一，頁 3，百部叢書集成。

此寫豳國農人生活之詩,「蠶月條桑,取彼斧斨,以伐遠揚,猗彼女桑。」即言採桑之事,然飼蠶何止採桑而已,舉凡蠶室、蠶具之預備,皆缺一不可,此僅舉其代表耳。

2、蠶織 —— 象徵婦女分內之事

此類詞組僅一見:

〈大雅・瞻卬〉

> 鞫人忮忒,譖始竟背。豈曰不極?伊胡為慝!如賈三倍,君子是識。婦無公事,休其<u>蠶織</u>。(四章)

《傳》:「休,息也。婦人无與外事,雖王后之貴,猶以蠶織為事。」「蠶織」,《箋》:「蠶桑織紝之職。」朱熹《詩集傳》:「蠶織,婦人之業。」[91]

案:《禮記・祭義》曰:「大昕之朝,君皮弁素積,卜三宮之夫人、世婦之吉者,使入蠶於蠶室,奉種浴于川,桑於公桑,風戾以食之。歲既單矣,世婦卒蠶,奉繭以示于君,遂獻繭于夫人。夫人曰:『此所以為君服與?』遂副褘而受之,因少牢以禮之,『古之獻繭者,其率用此與?』及良日,夫人繅三盆手,遂布于三宮夫人、世婦之吉者,使繅,遂朱綠之,玄黃之,以為黼黻文章。」[92]《正義》曰:「『卜三宮之夫人、世婦之吉者』謂天子則卜三夫人,諸侯則卜世婦也。〈月令〉注:『留養蠶者。』所卜夫人與世婦,是天子之夫人親蠶事也。」可知養蠶為衣,是婦人之事。

此章言婦人之患最為窮極而不知止也。范處義《詩補傳》曰:「婦人不當與公事,乃休其蠶織也。」[93]吳闓生《詩義會通》曰:「《列女傳》:『婦人以織績為公事者也。休之,非禮也。』」[94]王靜芝《詩經通釋》曰:「婦人不宜參與朝廷之事,而今竟休其蠶織

---

91 見朱熹《詩集傳》卷十八,頁220,華正書局。
92 見《十三經注疏》,《禮記・祭義》卷四十八,頁819,藝文印書館。
93 見范處義《詩補傳》卷二十五,頁125-126,通志堂經解。
94 見吳闓生《詩義會通》卷三,頁241,中華書局。

而專參與朝廷之事。如此反常，其事如何，可知之矣。」[95]諸家所言，均指婦人今無公事，休其蠶織，怠忽本分也。怠忽本職，已爲不當；參與公事，益非所宜，故知《詩》以「蠶織」象徵婦女分內之事也。

（三）蠋

《爾雅·釋蟲》:「蚅，烏蠋。」郭《注》:「大蟲如指，似蠶。」《說文》:「蜀，葵中蠶也。從虫，上目象蜀頭形，中象其身蜎蜎。《詩》曰:『蜎蜎者蜀。』」[96]《埤雅》:「蠋，大蟲如指，似蠶，一名厄。蠋以絲自裹。《韓非子》曰:『鱓似蛇，蠶似蠋，人見蛇則驚駭，見蠋則毛起。』《莊子》曰:『奔蜂不能化藿蠋。』《管子》曰:『龍欲小則化爲蠶蠋。』」[97]陳啓源《毛詩稽古編》曰:「螟蠕、尺蠖與蠋皆不能穴木，唯在樹上食葉。尺蠖似蠋而小，行則首尾相就，詘而復伸，螟蛉又似尺蠖而青小，至夏俱羽化爲蛾。」[98]陳大章《詩傳名物集覽》:「《淮南子》曰:『蠶之與蠋相類，而愛憎異。』凡草木皆有之，各隨所食草木之性。」又曰:「《廣志》云:『藿蠋，五采者；香槐蠋，五采有角者，臭。』詩偶舉桑蠋言之。」[99]

案:「蠋」，《說文》作「蜀」，陳奐《詩毛氏傳疏》引鄭注《考工記·盧人》曰:「蠋者，蜀之俗。」[100]今皆作「蠋」，殆以別於郡名乎？如依《埤雅》、及《詩傳名物集覽》所言，蠋之體表應有毛束或體色斑斕，則鱗翅目蛾蝶類之幼蟲多似之。以禾本科植物爲食者，如粉蝶、挵蝶、燈蛾；體表有刺毛或斑斕者，如毒蛾、

---

95 見王靜芝《詩經通釋》，頁 605，輔仁大學文學院叢書。
96 見許慎《說文解字》十三篇上，頁 672，黎明文化事業股份有限公司。
97 見陸佃《埤雅》冊三，卷十，頁 5，百部叢書集成。
98 見《皇清經解毛詩類彙編》，陳啓源《毛詩稽古編》，頁 131，藝文印書館。
99 見陳大章《詩傳名物集覽》卷五，頁 647，欽定四庫全書。
100 見陳奐《詩毛氏傳疏》卷十五，頁 181，續修四庫全書。

刺娥、斑蝶；以絲自裹者，如天蠶蛾、鹿子娥等。概言之，古書言蠋與蠶似，螟蛉與蠋同類，則蠋應爲鱗翅目蛾蝶類之幼蟲無疑也。

《詩經》言「蠋」者，僅一見，象徵獨宿之征人。

〈豳風・東山〉

> 我徂東山，慆慆不歸。我來自東，零雨其濛。我東曰歸，
> 我心西悲。制彼裳衣，勿士行枚。蜎蜎者蠋，烝在桑野。
> 敦彼獨宿，亦在車下。（一章）

《傳》：「蜎蜎，蠋貌。蠋，桑蟲也。」陳奐《詩毛氏傳疏》：「烝，寘也。」[101]《箋》：「蠋蜎蜎然特行，久處桑野，有似勞苦者。古者寘、填、塵同也。」朱熹《詩集傳》：「蜎蜎，動貌。蠋，桑蟲似蠶者也。烝，發語聲，敦，獨處不移貌。此則興也。」[102]

案：「蜎蜎者蠋，烝在桑野。」解者對「烝」字訓釋雖分歧，[103]然以「蠋」喻人則同。馬瑞辰《毛詩傳箋通釋》曰：「蜀有獨義，《爾雅・釋山》：『獨者，蜀。』是也。蜎蜎又爲獨行之貌，故詩以興人之獨行。」[104]

此詩言東征之士既歸之後，述其於歸途所見及既歸之情也。崔述《豐鎬考信錄》曰：「細玩其詞，乃歸士自敘其離合之情耳。」

---

101 見陳奐《詩毛氏傳疏》卷十五，頁 181，續修四庫全書。
102 見朱熹《詩集傳》卷八，頁 94，華正書局。
103 「烝有三義，眾也，進也，久也。此詩言『烝在』者二，以爲進，則可以言蠋不可以言瓜；以爲眾，則喻獨宿不取眾義也；此詩皆言久役之情，則久義爲勝。」見嚴粲《詩緝》卷十六，頁 199，欽定四庫全書。
　「烝，毛氏謂寘，鄭氏謂烝，寘也。其音訓久，言久在桑野也，謂久處桑野，有似勞苦。然蟲之在桑，何足以爲勞苦？故程氏以爲蠋在桑葉之中居，如士卒之獨處，自保其身，敦然獨宿於車下也。」見李樗、黃櫄《毛詩集解》卷十八，頁 370，通志堂經解。
　「烝與曾同音，爲疊韻，烝當爲曾之借字。〈少牢饋食〉注古文甑爲烝，此聲近通借之証。曾，乃也。《樊書》言『何曾』猶『何乃』也。烝之義亦當爲乃，『烝在桑野』猶言『乃在桑野』也，下章『烝在栗薪』猶言『乃在栗薪』也。」見馬瑞辰《傳箋通釋》冊二，卷十六，頁 22，臺灣中華書局。
104 見馬瑞辰《傳箋通釋》冊二，卷十六，頁 22，臺灣中華書局。

[105]一章寫戰爭初止，勿士行枚之情景。詩中之「我」皆征人自謂，蜎蜎者蠋，敦敦者人，一在桑野，一宿車下，諸多類似。詩人見蠋蟲蜷曲於葉中，以興人之獨宿車下，知詩中之「蠋」既敘其景物，亦用以自況也。

（四）螟蛉

　　《爾雅‧釋蟲》：「螟蛉，桑蟲。郭《注》：「俗謂之桑蝬，亦曰戎女。《說文》：「螟蠕，桑蟲也。」[106]陸璣《毛詩草木鳥獸蟲魚疏》：「《犍為文學》曰：『螟蛉者，桑上小青蟲也。似步屈，其色青而細小，或在草萊上。』」[107]

　　案：「螟蛉」一詞，前人多解為桑蟲，如《爾雅》。陳啓源《毛詩稽古編》亦曰：「螟蠕、尺蠖與蠋皆不能穴木，唯在樹上食葉。尺蠖似蠋而小，行則首尾相就，詘而復伸，螟蛉又似尺蠖而青小，至夏俱羽化為蛾。」[108]據陳氏所云，「螟蛉」與尺蠖相似，尺蠖為鱗翅目昆蟲，則螟蛉亦當為鱗翅目昆蟲也。然此蟲若為蛾之幼蟲，其由卵孵化而來，無子可言，此無解於《詩》「螟蛉有子」。故王夫之《詩經稗疏》云：「螟蛉無定名也。」並引孫又云：「子為桑蟲，螟蛉非桑蟲，育是蟲者，灰黑小蝶，翅底粉質黑斑，翔集卉木，到處育子，不專在桑間。」[109]依王氏所述，「螟蛉」與螟蛾之徵相符。可知詩家所謂「螟蛉」，一指為鱗翅目螟蛾科之幼蟲，俗名「桑絹野螟」，身小，體綠，以桑葉為食，天敵乃蜂之類；一指為螟蛾。前人訓解若非同名異實，即釋名有誤。如由「螟蛉有子」

---

105 見崔述《豐鎬考信錄》卷四，頁 18，畿輔叢書，藝文印書館。
106 見許慎《說文解字》十三篇上，頁 674，黎明文化事業股份有限公司。
107 見陸璣《毛詩鳥獸草木蟲魚疏》卷下，頁 18，欽定四庫全書。以下簡稱陸《疏》。
108 見《皇清經解毛詩類彙編》，陳啓源《毛詩稽古編》，頁 131，藝文印書館。
109 見楊家駱主編《清儒詩經彙解》下，王夫之《詩經稗疏》，頁 574，鼎文書局。

推論，「螟蛉」應是螟蛾一類，諸家所謂之「螟蛉」當是「螟蛉有子」之「子」是也。

《詩經》言「螟蛉」者，僅一見，象徵幽王。

〈小雅・小宛〉

> 中原有菽，庶民采之。<u>螟蛉</u>有子，果蠃負之。教誨爾子，式穀似之。（三章）

《傳》：「螟蛉，桑蟲也。蜾蠃，蒲盧也。負，持也。」《箋》：「蒲盧，取桑蟲之子負持而去，煦嫗養之以成其子。喻有萬民不能治，則能治者將得之。」《正義》：「蒲盧養取桑蟲之子以爲己子，似有德者教取王民以爲己民，是王位無常也。」

案：《詩序》曰：「大夫刺幽王。」則《箋》與《正義》所言「螟蛉」象徵君王者，乃幽王也。細觀詩中「天命不又」一句，唯天子受命於天耳，若指天子，則必指幽王無疑。惟《詩》曰：「有懷二人。」曰：「無忝爾所生。」余培林《詩經正詁》曰：「作者當是幽王之兄長。」並引姚際恆《詩經通論》曰：「此爲同姓兄弟刺王之詩，故有『念昔先人』諸語。」[110]是矣。

「螟蛉有子，蜾蠃負之。」《箋》以爲蜾蠃化桑蟲之子爲己子，古人但見幼蜂自穴出，以爲養螟蛉以爲子，實乃蜂獵桑蟲以爲子糧。螟蛉爲螟蛾，蜾蠃爲蜂，實不相類。化子之說，既非事實，詩中亦無此義，《箋》說非是。

「螟蛉」二句，言螟蛉之子，爲蜾蠃負去，以養其子，以興王位無常，惟勤能得之。「螟蛉」象徵幽王，「蜾蠃」象徵勤於修德者，以興末二句。「爾子」指萬民，《正義》引王肅曰：「王者做民父母，故以民爲子。」前人多指幽王之子，如嚴粲《詩緝》曰：「桑蟲有子，蜾蠃乃持之而去，喻王有太子不能撫愛，而申侯乃挾而去之也。」[111]然以詩上四句，句型相同，義應相承，《正義》

110　見余培林《詩經正詁》下，頁 164，三民書局。
111　見嚴粲《詩緝》卷二十一，頁 276，欽定四庫全書。

得之。「式穀似之」之「式」，法也，「式穀」，即法善，[112]「之」指爾子。陳奐《詩毛氏傳疏》曰：「此章以上四句興此二句，文義各相承，采為采菽，負為負螟蛉，則似之亦當為似爾子，謂嗣有女之萬民。」[113]言將有勤於修德者行善而保有爾之萬民。是詩人見螟蛉子為蜾蠃負去之象，言王若不勤政以固位，將有勤於修德者取而代之。可知詩人藉自然以規戒，觀察入微也。

（五）螟

《爾雅・釋蟲》：「食苗心，螟。」郭《注》：「分別蟲啖食禾所在之名耳。」《說文》：「蟲食穀心者，吏冥冥犯法即生螟。」[114]陸璣《毛詩草木鳥獸蟲魚疏》：「螟似虸蚄而頭不赤。」[115]

案：舊說皆以螟為蝗類，[116]然毛晉《陸氏詩疏廣要》曰：「鄭注螟極纖細，在苗之心，若木中有蠹。今食苗心者，乃無足小青蟲。漢孔臧蓼〈蟲賦〉曰：『爰有蠕蟲厥狀似螟，是螟為無足蟲也。』」[117]楊簡《慈湖詩傳》亦曰：「今或者又以所親見而言曰：『食苗心者，白而稍長，如蠹書。』」[118]所言之螟，與蝗不類。螟之習性則較似螟蛾、夜蛾科之二化螟、大螟一類，如二化螟，別名「鑽心蟲」，其幼蟲常蛀入稻莖為害，造成枯心、枯鞘。除水稻外，小麥、玉米等食糧亦受侵害，為雜食性害蟲。

《詩經》言「螟」者，僅一見，象徵一切害蟲。

〈小雅・大田〉

> 既方既皁，既堅既好，不稂不莠。去其螟螣，及其蟊賊，

---

112 見余培林〈釋《詩經》中「式」字〉一文，頁 83，《紀念程旨雲先生百年誕辰學術研討會論文集》。
113 見陳奐《詩毛氏傳疏》卷十九，頁 252，續修四庫全書。
114 見許慎《說文解字》十三篇上，頁 671，黎明文化事業股份有限公司。
115 見陸璣《毛詩草木鳥獸蟲魚疏》卷下，頁 17，欽定四庫全書。
116 《犍為文學》曰：「此四種蟲皆蝗也。實不同，故分釋之。」見陸璣《毛詩草木鳥獸蟲魚疏》卷下，頁 18，欽定四庫全書。
117 見毛晉《陸氏詩疏廣要》卷下之下，頁 162，欽定四庫全書。
118 見楊簡《慈湖詩傳》卷十四，頁 222，欽定四庫全書。

無害我田稚。田祖有神，秉畀炎火。（二章）

《傳》：「食心曰螟。稂，童梁也。莠，似苗也。」《箋》：「此四蟲者，恆害我田中之穉禾，故明君以正己而去之。」

案：此螟與螣連言，同象徵一切害蟲，故此不再繁複，參見鞘翅目之螣。

三、膜翅目

膜翅目除螞蟻外，所餘均稱爲「蜂」類，多屬中小型昆蟲，爲四大家族之一。[119]世上已知逾十一萬五千種，台灣目前約兩千八百種。此目昆蟲外觀之共同特徵爲：多具「咀吸式口器」，一對發達之複眼，三枚單眼，二對膜質翅膀，多擅於飛行，其生活史屬完全變態。

果臝、蜂

《詩經》蜂類計有「果臝」、「蜂」二種。蜂爲總稱，以其或與果臝同科，故此納爲一類，以免繁複。

《爾雅·釋蟲》：「蠭，醜螱。果臝，蒲盧。」郭《注》：「蠭，垂其腴。果臝，即細腰蜂也，俗呼爲蠮螉。」邢《疏》：「蠭類好垂其腴以休息。腴即腹下也。《方言》云：『蠭，燕趙之間謂之蠓螉，其小者謂之蠮螉。』鄭注《中庸》以蒲盧爲土蜂。《法言》云：『螟蛉之子殪而逢蜾臝，祝之曰：類我類我，久則肖之。』是也。」《說文》：「蠭，飛蟲螫人者。蜾臝，蒲盧，細要土蠭也。」[120]陸璣《毛詩草木鳥獸蟲魚疏》：「蜾臝，土蜂也，似蜂而小腰。」[121]《埤雅》：「蜂有兩衙，應潮，其主之所在，眾蜂爲之旋繞如衛，誅罰

---

119 昆蟲界所謂四大家族乃指：鞘翅目、鱗翅目、膜翅目、雙翅目四目而言。
120 見許慎《說文解字》十三篇上、下，頁 673、681，黎明文化事業股份有限公司。
121 見陸璣《毛詩鳥獸草木蟲魚疏》卷下，頁 18，欽定四庫全書。

徵令絕嚴，有君臣之義。《化書》曰：『蜂有君禮，其毒在尾，垂穎如鋒，故謂之蜂。《方言》曰：『其大而蜜謂之壺蜂，即今黑蜂。黃蜂亦其一種，無蜜，纖長其巢，仰綴於屋，銜添以固其帶。』」[122]徐鼎《毛詩名物圖說》引《雅翼》曰：「細腰蜂作房，在小樹及箐下。」[123]

　　案：「蠭」今作「蜂」，蜂之種類甚多，生態亦精采豐富。而古書所謂「蜾蠃」者，有云細腰蜂者，如郭《注》；有云土蜂者，如陸《疏》；有云細腰土蜂者，如《說文》。經查覈昆蟲圖鑑，蜂實有細腰蜂、土蜂及蜾蠃科三種，細腰蜂腹部末端呈鎚狀，與胸部之間有細一長柄相連，雌蟲擅於狩獵昆蟲或蜘蛛等小物，並拖入沙質地穴或竹孔巢穴內，作為幼蟲食物，當巢內食物充足，則將土巢封閉；土蜂色黑，體有細毛，具黃紅或白色斑紋。雌蟲喜鑽入土中尋找金龜子類之幼蟲，將卵產於獵物之身，孵化之幼蟲即以寄主為食；蜾蠃屬中大型蜂類，腹有腹柄，成蟲獨自生活，以泥築壺狀之巢室，黏附於樹枝、屋箐及牆上。雌蟲則於巢室內存放鱗翅目之幼蟲，供幼蟲孵化後食之，三種外型略異，習性近似，如未細究，實難辨別。范處義《詩補傳》曰：「近人取蜾蠃巢毀而視之，乃自有細卵如粟，寄螟蛉之身以養之。」[124]陳大章《詩傳名物集覽》引陶隱居云：「其一種入蘆竹管中者，亦取草上青蟲，一名蜾蠃。」[125]二者所述與今蜾蠃科相類，以「蜾蠃」一名，古今皆有，殆屬蜾蠃科應不誤矣。

　　不少蜂類屬社會性昆蟲，如蜜蜂。其社會結構以蜂后為主，其餘工蜂、雄蜂皆其兒女。蜂后具生殖力，並自行決定性別，雄蜂負責交配，工蜂則掌清潔、防禦、撫育、覓食之職，其皆有共

---

122 見陸佃《埤雅》冊三，卷十、十一，頁 5，12，百部叢書集成。
123 見《詩經動植物圖鑑叢書》上，徐鼎《毛詩名物圖說》，頁 99，大化書局。
124 見范處義《詩補傳》卷十九，頁 79，通志堂經解。
125 見陳大章《詩傳名物集覽》卷五，頁 656，欽定四庫全書。

同棲身之大巢，然形式、位置、材料，隨種類而異。《埤雅》所謂「其主之所在，眾蜂為之旋繞如衛，有君臣之義。」殆指此也。而諸多蜂類之雌蜂，尾部具毒針，如細腰蜂、蜜蜂、虎頭蜂等，此乃該蟲自衛之最佳武器。然蜂少有主動攻擊者，多為他物誤闖其勢力範圍，致引群蜂反擊。如虎頭蜂毒性甚強，時有螫人致死之聞。故野外出遊，應避抹香水或著鮮明衣裳，以免招蜂引螫。

《詩經》言「螟蛉」、「蜂」者，各一見，亦有二義，茲分述如下：

1、果蠃 —— 象徵勤於修德者

此類詞僅一見：

〈小雅・小宛〉

中原有菽，庶民采之。螟蛉有子，**果蠃**負之。教誨爾子，式穀似之。（三章）

《傳》：「螺蠃，蒲盧也。負，持也。」《箋》：「蒲盧，取桑蟲之子負持而去，煦嫗養之，以成其子。喻有萬民不能治，則能治者將得之。」朱熹《詩集傳》：「螟蛉有子，則螺蠃負之，以興不似者可敎而似也。」[126]

案：《箋》以為螺蠃化桑蟲之子為己子，朱熹《詩集傳》從其說。更有以為蜂無子者，如《說文》：「天地之性，細要純雄無子。」[127]《列子・天瑞》：「純雄，其名穉蜂。」[128]《博物志》：「蜂無雌，取桑蟲或阜螽子，祝而成子。詩云：『螟蛉有子，則螺蠃負之。』是也。」[129]上說皆非矣。古人以為蜂無雌，見幼蜂自穴出，誤以為養螟蛉子以為己子，其實捕捉昆蟲、蜘蛛者，正雌蜂也。蜂或獵取或寄子於桑蟲、蜘蛛之身，以為子糧。陳奐《詩毛氏傳疏》曰：「陶宏景《本草》注曰：『細腰土蜂，作房自生子，捕草上青

---

126 見朱熹《詩集傳》卷十二，頁139，華正書局。
127 見許慎《說文解字》十三篇上，頁673，黎明文化事業股份有限公司。
128 見王強模譯注《列子全譯》第一，頁9，貴州人民出版社。
129 見祝鴻杰譯注《博物志全譯》卷四，頁88，貴州人民出版社。

蜘蛛爲子糧；又有入蘆竹管中，亦取草上青蟲。』因以前人說詩，言細腰無雌，教祝青蟲變成己子爲謬，是唐宋以降都從陶而與舊說不同矣。」[130]許謙《詩集傳名物鈔》亦引《解頤新語》曰：「說者考之不精，乃謂蜾蠃取桑蟲，負之七日，化爲其子，雖揚雄亦有類我之說。近人取蜾蠃巢毀而視之，乃自有細卵如粟，寄螟蛉之身以養之。蓋此物不獨取螟蛉，亦取小蜘蛛寄卵於蜘蛛腹脅之間，《列子》：『純雄，其名稺蜂。』《莊子》：『細腰者化。』此皆信說詩者之言也。」[131]所言甚是。化子之說，既非事實，詩中亦無此義。

此詩應是兄長之臣戒幽王之詩。鱗翅目之螟蛉已詳言之，此不贅述。《箋》云：「喻有萬民不能治，則能治者將得之。今有教誨女之萬民，用善道者，亦似蒲盧，言將得而子也。」「蜾蠃」不畏辛勞，乃勤勉之蟲，象徵勤於修德者，即《箋》所謂能治者也。是詩人見螟蛉子爲蜾蠃負去之象，言王若不勤政以固位，有勤於修德者將取而代之。可知詩人取自然以規戒，觀察入微也。

2、蜂 — 象徵小人

此類字僅一見：

〈周頌·小毖〉

予其懲，而毖後患。莫予荓蜂，自求辛螫。肇允彼桃蟲，拚飛維鳥。

《傳》：「荓蜂，挈曳也。」《正義》引孫炎曰：「謂相掣曳入於惡也。彼作荓夆，古今字耳。」

案：「蜂」有二解，一作夆，如陳奐《詩毛氏傳疏》曰：「蜂當作夆，挈當作㩵，《爾雅·釋訓》：『荓夆，㩵曳也。』《傳》所本也，荓蜂雙聲，㩵曳雙聲。」[132]陳啓源《毛詩稽古編》亦云：「荓

---

130 見陳奐《詩毛氏傳疏》卷十九，頁 251，續修四庫全書。
131 見許謙《詩集傳名物鈔》卷六，頁 158，通志堂經解。
132 見陳奐《詩毛氏傳疏》卷二十八，頁 415，續修四庫全書。

蜂亦作罤羍，訓爲痒戔也，毛、鄭之解與《爾雅》同，其來古矣。
訓爲使蜂者，王氏之謬說也，不意朱、呂大儒乃爲所惑，且安石
之爲此說者，徒見下句言螫耳。然辛螫竝言，豈辛者蜂之味耶？
又『辛螫』，韓《詩》作『辛赦』云：赦事也。可見經字元多借用。」
[133]二指昆蟲。如朱熹《詩集傳》曰：「荓，使也。蜂小物而有毒。」
[134]范處義《詩補傳》云：「荓，使也。蜂薑有毒，何可使也。使之，
是自求螫毒耳。蜂螫人必辛，故曰『辛螫。』」[135]馮登府《三家詩
異文疏證》曰：「韓《詩》：『自求辛螫』，赦事也，翻飛貌。案《說
文》『螫，蟲行毒也。』又唐韻古音螫，式夜切，音赦，亦引韓《詩》。
赦即螫之省文。」[136]毛《傳》、《魯》說、《爾雅·釋訓》讀荓蜂若
罤羍，《齊》說則於蜂字仍用本義。王先謙《詩三家義集疏》曰：
「〈易林·履之泰〉：『薑室蜂戶，螫我手足，不得進止，爲吾害咎。』
〈屯之明夷〉、〈蠱之觀〉同。據此《齊》文與毛同，而釋用蜂字
本義。」[137]陳子展《詩經直解》引毛奇齡《毛詩寫官記》曰：「當
其初也，莫有使蜂螫予者，予自求之。」[138]此解「荓蜂」爲「使
蜂」。而〈大雅·桑柔〉「荓云不逮」，《傳》云：「荓，使也。」由
此可見，宋儒得之，蜂固是蟲名。是則「莫予荓蜂，自求辛螫。」
二句，上云蜂，下云螫，文義聯貫，其喻甚明也。

　　此詩爲成王自警之詩。「莫予」二句，言無人爲予招致蜂來，
乃予自找辛毒之刺，喻咎由自取也。「二叔流言，成王疑周公，流
言何以上聞？成王何以信疑？必有小人居其間而使然，人近蜂則
被其螫，信小人則受其惑。」[139]故詩以「蜂」象徵小人，以「辛

133 見《皇清經解毛詩類彙編》，陳啓源《毛詩稽古編》，頁 229，藝文印書
　　館。
134 見朱熹《詩集傳》卷十九，頁 233，華正書局，
135 見范處義《詩補傳》卷二十六，頁 133，通志堂經解。
136 見《詩經要籍集成》40，馮登府《三家詩異文疏證》，頁 286，學苑出版
　　社。
137 見王先謙《詩三家義集疏》卷二十六，頁 360，鼎文書局。
138 見陳子展《詩經直解》卷二十八，頁 1126-1127，復旦大學出版社。
139 見嚴粲《詩緝》卷三十四，頁 468，欽定四庫全書。

螫」喻患，深自警也。黃中松以為蜂似比二叔，此又一說。[140]

四、雙翅目

雙翅目亦為四大家族之一。世上雙翅目之昆蟲逾八萬五千種，台灣已知有二千八百種。此目成員多屬小型昆蟲，常見者如蚊、蠅等。其外觀特徵為：上翅膜質；下翅退化成平衡棍，因而僅見一對翅膀，均精於飛行。此目昆蟲中，諸多種類喜吸食動物血液或昆蟲體液，常傳播人畜共通之疾病，乃妨害人類環境衛生之「害蟲」。然害蟲之定義，亦取諸人之立場而異。如螳螂捕食稻葉之蟲，於農夫言，夫為益蟲；然螳螂亦掠取蠶蛾為食，於養蠶者言，則為害蟲。是以害蟲亦無定則，惟可確者，其與人之環境衛生與經濟生活，均密不可分。其生活史為完全變態。

蒼蠅、青蠅

《詩經》蠅類計有「蒼蠅」、「青蠅」二種。蒼蠅為總稱，以其或與青蠅同科，故此納為一類，以免繁複。

《爾雅·釋蟲》：「蠅，醜扇。」郭《注》：「好搖翅。」邢《疏》：「青蠅之類，好搖翅自扇。」《說文》：「蠅，營營青蠅，蟲之大腹者，從黽虫。」[141]《埤雅》：「蠅好交其前足，有絞繩之象，故繩之為字，從蠅省。亦好交其後足，搖翅自扇。段氏云：『蒼蠅聲雄壯，青蠅聲清聒，其聲皆在翼。』又曰：『青蠅糞尤能敗物，雖玉猶不免，所謂蠅糞點玉是也。蓋青蠅善亂色，蒼蠅善亂聲。』青蠅首赤如火，皆若負金，蒼蠅又其大者，肌色正蒼，今俗謂之麻蠅。張敏書曰：『蒼蠅之飛不過十步，託於驥驥之髮則致千里，此

---

140 「此與下二句皆取物為喻：一以蜂言言，不可輕託之意；一以鳥言，見不可輕信之意。蜂似比二叔，鳥似比武庚。」見黃中松《詩疑辨證》卷六，頁 39，欽定四庫全書。

141 見許慎《說文解字》十三篇下，頁 686，黎明文化事業股份有限公司。

言附善之益有如此也。」」[142]

　　案：蒼蠅為人所熟知之蟲，然於昆蟲分類上，並無「蒼蠅」
一類。世俗習於將活躍於生活週遭之肉蠅、麗蠅、果蠅、家蠅、
果實蠅等，統稱為「蒼蠅」。其中，麗蠅有鮮亮之外型，複眼紅褐
碩大，體色金藍，《詩經》之青蠅或屬此類。蠅為日行且雜食性昆
蟲，多偏好甜食或腐食，如果蠅、果實蠅，喜食水果與腐果；麗
蠅、家蠅與肉蠅，則偏愛腐肉與糞便。由於家蠅、麗蠅、肉蠅常
於人食與汙物間往來覓食，遂成傳播細菌之元兇，非古人所謂能
亂色也。但亦非所有蠅皆屬「害蟲」，如麗蠅原屬害蟲，然近年來
許多國家大量繁殖，放生於少有人居之果園，使之覓食花蜜，大
大提高果樹受粉率，麗蠅遂搖身變為益蟲，是以些許蠅類，於人
們尚有直接或間接之貢獻焉！

　　《詩經》言「蒼蠅」者，僅一見，為蒼蠅詞組之意象；言「青
蠅」者，止一篇，茲分述如下：

1、蒼蠅之聲 ── 象徵晏起之託辭

　　此類詞組僅一見：

　　　〈齊風‧雞鳴〉

　　　　雞既鳴矣，朝既盈矣。」「匪雞則鳴，<u>蒼蠅之聲</u>」。（一章）

　　《傳》：「蒼蠅之聲，有似遠雞之鳴。」《箋》：「夫人以蠅聲為
鳴，則起早於常禮也。」朱熹《詩集傳》：「其實非雞之鳴也，乃
蒼蠅之聲也。蓋賢妃當夙興之時，心常恐晚，故聞其似者以為真。」
[143]

　　案：《箋》與朱《傳》皆以夫人誤蠅聲為雞鳴，范處義亦有此
說。[144]然李樗、黃櫄《毛詩集解》曰：「蒼蠅聲雄壯，青蠅聲和恬，

---

142 見陸佃《埤雅》冊三，卷十，頁4，百部叢書集成。

143 見朱熹《詩集傳》卷五，頁58，華正書局。

144 「古之賢妃，志在輔佐君子，瘵寐不忘，眩惑於視聽，故以蒼蠅之聲為
　　雞之鳴。」見范處義《詩補傳》卷八，頁117，欽定四庫全書。

雞鳴之聲與蒼蠅大小不相類。」[145]蠅聲與雞鳴既不相類,是以無混淆之理。更有儒者以爲匪雞匪蠅,蓋緣想成聲,無聞而若有聞也。[146]除「匪蠅」外,皆不可取。舊說以爲古之賢妃,警其夫欲令早起,誤以蠅聲爲雞聲。蠅以天將明乃飛而有聲,雞未明之前無蠅聲也。[147]陳大章《詩傳名物集覽》亦曰:「蠅晝聚而夜散;蚊夜聚而晝散,此物知一日之候也。」[148]故知蠅不夜飛,夫人並未誤聽。嚴粲《詩緝》引曹氏曰:「哀公以雞鳴爲蒼蠅之聲。」[149]是夫人誤以蠅聲爲雞聲之說,至曹氏而始正。

是以「蒼蠅之聲」,乃國君妄稱之辭,非真有蠅聲也。蓋蠅爲微物,善飛而有聲,國君不欲早起,漫語搪塞,以蒼蠅爲託辭耳。王先謙據韓《詩》以爲蠅喻讒人,[150]今細繹詩文,並無此義,其與〈小雅〉「青蠅」象徵讒人之義,實有別也。

此爲賢夫人警君之詩。許謙《詩集傳名物鈔》曰:「此詩蓋國君昏惰,夫人賢明相警,早出視朝之言,不必爲陳古刺今之作。」[151]首章「雞既」二句,爲夫人促君之辭;「匪雞則鳴,蒼蠅之聲。」此國君答夫人之語,彼並非不知雞鳴,但尚戀衾枕,故意以爲蠅聲而已。

2、青蠅 — 象徵讒人

此類詞止一篇:

145 見李樗、黃櫄《毛詩集解》頁 327,通志堂經解。
146 「賢妃御於君所,常恐晏起,故夢寐之中,若有所聞,即自驚曰:『雞既鳴,而朝既盈矣。』又疑『非雞之鳴,乃蒼蠅之聲乎?』其實匪雞匪蠅,蓋緣想成聲,無聞而若有聞也。」見傅恒《御纂詩義折衷》卷六,頁 100,欽定四庫全書。
147 見嚴粲《詩緝》卷九,頁 126,欽定四庫全書。
148 見陳大章《詩傳名物集覽》卷五,頁 640,欽定四庫全書。
149 見嚴粲《詩緝》卷九,頁 126,欽定四庫全書。
150 「《韓》說曰:『雞鳴,讒人也。』蒼,青也。蒼蠅即青蠅,喻讒人也。言朝者皆知爲雞鳴矣,自君聽之,匪雞則鳴也,蒼蠅之聲耳。君聽不聰,耽於逸欲,而讒人近在枕席,如孋姬夜半而泣,可畏孰甚。」見王先謙《詩三家義集疏》卷六,頁 134,鼎文書局。
151 見許謙《詩集傳名物鈔》卷三,頁 170,通志堂經解。

〈小雅‧青蠅〉

營營青蠅，止于樊。豈弟君子，無信讒言。（一章）

營營青蠅，止于棘。讒人罔極，交亂四國。（二章）

營營青蠅，止于榛。讒人罔極，構我二人。（三章）

《傳》：「興也。營營，往來貌。」《箋》：「興者，蠅之爲蟲，汙白使黑，汙黑使白，喻佞人變亂善惡也。言止於樊，欲外之令遠物也。」《正義》：「言彼營營往來者，青蠅之蟲也。此蟲汙白使黑，汙黑使白，乃變亂白黑不可近之，當去止於樊籬之上，無令在宮室內也。以興彼往來者，讒佞之人也。」

案：青蠅喻讒人，解詩者無不同。然《箋》云：「蠅之爲蟲，汙白使黑，汙黑使白。」並非蠅之性也。蠅依其類，雖喜好各異，然皆無法汙白使黑，汙黑使白，歐陽修已疑之。《詩本義》曰：「青蠅之汙黑白，不獨鄭氏之說，前世儒者亦多見於文字。然蠅之爲物，古今理無不同，不知昔人何爲有此說也。今之青蠅所汙甚微，以黑點白，猶或有之，然其細微不能變物之色，詩人惡讒言變亂善惡，其爲害大，必不引以爲喻，至於變黑爲白，則未嘗有之。」[152]

詩人以青蠅爲喻，並非其能變黑爲白，亦非前人所謂往來飛聲亂人聽也。[153]《說文》引詩「營」作「嫈」，云：「小聲也。」[154]既小聲，何以亂人聽耶？蓋以蠅營營往來人食與汙物間，爲傳播細菌之元兇，詩人見其到處沾染，爲害環境健康甚大，人見則揮之，勿使之近，似讒人之營營往來，撥弄是非，爲害善良甚巨，亦當遠之，故引以爲喻也。

---

152 見歐陽修《詩本義》卷九，頁 225，通志堂經解。

153 「青蠅之爲物甚微，至其積聚而多也，營營往來飛聲可以亂人之聽，故詩人引以喻讒言漸漬之多，能致惑爾。」見歐陽修《詩本義》卷九，頁 225，通志堂經解。及見朱熹《詩集傳》卷十四，頁 163，華正書局。及見許謙《詩集傳名物鈔》卷六，頁 204，通志堂經解。

154 見許慎《說文解字》三篇上，頁 96，黎明文化事業股份有限公司。

此爲大夫刺幽王詩也。《詩序》曰:「青蠅,大夫刺幽王也。」王先謙《詩三家義集疏》曰:「《易林‧豫之困》:『青蠅集藩,君子信讒,害賢傷忠,患生婦人。』據此齊《詩》爲幽王信褒姒之讒而害忠賢也。《困學紀聞》云:『袁孝政釋《劉子》曰:『魏武公信讒,《詩》刺之曰:『營營青蠅,止於藩。』此〈小雅〉也,謂之魏詩可乎?』案魏當衛之誤,三家詩以此合下篇,皆衛武公所作。何楷說同。愚案衛武公王朝卿士,詩又爲幽王信讒而刺之,所以列於〈小雅〉;若武公信讒而他人刺之,其詩當入〈衛風〉矣。」[155]王說甚爲有理。此爲幽王聽褒姒之讒言,廢后放子,故衛武公以詩刺之。

全詩三章,每章四句,形式複疊。三章首二句,皆寫青蠅,其義顯然可見。[156]一章戒王「勿信讒言」,此全詩之主旨也。《詩經直解》引朱鶴齡《通義》云:「青蠅驅之不去,小人亦驅之不去。」[157]二章言讒言無有窮極,即王充《論衡‧言毒篇》云:「人中諸毒,一身死之。中於口舌,一國潰亂。《詩》曰:『讒人罔極。交亂四國。』四國猶亂,況一人乎!故君子不畏虎,獨畏讒夫之口,讒夫之口,爲毒大矣!」[158]是也。三章點明戒王無信讒言之因,以其構我二人也。蠅爲不潔之蟲,驅之使去而復還,有讒人之象,故詩以青蠅象徵之。

五、同翅目

同翅目亦爲昆蟲綱之大目,世上此目之昆蟲至少有三萬種,台灣約有一千種。由於同翅目昆蟲種類多,外觀體型變化大,因而無共通之名稱,不過其皆有一如吸管般之口器,用以吸食植物

---

155 見王先謙《詩三家義集疏》卷十九,頁 272,鼎文書局。
156 見余培林《詩經正詁》下,頁 264,三民書局。
157 見陳子展《詩經直解》卷二十一,頁 794,復旦大學出版社。
158 見黃暉《論衡校釋》下,卷二十三,頁 957,臺灣商務印書館。

汁液。此目昆蟲最爲人知者爲蟬,其生活史爲不完全變態。[159]

蜋、蜩、蜻

《詩經》蟬類計有:蜋、蜩、蜻三種,以其皆屬蟬科,故納爲一類,以免繁複。

《爾雅·釋蟲》:「蜩,蜋蜩,蜻蜩。蛁,蜻蜻也。」郭《注》:「《夏小正·戴氏傳》:『蜋蜩者,五彩具;蜻蜩者,螗,俗呼爲胡蟬,江南謂之蜻。』蛁,如蟬而小。《方言》云:『有文者謂之蜋。』」邢《疏》:「蜩者,目諸蜩也。蜋蜩者,五彩具者也;蜻蜩者,螗者,俗呼爲胡蟬,鳴聲輕亮者也,亦在五月。案《方言》云蟬,楚謂之蜩,宋衛之間謂之蜻蜩,陳鄭之間謂之蜋蜩,秦晉之間謂之蟬,海岱之間謂之𧎮,其小者謂之麥蛁,有文者謂之蜋是也。」並引舍人曰:「皆蟬也。」陸璣《毛詩草木鳥獸蟲魚疏》:「蜻,蟬之大而黑色者,有五德文,楚人謂之蟪蛄。」[160]《説文》:「蜩,蟬也。」段玉裁《注》:「按許書無蜻字,蜻蓋蟬之大者也。」[161]《淮南子》:「蟬飲而不食,三十日而死。」[162]《埤雅》:「又一種似蟬而小,綠色,北人謂之蜋,即詩所謂『蜋首』也。」[163]

案:蜋、蜩、蜻皆爲蟬科之一,蜋小而綠,似草蟬或薄翅蟬;蜩鳴聲響,具五彩文,或爲熊禪、騷蟬一類;至於蜻,依陸璣《疏》所言,則爲蟪蛄,亦屬蟬科。

蟬,俗稱「知了」,其鳴聲響,然因多藏身林木高處,常人辨

---

159 成長過程包括卵期、幼生期(若蟲)、成蟲期三階段。此類昆蟲在幼生期,會逐漸在胸部背側前端形成翅膀的前身 —— 翅芽,幼生期與成蟲期在外觀上約略有別。然若蟲與成蟲一樣生活在陸地,食物的選擇和生活習性多半無明顯差異,其中大家熟悉的有蟋蟀、螽斯、蝗蟲、蟬等。見張永仁撰《昆蟲入門》,頁 32,遠流出版社。

160 見陸璣《毛詩草木鳥獸蟲魚疏》卷下,頁 18,欽定四庫全書。

161 見許慎《說文解字》及段《注》十三篇上,頁 674,黎明文化事業股份有限公司。

162 見高誘注釋《淮南子》卷四,頁 61,華聯出版社。

163 見陸佃《埤雅》冊三,卷十,頁 9,百部叢書集成。

其音勝識其體。蟬之形體，頭寬而廣，複眼炯炯，胸部背側常具五彩文，似臉譜。停棲時，兩對透明薄翅拱於腹背，呈屋脊狀。如吸管般之口器，用以吸食植物汁液。蟬之能鳴，以其腹部具發音器，屬振動發音，與螽斯、蟋蟀屬摩擦發音者大爲不同，然僅止雄蟬，雌蟬不能發聲，故希臘俗諺云：「幸福的蟬啊！你有啞巴的妻子。」蟬之「成蟲」壽命不長，但「若蟲」於地底則至少一年，多棲於植物枝幹，五至九月最爲常見。

《詩經》言「蜷」、「蜩」、「螗」者，約有四義，皆爲詞組之意象，茲敘述如下：

1、蜷首 —— 象徵額之寬廣

此類詞組僅一見：

〈衛風‧碩人〉

　　手如柔荑，膚如凝脂，領如蝤蠐，齒如瓠犀，**蜷首**蛾眉。
　　巧笑倩兮，美盼兮。（二章）

《傳》：「顙廣而方。」《箋》：「蜷，謂蝱蝱也。」《釋文》曰：「螗，方頭有文。王肅云：『如蟬而小。』」《正義》：「此蟲額廣而且方，此經手、膚、領、齒舉全物以比之，故言如。『蜷首蛾眉』則指其體之所似，故不言如也。」朱熹《詩集傳》：「蜷如蟬而小，其額廣而方正。」[164]段玉裁《詩經小學》云：「《說文》：『頯，好貌，從頁爭聲，詩所謂頯首。』按云：頯首，即蜷首，毛《傳》但云『顙廣而方。』不言蜷爲何物，鄭《箋》乃云『蜷，蝱蝱也。』知毛作頯，鄭作蜷。」[165]胡承珙《毛詩後箋》：「鄭不言頯當爲蜷，自是與毛同字，毛本亦作蜷，但毛以蜷爲頯之假借，不以爲蝱蝱耳。許云《詩》所謂『頯首』者，此『頯』亦當作『蜷』，謂詩『蜷首』字即此『頯』字之借也。猶他處云某字古文以爲某字，疋下

164　見朱熹《詩集傳》卷三，頁 36，華正書局。
165　見《皇清經解毛詩類彙編》，段玉裁《詩經小學》卷六百三十，頁 597，藝文印書館。

云：『古文以爲詩〈大雅〉字，謂詩〈大雅〉之『雅』，古文作疋。此則謂詩『螓首』之『螓』，小篆作『頹』，皆所以明假借也。許凡引《詩》無言所謂者，此獨變文，故知引《詩》仍當作『螓』，不得因此謂毛亦作『頹』也。」[166]徐鼎《毛詩名物圖說》引《夢溪筆談》云：「蟭蟟之小而綠色者，謂螓。蓋此螓額廣而方，故以比莊姜之首。」[167]

　　案：螓首，諸家之說不同，有云螓爲蟲名者，如《箋》、《正義》；有云螓爲鰆之假借者，如《詩經小學》及《毛詩後箋》。然王先謙《詩三家義集疏》曰：「《釋文》『螓首』下云：『音秦。』與《正義》合。陸、孔所見毛《詩》本，並作『螓』。王肅述毛《釋文》引其說云：『如蟬而小。』是肅所見毛《詩》亦作『螓』，則作『頹』者，三家文也。《釋蟲》：『蜻，蜻蜻。』郭《注》：『如蟬而小。』孔《疏》引舍人曰：『小蟬也。』青青者，某氏曰：『鳴蜻。』蜻者，《方言》云：『有文者謂之螓。』孔又云：『此蟲額廣而且方。』《釋文》：『郭、徐，子盈反。沈又慈性反，方頭有文。』並與《傳》意合，益證毛作『螓首』無疑。」[168]此駁段、胡二氏之說，可從。「螓」額廣而方，且與「蛾」對文，「蛾」既爲爲蟲，「螓」亦當是蟲無疑。王靜芝《詩經通釋》曰：「寫美人之美，多以物象之，筆法之妙，爲漢賦狀美人之辭所自來。」[169]是也。詩上四句，以物比之，螓首蛾眉，亦以體之所似比之，明矣。

2、五月鳴蜩 —— 象徵月份

　　此類詞組僅一見：

　　〈豳風·七月〉

　　　　四月秀葽，<u>五月鳴蜩</u>。八月其穫，十月隕蘀。一之日于貉，取彼狐狸，為公子裘。二之日其同，載纘武功。言私其豵，

---

166 見胡承珙《毛詩後箋》卷五，頁 145，續修四庫全書。
167 見《詩經動植物叢書》上，徐鼎《毛詩名物圖說》，頁 77，大化書局。
168 見王先謙《詩三家義集疏》卷三，頁 103，鼎文書局。
169 見王靜芝《詩經通釋》頁 143，輔仁大學文學院叢書。

獻豜于公。（四章）

《箋》：「四者皆物成將寒之候。」朱熹《詩集傳》：「蜩，蟬也。」[170]

案：蜩為鳴蟲，故詩言「鳴蜩。」此蜩五月始鳴，《夏小正》曰：「五月螗蜩鳴。」[171]毛晉《陸氏詩疏廣要》引《周書》曰：「夏至又五日，蜩始鳴，不鳴貴臣放逸。」[172]俗亦云：五月不鳴，嬰兒多災。知蜩多於五月始鳴，故蜩鳴知五月矣，夏至也。然《箋》以為「五月鳴蜩」有將寒之候。云：「四者皆物成而將寒之候。」四者指秀葽、鳴蜩、穫禾、隕蘀也。《詩緝》曰：「五行皆胎養在長生之前，五月一陰生。」[173]呂祖謙《呂氏家塾讀詩記》亦云：「鳴蜩者，歲秋之漸」[174]雖蟬亦有秋鳴者，如騷蟬，然「五月鳴蜩」顯非秋蟬。此詩寫豳國農人生活之詩，全詩八章，三章言蠶絲之功無所不備，猶恐其不足以禦寒，故四章專言狩獵，以為公子之裘，《箋》意殆未雨綢繆也，可備一說。

3、鳴蜩嘒嘒 —— 象徵友群和諧

此類詞組僅一見：

〈小雅・小弁〉

菀彼柳斯，鳴蜩嘒嘒。有漼者淵，萑葦淠淠。譬彼舟流，不知所屆。心之憂矣，不遑假寐。（四章）

《傳》：「蜩，蟬也。嘒嘒，聲也。」《箋》：「柳木茂盛則多蟬。言大者之旁無所不容。言今大子不為王及后所容，而見放逐。」

案：《傳》言蟬聲嘒嘒，《箋》言多蟬，是蟬雖微物，仍有群伴可依，而人竟不如蟲。竹添光鴻《毛詩會箋》曰：「言物莫不有

---

170 見朱熹《詩集傳》卷八，頁 91，華正書局。
171 見《夏小正・戴氏傳》卷第二，頁 1，士禮居叢書。
172 見毛晉《陸氏詩疏廣要》卷下之下，頁 165，欽定四庫全書。
173 見嚴粲《詩緝》卷十六，頁 193，欽定四庫全書。
174 見呂祖謙《呂氏家塾讀詩記》卷十六，頁 497，欽定四庫全書。

所依，而嘆己之見逐也。」[175]余培林《詩經正詁》曰：「首四句皆雙興，蜩集葦茂，象徵人亦當求友合群。」[176]深得詩旨。以「鳴蜩嘒嘒」反襯己身遭放，不得歸家，無友群之苦，如舟之浮於流水，不知所至。象徵人本當求友合群，奈何事與願違也。

4、如蜩如螗 ── 象徵亂聲

此類詞組僅一見：

〈大雅・蕩〉

> 文王曰：咨！咨女殷商。<u>如蜩如螗</u>，如沸如羹。小大近喪，人尚乎由行。內奰于中國，覃及鬼方。（六章）

《傳》曰：「蜩，蟬也。螗，蝭也。」《箋》曰：「飲酒號呼之聲，如蜩螗之鳴。」《正義》曰：「汝君臣飲酒，其號呼如蜩之聲，如螗之鳴，言其讙譁之無次也。」

案：「蜩」、「螗」二者，或有以為同物[177]，然《埤雅》曰：「按『如蜩如螗』，則蜩與螗實非一物，蓋蜩亦蟬之一種，形大而黑，昔人啖之。《禮》有『雀鷃蜩范』是也。」[178]胡承珙《毛詩後箋》曰：「〈豳風・七月〉《傳》云：『蜩，螗也。』〈小雅・菀柳〉《傳》又云：『蜩，蟬也。』此《傳》則分蜩為蟬，螗為蝭，乃訓詁家對別散通之常例。大抵蟬類形聲相似，渾言之則蜩、蟬是其大名；析言之有良蜩、螗蜩諸名耳。」[179]胡氏辨之甚是。

詩中「如蜩如螗」之意象，眾說紛紜。《箋》、《正義》以為象徵君臣飲酒號呼之聲，然范處義《詩補傳》云：「蜩、螗，蟬屬。沸、羹，烹飪也。二者皆聲之雜沓，足以亂人之聽。言當時國是

---

175 見竹添光鴻《毛詩會箋》頁 1291，台灣大通書局。
176 見余培林《詩經正詁》下，頁 172，三民書局。
177 「《爾雅翼》：『蜩，蜋蜩，螗蜩。』舍人云：『皆蟬也。』《方言》：『楚謂蟬為蜩，宋衛謂之螗蜩，陳鄭謂之蜋蜩，秦晉謂之蟬。』是蜩、螗一物，方俗異名耳。」見毛晉《陸氏詩疏廣要》卷下之下，頁 165，欽定四庫全書。
178 見陸佃《埤雅》冊三，卷十一，頁 8，百部叢書集成。
179 見胡承珙《毛詩後箋》卷二十五，頁 662，續修四庫全書。

不定，發言盈庭，雜沓無紀，莫知適從。」[180]而馬瑞辰《毛詩傳箋通釋》則以爲：「蓋謂時人悲嘆之聲，如蜩螗之鳴。《淮南王·招隱》曰：『歲暮兮不自聊，蟪蛄鳴兮啾啾。』」[181]綜觀詩文，「如蜩如螗」、「如沸如羹」一指亂聲，一指亂象，故下言「小大近喪，人尙乎由行。」陳大章《詩傳名物集覽》引《說苑》曰：「孔子曰：『市有蟪蛄之聲，朝有蜩螗之沸，政之譁也甚矣！』」[182]陳奐《詩毛氏傳疏》曰：「《漢書》顏《注》云：『謂政無文理，虛言蹲沓，如蜩螗之鳴，湯之沸涫，羹之將熟也。』案此謂政令憒亂，毛意亦然也。」[183]蟬鳴聲噪，不似悲嘆聲，馬說未當。至於《箋》及《詩補傳》二說，義雖有別，然亂聲之象皆有，故二義並存。

六、直翅目

　　世上直翅目昆蟲至少有二萬種，台灣已知約三百種，常見直翅目昆蟲如螽斯、蟋蟀、蝗蟲等。此目昆蟲外觀之特徵爲：略呈革質之上翅，平直覆於體背，膜質下翅則縮摺於下方，飛行時方用之。此外直翅目昆蟲尙有一對粗壯之後腿，用以飛行兼跳躍。部分種類之雄蟲，均能以聲求偶、示敵，雌蟲則無聲。其生活史爲不完全變態。[184]

---

180 見范處義《詩補傳》頁 116，通志堂經解。
181 見馬瑞辰《毛詩傳箋通釋》冊三，頁 6，台灣中華書局。
182 見陳大章《詩傳名物集覽》卷五，頁 645，欽定四庫全書。
183 見陳奐《詩毛氏傳疏》卷二十五，頁 361，續修四庫全書。
184 不完全變態依生態習性的改變與否，主要分成漸進變態與半形變態。前者如蟋蟀、螽斯、蝗蟲、蟬等，後者如蜉蝣、蜻蜓。漸進變態昆蟲之幼生期稱之爲「若蟲」，若蟲之外形與成蟲相似，生活習性與食物亦無明顯差異，只缺少翅膀。（翅膀會於長大過程中慢慢出現）故稱爲漸進變態。見張永仁《昆蟲入門》，頁 32-34，遠流出版社。

（一）螽斯、草蟲、阜螽、斯螽、莎雞

　　《詩經》螽斯類計有:「螽斯」、「阜螽」、「草蟲」、「斯螽」、「莎雞」五種,以其皆屬同科,故此納爲一類,以免繁複。

　　《爾雅‧釋蟲》:「阜螽,蠜。草螽,負蠜。蜇螽,蜙蝑。」又:「螒,天雞。」郭《注》:「螒,一名莎雞。」邢《疏》:「阜螽之族,厥類實繁,此辨之也。草螽,一名草蟲。蜇螽,〈周南〉作螽斯,〈七月〉作斯螽,雖字異文倒,其實一也。」《說文》:「蠜,阜蠜也。」又曰:「蜙,蜙蝑,舂黍。以股鳴者。」又曰:「螽,蝗也。」[185]

　　草蟲、莎雞、斯螽、阜螽四者應與螽斯同科而不同種。陸璣《毛詩草木鳥獸蟲魚疏》云:「草蟲,小大長短如蝗,奇音,青色,好在茅草中。莎雞,如蝗而斑色」[186]《爾雅‧疏》云:「蜇螽,或謂似蝗而小,斑黑其股,似瑇瑁。」[187]《本草》云:「阜螽如蝗蟲。」[188]《爾雅翼》曰:「莎雞振羽作聲,其狀頭小而羽大,有青、褐兩種。率以六月振羽作聲,連夜札札不止,其聲如紡絲之聲,故一名梭雞,一名絡緯。今俗人謂之絡絲娘。」[189]上四者,前人皆言「似」、「如」,知似蝗然皆非蝗,而阜螽、草蟲、斯螽三者皆有螽名,莎雞俗名絡絲娘,所言形貌與習性,合於螽斯也。陸佃謂阜螽爲蚯蚓,[190]羅願謂草蟲爲蚯蚓,[191]皆失之遠矣。

　　《詩經》言「螽斯」、「草蟲」、「阜螽」、「斯螽」、「莎雞」者,約有三義,茲分述如下:

---

185 見許慎《說文解字》十三篇上,頁 673-674,黎明文化事業股份有限公司。
186 見《十三經注疏》,《爾雅‧釋蟲》卷九,頁 162,藝文印書館。
187 見陸璣《毛詩草木鳥獸蟲魚疏》卷下,頁 17,欽定四庫全書。
188 見毛晉《陸氏詩疏廣要》卷下之下,頁 150,欽定四庫全書。
189 見羅願《爾雅翼‧釋蟲》卷二十五,頁 1,百部叢書集成。
190 見陸佃《埤雅》冊三,卷十,頁 14,百部叢書集成。
191 見毛晉《陸氏詩疏廣要》卷下之下,頁 149,欽定四庫全書。

1、螽斯 —— 象徵子孫眾多

此類詞止一篇：

〈周南・螽斯〉

螽斯羽，詵詵兮。宜爾子孫，振振兮。(一章)

螽斯羽，薨薨兮。宜爾子孫，繩繩兮。(二章)

螽斯羽，揖揖兮。宜爾子孫，蟄蟄兮。(三章)

《傳》：「螽斯，蚣蝑也。詵詵，薨薨，眾多也。」《箋》：「凡物有陰陽情慾者，無不妒忌，維蚣蝑不耳，各得受氣而生子，故能詵詵然眾多，后妃之德能如是，則宜然。」

案：此詩蓋祝人子孫眾多之詩。《詩緝》曰：「比也。」並引蘇氏曰：「螽斯一生八十一子。」又引朱氏云：「一生九十九子。」[192]數雖有別，而多子則同。「詵詵、薨薨、揖揖皆狀羽聲盛多之辭。」[193]下文之振振、繩繩、蟄蟄同義。知詩中之「螽斯」以其多子，詩取以為喻。而《箋》說本於《詩序》，曰：「〈螽斯〉，后妃子孫眾多也。言若螽斯不妒忌，則子孫眾多也。」陳啟源《毛詩稽古編》曰：「鄭望《序》為說，非有所本。」得之。大率蟲皆多子，詩人取其意以象徵爾，所象徵者言多子似螽斯也，言不妒忌則失之。後世所謂「螽斯衍慶」是也。

2、「草蟲」、「阜螽」 —— 象徵季節（或秋或夏）

此類詞各有二見：

（1）〈召南・草蟲〉

喓喓草蟲，趯趯阜螽。未見君子，憂心忡忡。亦既見止，亦既覯止，我心則降！(一章)

《箋》：「草蟲鳴，阜螽躍而從之，異種同類，猶男女佳時以禮相求呼。」歐陽修《詩本義》：「生於陵阜者曰阜螽，生於草間者曰草蟲，形色不同，種類亦異，故以阜、草別之。凡蟲鳥皆於

---

192 見嚴粲《詩緝》卷一，頁 24，欽定四庫全書。
193 見余培林《詩經正詁》上，頁 19，三民書局。

種類同者相匹偶，惟此二物異類而相合，故詩人引以比男女不當合而合。」[194]《詩緝》:「召南之大夫行役在外，其妻獨居，聞草蟲喓喓然而鳴，見阜螽趯趯然躍而從之，感物類之相從，而思其君子。」[195]陳子展《詩經直解》:「草蟲、阜螽以興悲秋。」[196]余培林《詩經正詁》:「草蟲、阜螽皆在表示時節變化，感觸思念，因之而興。」[197]

　　案：詩中草蟲、阜螽所象徵之意象，諸家訓解分岐，約有四義：一、以比男女佳時以禮相求，《箋》是也；二、以比男女不當合而合，《詩本義》是也；三、感物類之相從，而思其君子，《詩緝》是也；四、象徵季節，《詩經通釋》、《詩經正詁》是也。前三義皆以草蟲、阜螽比爲男女，然草蟲、阜螽爲同科異種，前已言之，昆蟲之性，豈有異種相求之理？且孰雄孰雌，詩句未見，以此言相求、相合、相從者，恐臆測耳，故不從。

　　至於末者，二家於草蟲、阜螽所象徵之時節不同，[198]其實指夏、指秋皆可，以螽斯夏、秋均有也，且與下文「采蕨」、「采薇」同表時節之變，作法一致，故訓解較佳。而詩取蟲鳥表時節之變化，乃爲常法。如〈豳風・七月〉「有鳴倉庚」，表可蠶之候；「七月鳴鵙」表將寒之候；[199]「七月在野，八月在宇，九月在戶，十月蟋蟀入我床下」，示天漸寒，此皆可證也。

（2）〈小雅・出車〉

　　　喓喓草蟲，趯趯阜螽。未見君子，憂心忡忡；

194 見歐陽修《詩本義》卷第二，頁 206-207，通志堂經解。
195 見嚴粲《詩緝》卷二，頁 32，欽定四庫全書。
196 見陳子展《詩經直解》卷二，頁 38，復旦大學出版社。
197 見余培林《詩經正詁》上，頁 42，三民書局。
198 指夏季者，「言喓喓然，草蟲鳴矣。阜螽隨之跳躍矣。時節又至夏日，而丈夫猶在外未歸。」見王靜芝《詩經通釋》頁 60，輔仁大學文學院叢書。指秋季者，「草蟲喓喓，阜螽趯趯，此秋季也。」見余培林《詩經正詁》上，頁 42，三民書局。
199 見林嘉珍〈鳥類意象及其原型研究〉碩士論文，頁 43-44，師大國研所集刊第三十八號。

　　既見君子，我心則降。赫赫南仲，薄伐西戎。（五章）

　　《箋》：「草蟲鳴，阜螽躍而從之，天性也。喻近西戎之諸侯，聞南仲既征玁狁，將伐西戎之命，則跳躍而鄉望之，如阜螽之聞草蟲鳴焉。草蟲鳴，晚秋之時也。」

　　案：草蟲、阜螽二物，皆能鳴善躍，詩竝言兩蟲，未序先後，殆互文見義也。《箋》謂天性及所喻之事，無所依據，恐皆過論，李樗、黃櫄《毛詩集解》已非之。[200]王靜芝《詩經通釋》曰：「此感時序之變也。」[201]此章前六句與〈召南‧草蟲〉首章幾全同，故草蟲、阜螽之意象，亦應象徵季節。

3、「斯螽」、「莎雞」 —— 象徵月份

　　此類詞皆僅一見：

　　〈豳風‧七月〉

　　　五月斯螽動股，六月莎雞振羽。七月在野，八月在宇，九月在戶，十月蟋蟀入我床下。穹窒熏鼠，塞向墐戶。嗟我婦子，曰為改歲，入此室處。（五章）

　　《箋》：「言此三物之如此，著將寒有漸，非卒來也。」《正義》：「言五月之時，斯螽之搖動其股；六月之中，莎雞之蟲振訊其羽；此皆將寒。」朱熹《詩集傳》：「斯螽、莎雞、蟋蟀，一物隨時變化而異其名。」[202]

　　案：朱熹以為斯螽、莎雞為一物，隨時變化而異名。然一章別言斯螽、莎雞，可知非一物也。毛晉《陸氏詩疏廣要》曰：「今据吳中所見，同時齊鳴，型類各別，騷人墨客往往詠之，不知先輩何以傳訛。」[203]是矣。

---

200 「鄭氏曰：『喻近西戎之諸侯，聞南仲既征玁狁，將伐西戎之命，則跳躍而鄉望之，如阜螽之聞草蟲鳴焉。此皆過論。』」見李樗、黃櫄《毛詩集解》卷二十，頁383，通志堂經解。
201 見王靜芝《詩經通釋》頁353，輔仁大學文學院叢書。
202 見朱熹《詩集傳》卷八，頁92，華正書局。
203 見毛晉《陸氏詩疏廣要》卷下之下，頁155，欽定四庫全書。

　　斯螽、莎雞二蟲，五、六月始有，是「斯螽動股」、「莎雞振羽」乃應時之態。而自然界中，活躍於五月、六月之蟲何其多，此處僅舉其代表而已。古人常將蟲之活動與季節月份相連，從而總結候蟲紀時之規律。蟲動人為，蟲雖微物，然與人之關係緊密，此章可證。

　　而《箋》及《正義》以為詩中之「斯螽」、「莎雞」尚有將寒之兆。李樗、黃櫄《毛詩集解》曰：「夫日往月來，寒往暑來，相推而迭運，則其來有漸。謂此三物，自五月至於十月，以言陰之寖長。」[204] 三物指斯螽、莎雞、蟋蟀。王靜芝《詩經通釋》曰：「由蟲之動，見季候之變，迤邐到來，使人但覺漸至天寒歲暮，筆法極妙。」[205] 此又一說。

（二）蟋蟀

　　《爾雅・釋蟲》：「蟋蟀，蛬。」郭《注》：「今促織。」《說文》：「蜻，悉蜻也。」段玉裁《注》：「按許書無蟀字，今人叚蟀為之，蟋蟀皆俗字。」[206] 陸璣《毛詩草木鳥獸蟲魚疏》：「似蝗而小，正黑有光澤，如漆有角翅。楚人謂之王孫，幽州人謂之趣織，督促之言也。俚語曰：『趨織鳴，懶婦驚是也。』」[207] 陳大章《詩傳名物集覽》引〈月令〉《疏》曰：「此物生在於土中，至季夏羽翼稍成，未能遠飛，但居壁間。至七月則能遠飛在野。」又引《淮南》云：「有生野中及人家者，寒則近人，好吟於土石、磚甓之下，尤好鬥勝。」[208]

　　案：蟋蟀為民間熟知之昆蟲，俗稱「肚猴」，或稱「肚伯仔」，

204　見李樗、黃櫄《毛詩集解》卷十七，頁 366，通志堂經解。
205　見王靜芝《詩經通釋》頁 316，輔仁大學文學院叢書。
206　見許慎《說文解字》及段《注》十三篇上，頁 673，黎明文化事業股份有限公司。
207　見陸璣《毛詩草木鳥獸蟲魚疏》卷下，頁 18，欽定四庫全書。
208　見陳大章《詩傳名物集覽》卷五，頁 641 欽定四庫全書。

又稱「促織」、「蛐蛐」、「秋蟲」。頭部圓大,觸角呈細長絲狀,體色多為黑褐色,雄蟲前翅具發音器,雌蟲則否,與螽斯為直翅目中二大鳴蟲。能飛善跳,食性雜,以其好鬥、易養,唐宋以來,鬥蟋蟀已成普遍之娛樂。今之江浙地區,鄉間少有不玩此蟲者,可見蟋蟀之獨特魅力。依棲息位置分樹棲性、草棲性、及地棲性。成蟲出現於夏、秋二季,為夜行性之昆蟲。

《詩經》言「蟋蟀」共二篇,亦有二義,皆為蟋蟀詞組之意象,茲分述如下:

1、蟋蟀在堂 —— 象徵歲暮

此類詞組止一篇:

〈唐風‧蟋蟀〉

蟋蟀在堂,歲聿其莫。今我不樂,日月其除。

無已大康,職思其居。好樂無荒,良士瞿瞿。(一章)

蟋蟀在堂,歲聿其逝。今我不樂,日月其邁。

無已大康,職思其外。好樂無荒,良士蹶蹶。(二章)

蟋蟀在堂,役車其休。今我不樂,日月其慆。

無已大康,職思其憂。好樂無荒,良士休休。(三章)

《傳》:「蟋蟀,蛬也。九月在堂。」《箋》:「蛬在堂,歲時之候。」《正義》:「蟋蟀之蟲在於室堂之上矣,是歲晚之候。」范處義《詩補傳》:「十月蟋蟀始入床下,在堂則十月以後也。」[209]

案:蟋蟀為夏、秋之蟲,「蟋蟀在堂」所指何時?《傳》指九月,是也。依夏正九月,即周正十一月,故云歲暮也。《正義》言「蟋蟀在堂」指歲暮,明矣。《詩補傳》謂「在堂則十月以後也。」誤也。蓋「在堂」即「在戶」,床在室中,先升堂,後入室,則在堂必在「入床下」之先,《論語‧先進》曰:「由也升堂矣,未入於室也。」[210]

---

209 見范處義《詩補傳》卷十,頁 44,通志堂經解。
210 見朱熹集註、蔣伯潛廣解《四書讀本‧論語》卷十一,頁 160,啟明書局。

　　蟋蟀似氣候之哨兵，人觀其性，久之，亦能總結其與時節之規律，進而爲人所參考。此詩三章複疊，首句均以「蟋蟀在堂」起興，點出時間。三、四兩句勸人及時爲樂，不然日月將捨之而去。因而本詩之詩義，無論是《詩序》所言「刺晉僖公也。儉不中禮，故作是詩以閔之，欲其及時以禮自娛樂也。」或是朱《傳》所言「唐俗勤儉，故其民間終歲勞苦，不敢稍休，及其歲晚之時，乃敢相與宴樂之詩。」[211]亦或是「歲暮之時，役車其休，征人欲宴樂而又深自警惕之詩。」[212]「蟋蟀在堂」之象徵歲暮，則同也。

2、十月蟋蟀入我床下 ── 象徵天寒

　　此類詞組僅一見：

　　〈豳風・七月〉

> 五月斯螽動股，六月莎雞振羽。七月在野，八月在宇，九月在戶，十月蟋蟀入我床下。穹窒熏鼠，塞向墐戶。嗟我婦子，曰爲改歲，入此室處。（五章）

　　《箋》：「自七月在野，至十月入我床下，皆謂蟋蟀也。」《正義》：「蟋蟀之蟲，六月居壁中，至七月則在野田之中，八月在堂宇之下，九月則在室戶之內，至於十月則蟋蟀之蟲入於我之床下。此皆將寒漸，故三蟲應節而變。」朱熹《詩集傳》：「覩蟋蟀之依人，則知寒之將至矣。」[213]

　　案：詩以蟋蟀在野、在宇、在戶、入床下，自外而內，由遠而近，象徵天候漸寒也。毛晉《陸氏詩疏廣要》引賈秋壑〈蟋蟀論〉云：「促織之爲物也，煖則在郊，寒則附人。」[214]嚴粲《詩緝》亦曰：「七月蟋蟀之蟲在野，八月乃在檐宇之下，寒則依人也。九月則在室戶之內，十月則入我床下，小蟲愈近於人，知大寒至矣。」

211 見朱熹《詩集傳》卷六，頁 68，華正書局。
212 見余培林《詩經正詁》上，頁 311，三民書局。
213 見朱熹《詩集傳》卷八，頁 92，華正書局。
214 見毛晉《陸氏詩疏廣要》卷下之下，頁 153，欽定四庫全書。

[215]故知當蟋蟀入於床下之時，應是天寒之際。蟋蟀似氣候之哨兵，人觀其性，久之，亦能總結其與時節之規律，進而爲人所參考，故下言禦寒之事。蟲動人爲，蟲雖微物，然與人之緊密關係，此章證之。

此處之蟋蟀，前人常與斯螽、莎雞混爲一物，如蔡邕。[216]或以「七月在野」三句，屬上莎雞者，皆誤妄也。[217]故不取。

七、蜉蝣目

本目昆蟲通稱蜉蝣。世上共一千多種，台灣目前六十二種，其中三分之二爲近年方研究發表之新種。蜉蝣常見種類體長約十至十五公釐，外觀特徵爲：具有二至三根細長之尾絲。其生活史爲不完全變態。[218]

蜉蝣

《爾雅‧釋蟲》：「蜉蝣，渠略。」郭《注》：「似蛣蜣，身狹而長，有角黃黑色，叢生糞土中，朝生暮死，豬好啖之。」《說文》：「蝣，蟲蝣，一曰浮游，朝生莫死者。」段玉裁《注》：「浮游，

---

215 見嚴粲《詩緝》卷十六，頁 194，欽定四庫全書。
216 「《藝文類聚‧文選》注《太平御覽》並引蔡邕《月令‧章句》云：『蟋蟀蟲名，斯螽、莎雞之類，特以三蟲爲一類耳。』《禮記‧正義》乃謂蔡邕以蟋蟀爲斯螽，誤矣。」見馬瑞辰《毛詩傳箋通釋》冊二，卷十六，頁 10，中華書局。
217 見馬瑞辰《毛詩傳箋通釋》冊二，卷十六，頁 10，中華書局。
218 不完全變態依生態習性的改變與否，主要分成漸進變態與半形變態。前者如蟋蟀、螽斯、蝗蟲、蟬等，後者如蜉蝣、蜻蜓。半形變態昆蟲成長過程包括卵期、幼生期、成蟲期三階段，少了蛹的時期。此類昆蟲幼生期稱爲「稚蟲」，會逐漸在胸部背側前端形成翅膀的前身 —— 翅芽，生活在水中，直到長大成熟，才爬出水面，在陸地羽化爲成蟲。因此不管是棲息環境與食性，都與陸生的成蟲階段大不相同，蜉蝣的生活史因多了一個亞成蟲時期，所以又稱爲前變態。見張永仁《昆蟲入門》，頁 32-34，遠流出版社。

各本作蜉蝣，俗人所改耳。蝣字許書無，蜉字雖有亦非。」[219]《夏小正》：「五月參則見。浮游有殷。」[220]陸璣《毛詩草木鳥獸蟲魚疏》：「蜉蝣，方土語也。通謂之渠略。似甲蟲有角，大如指，長三四寸，甲下有翅能飛，夏月陰雨時地中出，今人燒炙噉之，美如蟬也。樊光曰：『是糞中蠋蟲，隨雨而出，朝生而夕死。』」[221]《埤雅》：「蟲似天牛而小，有甲角，長三四寸，黃黑色，甲下有翅能飛，燒而噉之，美如蟬也。翕然生，覆水上尋死，隨流。梁宋之間曰渠略，叢生鬱棲中，朝生暮殞，有浮游之義，故曰蜉蝣也。」[222]毛晉《陸氏詩疏廣要》曰：「《淮南子》曰：『蜉蝣不飲不食，三日而死。……鶴壽千歲以極其游，蜉蝣朝生而暮死，而盡其樂。』今水上有蟲羽甚整，白露節後，即群游水上，隨水而去，以千百計。」[223]《詩傳名物集覽》引郭義恭《廣志》云：「蜉蝣在水中，翕然生，覆水上，尋死，隨流而去。」[224]

案：蜉蝣一物，前人訓解有二：依《淮南子》、《廣志》之說，蜉蝣在水中，翕然生，不飲不食，三日而死，朝生暮殞，為一水生昆蟲；而《爾雅·注》、陸璣《疏》所述，蜉蝣則是身狹而長，似土生甲蟲。若據陳子展《詩經直解》引鄒樹文〈毛詩蜉蝣蟲名疏證〉之說，認為蜉蝣乃水生昆蟲。[225]今從生物學察知，確有蜉蝣一目，為水棲昆蟲，其習性、特徵皆與《淮南子》、《廣志》合。其幼生期稱為「稚蟲」，稚蟲身體扁平，尾毛奇長無比，腹側有呼吸鰓，常依附河川岩石生活，幾為植食性。一般生活於淡水中，乃魚及多種動物之優良飼料。如據稚蟲對水域之適應與要求，可

219 見許慎《說文解字》及段《注》十三篇上，頁 675，黎明文化事業股份有限公司。
220 見《夏小正·戴氏傳》卷第二，頁 1，士禮居叢書。
221 見陸璣《毛詩草木鳥獸蟲魚疏》卷下，頁 18，欽定四庫全書。
222 見陸佃《埤雅》冊三，卷十一，頁 5，百部叢書集成。
223 見毛晉《陸氏詩疏廣要》卷下之下，頁 154，欽定四庫全書。
224 見陳大章《詩傳名物集覽》卷五，頁 642，欽定四庫全書。
225 見陳子展《詩經直解》卷十四，頁 455，復旦大學出版社。

用於監測水域類型與污染程度。稚蟲需脫十二次皮，耗時三年，方能成為成蟲。蛻變時，稚蟲爬出水面，蛻皮變為亞成蟲（翅膀透明度遜於成蟲），亞成蟲再蛻皮一次，方變為成蟲。成蟲觸角短，體態纖細、輕盈、多節，體色雅致，口器退化。春末夏初，白天靜隱於草叢及河邊之葉背，傍晚時成群結隊於水邊飛舞，不吃不飲，專心於交配、產卵。今日匈牙利之提索河，村民稱之為「提索花季」，仍能見數以萬計之長尾蜉蝣，群集如大片雲朵，可謂奇景。成蟲壽命依種類而定，短者數時，長則十餘日，通常為二～三日。而希臘哲人亞里斯多德亦稱蜉蝣為「ephemeron」，即短暫存在之事物。英文通稱「Mayfly」，由於成蟲期極短，後世遂以朝生暮死稱之。

　　蜉蝣一詞，最早見於《詩經‧曹風‧蜉蝣》，從詩文之內容藉美麗而短暫之蜉蝣，諷喻時事，及《夏小正》、《淮南子》中提及「五月間、大量出現、朝生暮死」之事實，可知詩中之「蜉蝣」即今生物學蜉蝣目之蜉蝣，因其羽翅薄而鮮潔，休憩時雙翅張開，直立背面，遂供詩人吟詠。至於《爾雅‧注》、陸璣《疏》所謂糞土甲蟲之說，似鞘翅目之糞金龜，通稱蛣蜣，《爾雅》曰：「蛣蜣，蜣螂。」蜣螂者，甲蟲也，喜推糞球食用或產卵，並無蜉蝣之別名，其雖有翅能飛，然而後翅多藏於翅鞘下，僅飛翔方露出使用，既無華美豔麗之質，亦無朝生暮死之性，遑論其忙於推糞挖土之時，更無鮮潔之可能。其外型與習性，與《詩經》之蜉蝣全然不同，郭、陸等人謂之蜉蝣，實不得其解。

　　故二說應以前者為是。綜上，以生物學觀之，蜉蝣為水棲昆蟲，非甲蟲，殆不誤也。

　　《詩經》言「蜉蝣」止一篇，象徵君臣競慕華飾，虛而不實。

〈曹風‧蜉蝣〉

　　蜉蝣之羽，衣裳楚楚。心之憂矣，於我歸處。（一章）

　　蜉蝣之翼，采采衣服。心之憂矣，於我歸息。（二章）

蜉蝣掘閱，麻衣如雪。心之憂矣，於我歸說。（三章）

《傳》：「興也。蜉蝣，渠略也。朝生夕死，猶有羽翼以自脩飾。掘閱，容閱也。」《箋》：「興者，喻昭公之朝，其群臣皆小人也。徒整飾其衣裳，不知國之將迫脅，君臣死亡無日，如渠略然。掘閱，掘地解閱，謂其始生時也。以解閱喻君臣朝夕變易衣服也。」《正義》：「麻衣者白布衣。如雪，言甚鮮絜也。」

案：「掘閱」一詞，前人據《箋》說，遂誤以蜉蝣為甲蟲。然《說文》曰：「堀，突也。《詩》曰：『蜉蝣堀閱』。」段《注》曰：「古書中『堀』字多譌『掘』，〈曹風・蜉蝣〉『蜉蝣堀穴』，此蓋自來古本如是。毛云：『堀閱，容閱也。』《箋》云：『掘地解閱，謂其始生時也。』唐以後本盡改為「掘」字，遂謂許所據為異本矣。堀閱、容閱皆連緜字也。」又曰：「〈曹風・蜉蝣〉文『堀閱』，容閱也。容閱，如《孟子》之容悅。」[226]此外，鄒樹文〈毛《詩》蜉蝣蟲名疏證〉亦言，「掘閱」雙聲疊韻，即悅澤、美盛之義，此與前二章首句之「羽」、「翼」互足，可見當是蜉蝣目之蜉蝣，以為甲蟲者，恐未深究也。

本詩「蜉蝣」之意象，諸家約有三義。一以興君臣。《詩序》曰：「蜉蝣，刺奢也。昭公國小而迫，無法以自守，好奢而任小人，將無所依焉。」《箋》本《詩序》，以蜉蝣興君臣；二以比時人。朱熹《詩集傳》曰：「此詩蓋以時人有玩細娛而忘遠慮者，故以蜉蝣為比而刺之。」[227]三以蜉蝣比眾人。王靜芝《詩經通釋》：「以蜉蝣之無知，比眾生之愚昧。」[228]

朱《傳》以為比，似誤。陳啟源《毛詩稽古編》曰：「興也。三章止各首句言蜉蝣耳，朱《傳》判為比體，通篇皆指蜉蝣言，遂為憂蜉蝣之不能久存，欲其於我歸處？夫蜉蝣一蟲耳，可共處

226 見許慎《說文解字》及段《注》十三篇下，頁 692，黎明文化事業股份有限公司。
227 見朱熹《詩集傳》卷七，頁 87，華正書局。
228 見王靜芝《詩經通釋》，頁 301，輔仁大學文學院叢書。

乎？況與人何親，而愛念之至此乎？」又曰：「首句言羽、言翼，次句復言衣裳，不已複乎？泛以衣裳借言猶可也，確指爲麻衣愈不得以蜉蝣當之矣。」[229]陳氏之言，大抵不誤。大麻雖爲中國最早應用之紡織材料之一，然百姓所著乃粗大麻衣，又稱「布衣」，並無「楚楚」、「采采」、「如雪」之可言，然精細之麻衣，薄如蟬翼，珍貴異常，唯貴族所使用。「麻衣」一詞，《箋》云：「麻衣，深衣。諸侯之朝朝服，朝夕則深衣也。」《禮記・深衣・疏》曰：「深衣，連衣裳而純之以采者，凡深衣皆用諸侯、大夫士夕時所著之服，故〈玉藻〉云：『朝玄端，夕深衣。』」[230]而《詩經通釋》：謂「眾人皆醉，唯我獨醒，亦何能爲？我且自尋歸息之處耳。」若非關民生國計，詩人大可珍惜生命，自勉爲之，實無憂心之理，此說恐非詩義。至於興君臣者，以「人之衣服如蜉蝣之羽翼，其人則如蜉蝣，若僅求衣服之楚楚、璀璨、鮮潔，是務外而忽內，重華而輕實，其國作則亦將如蜉蝣之生命不能長久矣。」[231]三說以《箋》義爲勝。

全詩三章，首句爲興。蜉蝣之羽，依種類之不同，有藍有橘，輕薄透明。然因壽命不長，華麗亦屬短暫。故詩人藉以興君臣，競慕華飾而輕朝政，虛而不實。

第三節　以蟲之「特殊名稱」爲意象者

本節所指爲其字本非蟲名，然於《詩經》中義爲蟲者，逐於此節討論。

---

229 見《皇清經解毛詩類彙編》，陳啓源《毛詩稽古編》，頁 74-75，藝文印書館。
230 見《禮記・深衣》卷三十九，頁 963，藝文印書館。
231 見余培林《詩經正詁》上，頁 410，三民書局。

鞘翅目

賊

　　《爾雅・釋蟲》:「食節,賊。」《說文》:「賊,敗也。」[232]陸璣《毛詩草木鳥獸蟲魚疏》:「賊似桃李中蠹,赤頭身長而細耳。」[233]《埤雅》:「食節曰賊。蓋蟊、賊、蟘、蟊,尤爲穉禾之害。」[234]

　　案:《說文》「賊」不作「蟲名」解,與《爾雅》異,依《爾雅・注》曰:「分別蟲啖食禾所在之名耳,皆見詩。」今從《爾雅》。古人所謂之「賊」,應似鞘翅目象鼻蟲科之甘薯長足象,又名大象蟲,其幼蟲稱食節蟲,當薯苗栽插後,成蟲咬食嫩莖和葉柄,幼蟲則蛀食薯蔓,嚴重時造成死苗缺株。該蟲食性雜,常爲害甘薯、馬鈴薯、桃、柑橘等多種植物。

　　《詩經》言「賊」共有六見,其中〈小雅・四月〉「廢爲殘賊」、〈大雅・抑〉「不僭不賊」、〈大雅・瞻卬〉「蟊賊蟊疾」,三「賊」字,爲殘害之義,非關本文。餘三見之用法,約有二義,茲分述如下。

1、象徵一切害蟲

　　此類字有二見:

（1）〈小雅・大田〉

　　　　既方既皁,既堅既好,不稂不莠。去其螟螣,及其蟊<u>賊</u>,
　　　　無害我田稚。田祖有神,秉畀炎火。(二章)

　　《傳》:「食節曰賊。」《箋》:「此四蟲者,恒害我田中之穉禾,故明君以正己而去之。」

　　案:此賊與螣並言,同象徵一切害蟲,故此不再繁複,參見

---

232 見許慎《說文解字》十二篇下,頁 636,黎明文化事業股份有限公司。
233 見陸璣《毛詩草木鳥獸蟲魚疏》卷下,頁 17,欽定四庫全書。
234 見陸佃《埤雅》冊三,卷十一,頁 7,百部叢書集成。

鞘翅目之螣。

（2）〈大雅・桑柔〉

> 天降喪亂，滅我立王。降此蟊賊，稼穡卒痒。哀恫中國，
> 具贅卒荒。靡有旅力，以念穹蒼。（七章）

《箋》：「食節曰賊。卒，盡。痒，病。天下喪亂，國家之災
以窮盡我王所恃而立者，謂蟲孽為害，五物穀盡病。」朱熹《詩
集傳》：「降此蟊賊，則我之稼穡又病，而不得以代食矣。」[235]

案：此賊與蟊連言，同象徵一切害蟲，故此不再繁複，參見
鞘翅目之蟊。

2、象徵小人

此類字僅一見：

〈大雅・召旻〉

> 天降罪罟，蟊賊內訌。昏椓靡共，潰潰回遹，實靖夷我邦。
> （二章）

《傳》：「訌，潰也。潰潰，亂也。」《箋》：「訌，爭訟相陷入
之言也。王施刑罪以羅罔天下，衆為殘酷之人，雖外以害人，又
自內爭相讒惡。」《正義》：「訌言內，則蟊賊為外，故云衆為殘酷
之人，雖外以害人，又內相讒惡，言惡人所在為害，又自不相親
也。」

案：此賊與蟊連言，同象徵小人，故此不再繁複，參見鞘翅
目之蟊。

---

235 見朱熹《詩集傳》卷十八，頁 209，華正書局。

第三章　魚類意象研究

　　古人對魚之認識甚早，然界定亦廣。東漢許慎《說文解字》曰：「魚，水蟲也，象形，魚尾與燕尾相似。」[1]許慎所言之魚，包括許多水中生物，皆冠以魚名，如《說文》云：「魧，大貝也。鰝，大鰕也。」段玉裁《注》曰：「鰝為今之大蝦無可疑者。」[2]此外，《爾雅·釋魚》亦將龜、蛇、貝、鼈等兩棲類、爬行類、低等脊椎動物，歸至魚類，如「鼈三足能，龜三足賁。」[3]等，可知古人對魚之認知與現今出入甚大。而本章所論之魚類意象，乃專指生物學所定義之魚，即終生生活於水裏、以鰓呼吸、以鰭游泳之脊椎動物而言。

　　《詩經》三百零五篇中，以魚之「總稱」為意象者，有十五見（魚字指個別種類者未列入，凡十三見），以魚之「個別名稱」為意象者，有三十四見，以魚之「特殊名稱」為意象者，有二見，共計十四種、五十一見，分布於二十四篇詩中、茲分三節論述之。

第一節　以魚之「總稱」為意象者

　　《詩經》有「魚」字之詩，計有十九篇、二十九見，其中〈魯頌·駉〉之「有驔有魚」之「魚」字為獸名，非本章所論，然有

1　見許慎《說文解字》十一篇下，580，黎明文化事業股份有限公司。
2　見許慎《說文解字》及段玉裁《注》十一篇下，586，黎明文化事業股份有限公司。
3　見《十三經注疏》，《爾雅·釋魚》第十六，頁166，藝文印書館。

助於釐清「魚」字字義，因而置於第四章「蟲魚辨析」論述之。而〈小雅‧南有嘉魚〉之「嘉魚」為魚名，此外，凡「魚」字與魚名連言，或意指該魚者，如〈周南‧汝墳〉之「魴魚」、〈齊風‧敝笱〉之「其魚魴鰥；其魚魴鱮；其魚唯唯。」、〈陳風‧衡門〉之「豈其食魚，必河之魴？豈其食魚，必河之鯉。」、〈豳風‧九罭〉之「九罭之魚，鱒魴。」、〈小雅‧魚麗〉之「魚麗于罶，魴鱧。魚麗于罶，鱨鯊。魚麗于罶，鰋鯉。」、〈周頌‧潛〉「潛有多魚，有鱣有鮪，鰷、鱨、鰋、鯉。」與〈小雅‧南有嘉魚〉合併言，共十三見、七篇，本文皆納於第二節「以魚之個別名稱為意象者」裡敘述，以免繁複。故本節以魚之「總稱」為意象者，僅餘十一篇、十五見，約分二類，一是魚字本身之意象；二是魚字詞組之意象。

魚字本身之意象，計有十見，約有四義，一是象徵世子伋，二是象徵人民，三是象徵賢人，四是象徵豐年，茲分述如下：

一、象徵世子伋

此類字僅一見：

〈邶風‧新臺〉

魚網之設，鴻則離之。燕婉之求，得此戚施。（三章）

《傳》：「言所得非所求。」《箋》：「設魚網者，宜得魚。鴻乃鳥也，反離焉。猶齊女以禮來求世子，而得宣公。」

案：此為刺宣公詩。《詩序》曰：「〈新臺〉，刺衛宣公也。納伋之妻，作新臺于河上而要之，國人惡之而作是詩也。」宣公此事，見《左傳》桓公十六年，及《史記‧衛世家》。吳闓生《詩義會通》曰：「《序》之說詩，惟此諸篇最為有據。」[4]

---

4 見吳闓生《詩義會通》，頁33，中華書局。

　　三章言魚網所以求魚，今反得鴻，此《傳》謂「所得非所求也。」《箋》言「魚」喻世子伋，「鴻」喻宣公，陳奐《詩毛氏傳疏》曰：「求，即《經》『燕婉之求』，以喻齊女求伋而得宣公也。」[5]得其詩旨。聞一多〈說魚〉篇以爲「魚」乃匹偶之隱語，[6]其於〈詩經通義〉又謂「〈國風〉中凡言「魚」者，皆兩性間互稱其對方之「廋語」，無一實指魚者，此篇以「魚」代男。」[7]「魚代男」之語是也，然謂所有「魚」字皆爲兩性間之廋語，則非也。〈國風〉六篇「魚」字中，僅〈周南・汝墳〉、〈邶風・新臺〉、〈齊風・敝笱〉三篇有「廋語」之意，另三篇則無，聞氏恐犯以「局部」概括「整體」之誤。[8]而詩中之「魚」，《箋》點明其人，因此「魚」字之隱義，鄭氏早已知之，只未用「廋語」一詞耳。

二、象徵人民

　　此類字有二篇：

（1）〈檜風・匪風〉

　　　　誰能亨**魚**，漑之釜鬵。誰將西歸，懷之好音。（三章）

　　《傳》：「亨魚煩則碎，治民煩則散，知亨魚，則知治民矣。」《正義》：「有能亨魚者，我則漑滌而與之釜鬵。以興誰能西歸，輔周治民乎？亨魚煩則碎，治民煩則散，亨魚類於治民，故以亨魚爲喻。」

　　案：《傳》、《正義》言「亨魚」爲治民之喻，殆取《老子》「治大國，若亨小鮮。」之意爲解，歐陽修《詩本義》曰：「至於『誰

5　見陳奐《詩毛氏傳疏》卷四，頁 60，續修四庫全書。
6　見《聞一多全集》，《神話與詩》，頁 126，里仁書局。
7　見《聞一多全集》，《古典新義》，頁 127，里仁書局。
8　「聞一多犯了用『局部』來概括『整體』的錯誤，這或許也是因爲他受佛洛伊德的學說影響，持了一些成見在先之故，遂使得他在解讀《詩經》時，以爲那都是『性』的象徵隱語。」見侯美珍〈聞一多《詩經》學研究〉，頁 67，政治大學中國文學研究所碩士論文。

能亨魚，漑之釜鬵。」則惟以《老子》『亨小鮮』之說，解『亨魚』二字。」[9]陳啓源《毛詩稽古編》亦曰：「毛《傳》云：『亨魚煩……。』老氏亦曰：「治大國，如亨小鮮。」意正相同。《書》言：『帝德寬簡易言，至德易簡。』自古治術，率用斯道，不獨周也，詩寓其說於亨魚，詞近而意遠矣。」[10]故陳奐《詩毛氏傳疏》引《韓非子‧解老篇》疏解詩文，[11]綜上可知，詩中之「魚」乃象徵人民，後儒亦多取用此說。

　　然聞一多則持異解，其〈詩經通義〉云：「〈匪風〉篇疑是婦人望其夫來歸之詞，『誰能烹魚』蓋一廋語也。」[12]而李湘《詩經特定名物應用系列新編》亦言：「烹魚」乃喻男女之歡合與結配。[13]二說皆援性說詩，恐非詩義。余培林〈《詩經》中的「魚」〉一文即駁之曰：「裴普賢《詩經欣賞與研究》以爲這首詩是『犬戎作亂，幽王被殺，鎬京淪陷。』時所做，十分可信。準此以觀，毛《傳》以『烹魚』象徵治民，很合詩義。李湘把『烹魚』比喻爲『男女之歡合』，在國家亂亡「中心怛兮」、「中心弔兮」的時候，竟然還專注於男女之事，完全違背常情。李氏說毛《傳》是主觀臆測，穿鑿附會，如果把這話來形容他自己，也許更爲恰當。」[14]是也。因此詩中之「魚」，應從毛《傳》爲是。

（2）〈小雅‧魚藻〉

　　<u>魚</u>在在藻，有頒其首。王在在鎬，豈樂飲酒。（一章）

---

9 見歐陽修《詩本義》，頁 214，通志堂經解。
10 見《皇清經解毛詩類彙編》，陳啓源《毛詩稽古編》，頁 74，藝文印書館。
11 「烹小鮮而數撓之，則賊其宰；治大國而數變法，則民苦之。是以有道之君，貴虛靜，而不重變法，故曰：『治大國若亨小鮮。』」見王先慎《韓非子集解》卷六，頁 234，藝文印書館，及見陳奐《詩毛氏傳疏》卷十三，頁 167，續修四庫全書。
12 見《聞一多全集》，《古典新義》，頁 127，里仁書局。
13 「烹魚、食魚，皆喻男女之歡合與結配；則烹魚、食魚爲一義，這是說幫助烹魚，亦助人歡合之義。」見李湘《詩經特定名物應用系列新編》，頁 36，萬卷樓圖書有限公司。
14 見余培林〈《詩經》中的「魚」〉一文，頁 56，《紀念許世瑛先生九十冥誕學術研討會論文集》。

　　魚在在藻，有莘其尾。王在在鎬，飲酒樂豈。（二章）

　　魚在在藻，依于其蒲。王在在鎬，有那其居。（三章）

　　《傳》：「魚以依蒲藻爲得其性。」《箋》：「藻，水草也，魚之依水草，猶人之依明王也。明王之時，魚何所處乎？處於藻，既得其性，則肥充，其首頒然。」《正義》：「物之潛隱莫過魚，顯見者莫過人。《經》舉潛逃，《箋》舉著見，則萬物盡該之矣，故以人類之。」

　　案：《箋》申《傳》意，以魚得水草，猶人得其所，《正義》疏解亦然，後世從其說者眾。然范處義《詩補傳》則有異說。曰：「今言魚在在藻，依于其蒲，蓋水必淺涸，然後魚在藻間，此乃魚窘迫之狀，非其性也。首大而尾長乃魚之瘠者，譬幽王之民，處於亂世，其蹙迫恐懼，亦若魚之在藻也。」[15]嚴粲《詩緝》亦云：「長樂劉氏曰：『夏月之時，淺水生藻。』水深則魚樂，所謂躍淵縱壑，相忘於江湖者也。今魚何在乎？淺水生藻，而魚在焉，喻民之窮促窘迫也。」[16]今察魚之習性，不一而足，雖有好棲息於珊瑚、岩石縫間者，然亦有喜依水草而居者，此外，頭大、尾長，多和魚之種類有關，似非魚之瘠者，諸此皆不似范、嚴二氏所言，可知二氏之說，未若《箋》義爲切。然范、嚴二氏雖與鄭說有異，但以魚象徵人民，則皆同也。

　　此爲天子燕諸侯，而諸侯美之之詩。全詩三章，首句爲興，魚與人生活密切，故詩以魚興人，魚得其性則食無虞，民得其性則國不亂，萬物各遂其生，各得其所，國泰民安，王方能安居飲樂，而此王亦必爲聖王，足見王與天下萬物息息相關，亦見詩人說喻之妙也。

15　見范處義《詩補傳》卷二十一，頁 92，通志堂經解。
16　見嚴粲《詩緝》卷二十四，頁 326，欽定四庫全書。

三、象徵賢人

此類字有二篇：

（1）〈小雅・鶴鳴〉

鶴鳴于九皋，聲聞于野。<u>魚潛在淵，或在于渚</u>……。（一章）

鶴鳴于九皋，聲聞于天。<u>魚在于渚，或潛在淵</u>……。（二章）

《傳》：「良魚在淵，小魚在渚。」《箋》：「此言魚之性，寒則逃於淵，溫則見於渚，喻賢者世亂則隱，治平則出，在時君也。」《正義》：「此文止有一魚，復云『或在』是魚在二處，以魚之出沒，喻賢者之進退，於理爲密。」

案：《傳》與《箋》說略異，《傳》以爲不止一魚，胡承珙《毛詩後箋》云：「《經》言『或在』者，自是立賢無方之意，故以良魚、小魚釋之，謂有當求之深者，有當求之淺者。」[17]《正義》則謂「此文止有一魚。」然無論魚之多寡，二說皆以詩中之「魚」字象徵賢人也。

至於朱熹《詩集傳》曰：「魚潛在淵，而或在于渚，言理之無定在也。」[18]姚際恆《詩經通論》評之爲「立論腐氣不堪，此說詩之魔也。」[19]余培林〈《詩經》中的「魚」〉一文則言「理學家氣味太重。」可知朱《傳》之說未切，而後儒多用《傳》、《箋》二義，[20]足見其文明而義顯。

（2）〈小雅・正月〉

---

17 見胡承珙《毛詩後箋》卷十八，頁 431，續修四庫全書。
18 見朱熹《詩集傳》卷十，頁 121，華正書局。
19 見《詩經要籍集成》27，姚際恆《詩經通論》卷十，頁 15，學苑出版社。
20 「『魚或在於深淵，或見於淺渚。』喻賢者去就不常也。」見嚴粲《詩緝》卷十九，頁 248，欽定四庫全書。
　　「『魚潛在淵，或在于渚。』此言魚之性無常，寒則藏於淵，溫則見於渚，譬如賢者在治則見，在亂則隱。」見李樗、黃櫄《毛詩集解》卷十八，頁 396，通志堂經解。

　　魚在于沼，亦匪克樂；潛雖伏矣，亦孔之炤。憂心慘慘，
　　念國之為虐。（十一章）

　　《箋》：「池，魚之所樂，而非能樂。其潛伏於淵，又不足以
逃，甚炤炤易見，以喻時賢者在朝廷，道不行，無所樂；退而窮
處，又無所止也。」《正義》：「此章言賢者不得其所。」陳奐《詩
毛氏傳疏》：「池以畜魚，喻國以養賢。君子不能居朝廷，猶魚在
池中而不能以自樂也。」[21]朱善《詩解頤》：「魚之在沼，其潛雖
深，而卒無所遁其形；君子之在亂世，其去雖遠，而卒無所安其
身。」[22]

　　案：詩中之「魚」，《箋》、《正義》喻賢者，《詩毛氏傳疏》、《詩
解頤》、喻君子，用字不同，其義一也。余培林曰：「句中的『魚』
字，喻朝廷君子，此四句詩（魚在于沼，亦匪克樂；潛雖伏矣，
亦孔之炤。）與〈節南山〉『我瞻四方，蹙蹙靡所騁。』有同樣旨
趣。」[23]魚象徵賢者，其進退維谷之窘狀，鮮明生動，情意自現，
可知詩人取譬必有講究，非偶然為之也。

四、象徵豐年

此類字止一篇：

〈小雅・無羊〉

　　牧人乃夢，眾維魚矣，旐維旟矣。大人占之：眾維魚矣，
　　實維豐年；旐維旟矣，室家溱溱。（四章）

　　《傳》：「陰陽和則魚眾多矣。旐、旟所以聚眾也。」《箋》：「牧
人乃夢見人眾相與捕魚，又夢見旐與旟。魚者，庶人之所以養也。
今人眾相與捕魚，則是歲熟相供養之祥也。《易・中孚卦》曰：『豚

---

21 見陳奐《詩毛氏傳疏》卷十九，頁 242，續修四庫全書。
22 見朱善《詩解頤》，頁 263，通志堂經解。
23 見余培林〈《詩經》中的「魚」〉一文，頁 60，《紀念許世瑛先生九十冥誕
　　學術研討會論文集》。

魚吉。』」

案:「眾維魚矣,旐維旟矣。」二句,《傳》、《箋》不同,古來解此詩者亦分紜,約有下列數種:

甲、朱熹《詩集傳》:「占夢之說未詳。」又曰:「眾,謂人也。夢人乃是魚,則爲豐年。」[24]

乙、盧文弨《鍾山札記》引丁希曾:「眾乃螽字之省,……螽實蝗類,……今螽不爲蝗而爲魚,故以爲豐年之徵。」[25]馬瑞辰《毛詩傳箋通釋》亦有類說:「《說文》:『螽爲螽之或體。』……此詩眾當爲螽及螽之渻借,眾,蝗也,蝗多爲魚子所化,……此詩牧人夢眾蝗化爲魚,故爲豐年之兆。」[26]

丙、王引之《經義述聞》:「上『維』字訓『乃』,下『維』字訓『與』,『旐維旟者』,旐與旟也。上句單言一物,下句並舉二物。」胡承珙《毛詩後箋》:「『維』字字義,或爲『有』,或爲『與』,此眾維魚,猶言多有魚也;旐維旟,則謂旐與旟。」陳奐《詩毛氏傳疏》:「上『維』字訓『其』,下『維』字訓『與』,言眾其魚,旐與旟也。」[27]

丁、俞樾《群經平議》:「『眾維魚矣』,猶云『維眾魚矣』;『旐維旟矣』,猶云『維旐旟矣。』」[28]

戊、于省吾《澤螺居詩經新證》:「『旐維旟矣』的旟字應讀作兆,……『眾維魚矣』之眾與『旐維旟矣』之兆,互文同義,古籍謂十億或萬億曰兆,……眾與兆均爲量詞,維爲句中助詞,此詩本謂牧人所夢的是魚之眾與旐之多,眾魚爲豐年之徵,旐旟爲室家繁盛之驗。」[29]

---

24 見朱熹《詩集傳》卷十一,頁 127,華正書局。
25 見盧文弨《鍾山札記》卷四,頁 680,續修四庫全書。
26 見馬瑞辰《毛詩傳箋通釋》冊二,卷十九,頁 16,中華書局。
27 見王引之《經義述聞》卷五,頁 115,鼎文書局。及見胡承珙《毛詩後箋》卷十八,頁 447,及見陳奐《詩毛氏傳疏》卷十八,頁 236,續修四庫全書。
28 見俞樾《群經平議》卷十,頁 156,續修四庫全書。
29 見于省吾《澤螺居詩經新證》,頁 120,中華書局。

己、余培林《詩經正詁》:「據上篇（指〈斯干〉）『維熊爲羆，維虺維蛇。』此『眾維魚矣』猶云『維眾維魚』;『旐維旟矣』猶云『維旐維旟』。熊、羆、虺、蛇、旐、旟皆名詞，則眾、魚亦當爲二名詞。眾，庶眾也、師眾也，不當訓眾多之意;如訓眾多，則與『旐維旟矣』句法不類矣。」[30]又於〈《詩經》中的「魚」〉一文曰:「『魚』是水中之物，與『眾』不類，但可以象徵人民，這在詩中多見，……同時『魚』諧『餘』音，餘有多的意思，也與『眾』同義。古時人民大部分從事農耕，人民既多，稼穡者眾，所以下文說『實爲豐年』。」[31]

綜上可知，諸家之異多於「眾」、「維」二字，對於「眾爲魚矣」「魚」字之意象，分歧則少，多以「魚」象徵豐年，僅末者以「魚」象徵人民。若依俞樾之言，「眾維魚矣」即魚眾多，魚爲物，並諧「餘」音，「魚多」即「餘多」，因此有豐年之象。陳啓源《毛詩稽古編》曰:「〈魚麗〉詩美萬物盛多，獨舉魚爲言，此亦以多魚爲豐年之夢，義正相符。上專言魚，下竝言旐、旟，語意異而句法同，古人不妨有此，〈吉日〉之伯禱，一事也，而兩言;既〈無羊〉之旐、旟，二物也，而止一言。」[32]眾魚爲豐年之象，旐旟爲溱溱之象，前者富，後者盛，則是國富兵強之義也。如以「魚」象徵人民，人多是否必然有豐年之象，此疑一也;而其與「旐維旟矣」同指民庶，詩義不免繁複，今詩分言二事明矣，此疑二也，故不從。

魚字詞組之意象計有三義，一是象徵軍容壯盛整齊，二是象徵友群和諧，三是象徵禮意之勤，分述如下:

---

30 見余培林《詩經正詁》下，頁 118，三民書局。
31 見余培林〈《詩經》中的「魚」〉一文，頁 57，《紀念許世瑛先生九十冥誕學術研討會論文集》。
32 見《皇清經解毛詩類彙編》，陳啓源《毛詩稽古編》，頁 120，藝文印書館。

一、魚服 —— 象徵軍容壯盛整齊

此類詞組有二見：

（1）〈小雅·采薇〉

> 駕彼四牡，四牡騤騤；君子所依，小人所腓。四牡翼翼，
> 象弭**魚服**；豈不日戒，玁狁孔棘。（五章）

《傳》：「魚服，魚皮也。」《箋》：「服，矢服也。」《正義》：
「魚服，以魚皮爲矢服，故云魚服。《左傳》曰：『歸夫人魚軒。』
服虔云：『魚，獸名。』則魚皮又可以飾車也。陸璣《疏》曰：『魚
服，魚獸之皮也。魚獸似猪，東海有之，其皮背上班紋，腹下純
青，今以爲可弓韇步叉者也，其皮雖乾燥，以爲弓韇矢服，經年
海水將潮及天將雨，其毛皆起水潮，還及天晴，其毛復如故，雖
在數千里外，可以知海水之潮氣，自相感也。』《夏官·司弓人》
職曰：『仲秋獻矢服。』《注》云：『服，盛矢器也，以獸皮爲之。』
是矢器謂之服也。」王質《詩總聞》：「以鯊魚皮飾矢服，今軍中
猶有此制。」[33]毛晉《陸氏詩疏廣要》：「《爾雅翼》曰：『鮫出南
海，狀如鼈而無足，皮有珠文而堅勁，可以飾物，今總謂之沙魚。』
按沙魚皮有甲珠文可以飾物，古今皆然。但云似鼈無足，似與陸
《疏》似豬者不同。」[34]

案：「魚服」之「魚」，前人約有二說，一指獸，如陸璣《疏》、
孔氏《正義》；二指魚，如王質《詩總聞》、毛晉《陸氏詩疏廣要》。
考《爾雅》、《埤雅》皆無此獸名，二說似以後者爲當。姚炳《詩
識名解》曰：「魚獸，書不槩見，故《傳》亦但訓魚皮，不言獸也。……
則疑仍是魚屬。羅瑞良以魚爲鮫魚，謂其皮有珠文而堅勁，可飾
物，從古以然。按今刀鞘諸飾，多以其皮爲之，斑駁如沙石最堅

---

33 見王質《詩總聞》卷九，頁 574，欽定四庫全書。
34 見毛晉《陸氏詩疏廣要》卷下之下，頁 138，欽定四庫全書。

緻，世所稱『沙魚』是也，不聞有用魚獸皮者。故陳祥道云：『所謂魚服者，魚皮之堅者皆可為之，不必定魚獸也。』亦一說。」[35]竹添光鴻《毛詩會箋》亦云：「按皇國以鮫皮韜刀鞘，漆而磨之，皮珠鮮明如玉，尤為堅牢。魚服者，用鮫魚皮韜矢服也。《左傳》『齊桓歸夫人魚軒。』《注》云：『以魚皮為飾。』《傳》云：『魚皮也』者，魚皮專釋魚字，《傳》語簡奧，不言以魚皮為服耳。《箋》故以服為矢服申明之。」[36]魚皮可為飾，應屬不誤，今大陸東北之赫哲族，非但食魚，尚以魚皮為衣、為靴，即可證之。是則「魚服」之「魚」，當是魚而非獸也。

依王質、姚炳、竹添光鴻等言「魚服」，即魚皮為飾之矢服。矢服，乃盛矢器也。范處義《詩補傳》曰：「車馬既翼翼而嚴整，器械又皆飭備，豈敢不日相警戒，以玁狁之難甚急也。」[37]楊明哲〈《詩經》獸類意象研究〉一文亦曰：「細觀詩義，詩文下言『豈不日戒』，意指日日警戒，即指以弓箭等兵器戒敵也。」又曰：「象弭指無緣之弓，與魚服箭袋之義相切。」[38]五章寫軍容之壯，戒備之嚴，則唯車馬嚴整，器械飭備，方能成此氣勢也。

（2）〈小雅・采芑〉

> 薄言采芑，于彼新田。于彼菑畝，方叔涖止，其車三千，師干之試，方叔率止，乘其四騏，四騏翼翼，路車有奭，簟茀**魚服**，鉤膺鞗革。（一章）

《箋》：「魚服，矢服也。」《正義》：「其車以方文竹簟之席為之蔽飾，其上所載，有魚皮為矢服之器。」

案：《正義》言此魚服為「有魚皮為矢服之器。」乃車上所載，竹添光鴻《毛詩會箋》亦言：「服，古箙字。《夏官・繕人》：『凡

---

35 見姚炳《詩識名解》，頁 399，欽定四庫全書。
36 見竹添光鴻《毛詩會箋》，頁 1010-1011，臺灣大通書局。
37 見范處義《詩補傳》，頁 63，通志堂經解。
38 見楊明哲〈《詩經》獸類意象研究〉一文，頁 34，玄奘人文社會學院國文研究所碩士論文。

乘車，充其籠箙。」《說文》：『籠，等也。』『等，車等也。』車等，即莆，矢服繫於等，故曰籠箙，是即《詩》之魚服矣。」魚，鮫魚也。」[39] 二說皆以「簟茀魚服」之魚服，同前〈小雅·采薇〉「象弭魚服」之魚服，皆指魚皮為飾之箭袋。然姚際恆《詩經通論》則有異解，其引沈無回曰：「此章言車馬，不言器械，不當獨言矢服。」又曰：「魚皮可以飾車。」[40] 王夫之《詩經稗疏》說同，謂此言車馬之飾，不宜攙一矢服於中。細觀詩文，此言方叔征伐荊蠻，故首章寫車馬之盛，姚氏之說雖通，然說詩不必如此拘泥，胡承珙《毛詩後箋》云：「虎韔鏤膺，即以弓衣與馬飾並言矣。」[41] 車馬中配有器械，與詩義相切，而器械整齊，正顯其軍容壯盛之所在也。

二、魚躍 —— 象徵友群和諧

此類詞組有二見：

（1）〈大雅·旱麓〉

　　鳶飛戾天，<u>魚躍于淵</u>。豈弟君子，遐不作人。（三章）

　　《傳》：「言上下察也。」《箋》：「魚跳躍于淵中，喻民喜得所。」

　　案：《傳》謂「上下察也。」蓋援《中庸》以為解，[42]《箋》則以「魚」喻民，然鄭玄另於《中庸》注曰：「聖人之德，至于天則鳶飛戾天，至于地則魚躍于淵，是其明著于天地也。」「此言道被飛潛萬物得所之象，與《箋》詩異義。」[43] 足見《箋》隨文解釋，故不取。今以詩言「豈弟君子，遐不作人。」觀之，《傳》義

---

39 見竹添光鴻《毛詩會箋》，頁 1094，台灣大通書局。
40 見《詩經要籍集成》27，姚際恆《詩經通論》卷九，頁 12，學苑出版社。
41 見胡承珙《毛詩後箋》卷十七，頁 412，續修四庫全書。
42 「《詩》云：『鳶飛戾天，魚躍于淵。』言其上下察也。」見朱熹集註、蔣伯潛廣解《四書讀本·中庸》，頁 11，啟明書局。
43 見王先謙《詩三家義集疏》卷二十一，頁 294，鼎文書局。

殆不誤也。范家相《三家詩拾遺》曰：「韓《詩》薛君曰：『魚喜
樂則踴躍于淵中。』薛君之意，蓋以鳶魚喻干祿之君子，以戾天
躍淵喻其干祿之豈弟，故曰：『喜樂而躍淵。』以興文王作人之雅
化。」[44]李樗、黃櫄《毛詩集解》亦引《抱朴子》曰：「魚躍恬然
自得，而不知其所然而然也，王者之作人，鼓之、舞之，使之盡
其才，亦不知其所以然而然也。」[45]由范家相、李樗、黃櫄所言
可知，「魚躍於淵」所重意象不在「魚」，而在「魚躍」，強調上位
者友群和諧之作為也。

（2）〈大雅‧靈臺〉

　　　王在靈囿，麀鹿攸伏；麀鹿濯濯，白鳥翯翯。王在靈沼，
　　　於牣**魚躍**。（二章）

　　《箋》：「靈沼之水，魚盈滿其中，皆跳躍，亦言得其所。」
朱熹《詩集傳》：「牣，滿也。魚滿而躍，言多而得其所也。」[46]

　　案：魚類物種繁多，習性亦不一而足，如魚類多結伴而游而
躍，其躍乃本性使然，顯其體健靈活，反之，病魚則常離群獨游，
行動遲緩，今詩言「於牣魚躍」，此處之「魚」指水中之物，因其
強健無病，呈現出活潑景象，此蓋《箋》與朱《傳》謂得其所也。

　　此為文王遊觀歡樂之詩，李樗、黃櫄《毛詩集解》曰：「王在
靈沼之所，其魚充牣於中，皆跳躍伏隱，言文王之德，雖鳥獸魚
繁，無不得其所也。」[47]許謙《詩集傳名物鈔》云：「魚驚則潛，
今牣而躍者，習於仁而自遂也。」[48]朱守亮《詩經評釋》曰：「次
章寫飛走鱗介，各適其性之樂，是文王愛物致之也。」[49]可知文
王因不害物性，故能使魚得其所，是則「魚躍」，除呈現一片生動

---

44 見范家相《三家詩拾遺》卷九，頁4，百部叢書集成。
45 見李樗、黃櫄《毛詩集解》卷三十一，頁441，通志堂經解。
46 見朱熹《詩集傳》卷十六，頁187，華正書局。
47 見李樗、黃櫄《毛詩集解》卷三十一，頁444，　通志堂經解。
48 見許謙《詩集傳名物鈔》，頁212，通志堂經解。
49 見朱守亮《詩經評釋》下，頁741，臺灣學生書局。

景象外，亦象徵友群和諧之作爲也。

三、鮮魚 —— 象徵禮意之勤

此類詞組僅一見：

〈大雅・韓奕〉

韓侯出祖，出宿于屠。顯父餞之，清酒百壺。其殽維何？
炰鱉鮮魚。（三章）

《箋》：「炰鱉，以火熟之也。鮮魚，中膾也。」《正義》：「於
此餞飲之時，其殽饌之物，維有何乎？乃有以炰之鱉與可膾鮮魚
也。」

案：《正義》疏《箋》「鮮魚」云：「新殺謂之鮮，魚餒則不任
爲膾，故云『鮮魚，中膾者。』〈六月〉『膾鯉』，此云：『鮮魚』，
欲取魚字爲韻，因言鮮以見新殺也。」而竹添光鴻《毛詩會箋》
則謂：「鮮當讀如斯，《爾雅・釋言》：『斯，離也。』離析其魚，
即是作膾，鮮、析，語之轉。《列子・湯問篇》：『越東有輒木之國，
其長子生，則鮮而食之。』謂析而食之也。鮮魚猶言膾鯉，與炰
鱉對文，爲一熟一生，鄭《箋》謂『鮮魚，中膾。』讀如蠡棗之
鮮，失之。」[50]二說於「鮮」字訓解有異，然「魚」字指水中之
物，則同。

此詩爲韓侯來朝，受王命而歸，詩人贈別之作。全詩六章，
三章述其既覲返于韓地，顯父餞送之盛況。范處義《詩補傳》曰：
「酒則用百壺，言其多也；殽則有魚鱉，言其旨也。」[51]魚鱉因
味美，故舉以泛稱佳餚，酒多殽美，可知顯父禮意之勤。

---

50 見竹添光鴻《毛詩會箋》，頁 1978，臺灣大通書局。
51 見范處義《詩補傳》，頁 123，通志堂經解。

第二節　以魚之「個別名稱」爲意象者

　　凡魚類以個別名稱出現者，皆在此節中討論。《詩經》出現魚類之個別名稱計有：鱸形目之鱧、鯊二種；鯉形目之魴、鱮、鯉、鰷、鰋、鱒、嘉魚七種；鯰形目之鱨、鰥二種；鱘形目之鱣、鮪二種，共四目、十三種，三十四見（未含魚字指個別種類者，計十三見）。此節中，目之出現順序，乃依 Nelson, Joseph S. 《Fishes of the world》所載數種之多寡，[52]而各目所屬之魚，則依《詩經》之先後分述如下：

一、鱸形目

　　此目魚類有鰭棘，背鰭數二，櫛鱗或無鱗，若具腹鰭，則爲胸位或喉位，尾鰭主要鰭條不多於十七，然常更少。鱸形目爲魚類各目中，分化最多之一目，亦爲脊椎動物中最大之目，其於海洋脊椎動物居領導地位，亦是諸多熱帶及亞熱帶主要之淡水魚類群。

（一）鱧

　　《爾雅・釋魚》：「鱧。」郭注：「鮦也。」邢《疏》：「今鱯魚也。鮦與鱯音義同。詩〈小雅〉『魚麗于罶，魴鱧。』是也。」《說文》：「鱧，鱯也。」[53]陸璣《毛詩草木鳥獸蟲魚疏》：「鱧，鯇也。似鯉，頰狹而厚。《爾雅》曰：『鱧，鮦也。』許慎以爲鯉魚。」[54]

52　見 Nelson，Joseph S.《 Fishes of the world》 New York :J. Wiley

53　見許慎《說文解字》十一篇下，頁 583，黎明文化事業股份有限公司。

54　見陸璣《毛詩草木鳥獸蟲魚疏》卷下，頁 16，欽定四庫全書。

《埤雅》:「今玄鱧是也,諸魚中爲此魚膽甘可食,有舌,鱗細有花文,一名文魚,其首戴星,夜則比嚮,蓋此方之魚也。」[55]毛晉《陸氏詩疏廣要》:「《爾雅翼》:『鱧魚圓長,而斑點有七點。』按《釋魚》篇首列鯉、鱣、鰋、鮎、鱧、鯇六種,俱無釋文,鄭漁仲曰:『六者之名顯而易識,故但載之而已,不復重釋也。可見鱧、鯇是二種。』」[56]

案:陸璣以鱧爲鯇,然毛晉言鱧、鯇爲二物,鯇即今之草魚,則陸《疏》非是。依《埤雅》毛晉所述古之鱧即今之七星鱧,屬鱸形目,攀鱸亞目,鱧科,鱧屬。俗稱月鱧、七星魚、山斑魚、點秤魚、秤星魚、星光魚。形態如斑鱧。體直長而呈棒狀,尾部側扁。頭部寬扁,頭頂平。口大而開於吻端,下頜略突出,口斜裂至眼睛後緣直下方;上下頜均有銳利之牙齒。前鼻孔成管狀,向前伸達上唇。全身均被中型圓鱗,頭頂鱗片特大,頗似蛇頭;側線完全。背鰭和臀鰭發達;缺腹鰭;尾鰭後緣圓形。體呈綠褐色或暗黑色,腹部灰白;眼後方具二條黑色縱帶,一直延伸至鰓蓋;體側有八-九條「〈」字形黑色橫帶,尖端向前。尾鰭基底有一點黑色眼斑。全身佈滿珠色亮點,背鰭與臀鰭各有多行珠色亮點,尤以雄性更顯著。

月鱧爲廣溫性魚類,適應性強,主要棲息於淡水河流、湖泊或沼澤中。肉食性魚類,是水中的小霸王,專門吃魚、蝦和其他小動物。生活水域通常不會深過十公尺。具特別的呼吸器,叫做上鰓器,可以直接浮上水面呼吸空氣,因此無論在溪流中或是混濁的沼澤缺氧水域都可生活。

生長較慢,個體不大,但營養豐富,肉質細嫩,味鮮美,並有生機、活血等藥用價值。

《詩經》言「鱧」者,僅一見,象徵禮意之勤。

---

55 見陸佃《埤雅》冊一,卷一,頁 6,百部叢書集成。
56 見毛晉《陸氏詩疏廣要》卷下之下,頁 140,欽定四庫全書。

〈小雅·魚麗〉

　　<u>魚</u>麗于<u>罶</u>，魴<u>鱧</u>。君子有酒，多且旨。（二章）

　　《傳》:「鱧，鮦也。」《箋》:「酒多而此魚又美也。」《正義》:「舍人曰:『鱧，名鯇。』郭璞曰:『鱧，鮦。』遍檢諸本，或作鱧鯇，或作鱧鯇。定本鱧鮦，鮦與鯇音同。」朱熹《詩集傳》:「君子，指主人，此燕饗通用之樂歌。即燕饗所薦之饈，而極道其美且多，見主人禮意之勤，以優賓也。」[57]姚際恆《詩經通論》:「此王者燕饗臣工之樂歌。」[58]

　　案:朱熹與姚際恆二說相較，大同小異，[59]皆指燕饗之樂歌，余培林〈《詩經》中的「魚」〉一文曰:「如由詩文『君子有酒』及後三章詩文看來，當是被宴饗的臣工，讚美君子酒旨餚豐之作。」[60]深得其意。惟其言詩中之「鱨鯊、魴鱧、鰋鯉，僅是形容菜餚之豐美，無所象徵或比喻。」[61]實則不然。《埤雅》曰:「鱨魚黃，魴魚青，鱧魚玄，鰋魚白，鯉魚赤，則五色之魚具備;鱨、鯊小魚，魴、鱧中魚，鰋、鯉大魚;鱨、鯊長，魴、鱧則一方一圓，鰋、鯉則一偃一俯;鱨、魴、鯉，性浮，鯊、鱧、鰋，性沉。沉浮大小與其形色之異具有，則餘物盛多可知矣。」[62]戴震《毛鄭詩考證》亦云:「多，貴其美;美，貴其備;備，貴其時。」[63]魚、酒多而美，如此費心預備，正見君子燕饗之盛情，此即朱《傳》謂「見主人禮意之勤，以優賓也。」而被宴饗者，亦感受君子禮意之重，故有此作。首句之「魚」，概指二句之「鱨鯊」、「魴鱧」、

57　見朱熹《詩集傳》卷九，頁 109，華正書局。
58　見《詩經要籍集成》27，姚際恆《詩經通論》卷九，頁 8，學苑出版社。
59　「只是少『通用』二字而已。」見余培林〈《詩經》中的「魚」〉一文，頁 62，《紀念許世瑛先生九十冥誕學術研討會論文集》。
60　見余培林〈《詩經》中的「魚」〉一文，頁 62，《紀念許世瑛先生九十冥誕學術研討會論文集》。
61　見余培林〈《詩經》中的「魚」〉一文，頁 62，《紀念許世瑛先生九十冥誕學術研討會論文集》。
62　見陸佃《埤雅》冊一，卷一，頁 5，7，9，百部叢書集成。
63　見《戴東原先生全集》，戴震《毛鄭詩考證》，頁 144，大化書局。

「鰋鯉」，可知詩中之「鱧」，象徵禮意之勤。

（二）鯊

　　《爾雅·釋魚》：「鯊，鮀。」郭《注》：「今吹沙小魚，體圓而有點文。」《說文》：「魦，魦魚也，出樂浪潘國，从魚沙省聲。」[64]陸璣《毛詩草木鳥獸蟲魚疏》：「魦，吹沙也。似鯽魚，狹而小，體圓而有黑點，一名重唇籑鯊，常張口吹沙。」[65]《爾雅翼》：「鯊魚狹而小，常張口吹沙，故曰吹沙。非特吹沙，亦止食細沙，所謂吹沙小魚者是也，其味甚美，大者不過二斤，不若小者之佳。」又曰：「今人呼為重唇，唇厚特甚。」[66]《埤雅》：「魦性善沉，大如指，狹圓而長，有黑點文，常沙中行，亦於沙中乳子。故張衡云：『縣淵沉之魦鰡也。』鰡，魦屬，俗云：魦性沙抱。《異物志》曰：『吹沙，長三寸許，背上有刺螫人。』」[67]李時珍《本草綱目》：「此非海中沙魚，乃南方溪澗中小魚也。大者長四五寸，頭似鱒，體圓，厚肉重唇細鱗，味頗美，俗呼為河浪魚。」[68]

　　案：依段玉裁《詩經小學》謂《爾雅》「鯊，鮀。」《釋文》本又作「魦」。[69]則知「魦」即「鯊」，然此鯊非海中鯊魚，而是《本草綱目》言：「乃南方溪澗中小魚也。」屬鱸形目、鰕虎魚科，此科為少數所含魚種數超過一千種以上之魚科。體型均小，少有超過十公分者；其中「微鰕虎魚屬」，更為世界上記錄中最小之魚。此魚科之生態棲所，隨種類不同而多變，從溪流、河口、砂岸、岩岸至珊瑚礁區均有，多為底棲性魚類，許多種類生活於淡水而游入海中繁殖，有些則否。

64　見許慎《說文解字》十一篇下，頁 584，黎明文化事業股份有限公司。
65　見陸璣《毛詩草木鳥獸蟲魚疏》卷下，頁 16，欽定四庫全書。
66　見羅願《爾雅翼》卷二十八，頁 10，百部叢書集成。
67　見陸佃《埤雅》冊一，卷一，頁 9，百部叢書集成。
68　見李時珍《本草綱目》22，卷四十四，頁 103，臺灣商務印書館。
69　見《皇清經解毛詩類彙編》，段玉裁《詩經小學》，頁 606，藝文印書館。

　　依前儒所言之「鯊」，殆爲鰕虎魚科、阿胡蝦虎魚屬之「曙首厚唇鯊」，體延長，前部略呈圓筒型，後部側扁，尾柄較高。吻長而突出，唇部肥厚，圓鈍。上下頜齒細小，乳突，眼高，上側位。體被細小櫛鱗，胸鰭寬圓，尾鰭呈長圓形，體綠褐色，腹面灰黃色，體側具七八點不規則塊狀黑斑，腹鰭、臀鰭均呈灰白色。

　　本屬魚類喜棲息於溪流及河口區，爲底棲性小魚，多停於河床，攝食沙石間之水生昆蟲與動物。《爾雅翼》以爲食沙，恐非是。

　　至於《說文》謂「魦，出樂浪潘國。」段玉裁《注》曰：「樂浪潘國，必出於海，或云鮫魚。」[70]段氏所指即今稱「鯊魚」者，古或稱「鮫」或「虎沙」、「沙魚」，名不一而足，[71]非此類也。

　　《詩經》言「鯊」者，僅一見，象徵禮意之勤。

〈小雅‧魚麗〉

　　<u>魚麗于罶，鱨鯊</u>。君子有酒，旨且多。（一章）

　　《傳》：「鯊，鮀也。」《箋》：「酒美，而此魚又多也。」《釋文》：「鯊，亦作魦，今吹沙小魚也，體圓而有黑點文。舍人云：『鯊，石鮀也。』」《正義》：「魚麗於罶者，是鱨、鯊之大魚。」朱熹《詩集傳》：「君子，指主人，此燕饗通用之樂歌。即燕饗所薦之饈，而極道其美且多，見主人禮意之勤，以優賓也。」[72]姚際恆《詩經通論》：「此王者燕饗臣工之樂歌。」[73]

　　案：《正義》言鯊爲大魚，非是。此鯊與鱨並言，同象徵禮意之勤，故此不再繁複，參見鱸形目之鱧。

70　見許慎《說文解字》十一篇下，頁 584，黎明文化事業股份有限公司。
71　「鯊魚有二：一吹沙小魚也；一鮫魚，背皮粗錯，如貞珠斑，有鹿沙、虎沙、鋸沙諸種，出東南近海郡，一名沙魚。」見《皇清經解毛詩類彙編》，陳啓源《毛詩稽古編》，頁 94，藝文印書館。
72　見朱熹《詩集傳》卷九，頁 109，華正書局。
73　見《詩經要籍集成》27，姚際恆《詩經通論》卷九，頁 8，學苑出版社。

二、鯉形目

此目魚類口中無齒，常可伸縮，其齒則位於第五角鰓骨上，無脂鰭（某些鰍類除外），頭無鱗，鰓條骨數三，某些種類之背鰭內具棘狀鰭條。[74]本目魚類之鯉科，爲魚類種數最多之一科，亦爲水族館常見之魚類。

（一）魴

《爾雅·釋魚》：「魴，魾。」郭《注》：「江東呼魴魚爲鯿。」《說文》：「魴，赤尾魚。」[75]陸璣《毛詩草木鳥獸蟲魚疏》：「魴，今伊、洛、濟、潁魴魚也。廣而薄，肥恬而少力，細鱗，魚之美者。遼東梁水魴特肥而厚，尤美於中國魴，故其鄉語：居就糧，梁水魴。」[76]《埤雅》：「今之青鯿，其廣方，其厚褊，故一曰魴魚，一曰鯿魚。」[77]蔡元度《毛詩名物解》：「魴，寡力而易困者也，勞則尾赤，以寡力之性而又勞矣，其易困也尤甚。」[78]徐鼎《毛詩名物圖說》引呂氏藍田曰：「魴尾白，赤則勞矣。」[79]

案：魴屬鯉形目，鯉科，鮊亞科，魴屬。俗稱，三角鯿，烏鯿，平胸鯿。體高，甚側扁，呈菱形，頭後背部隆起。頭小，口端位，上下頜前緣均具發達之角質層。腹棱僅自腹鰭基部至肛門；背鰭具光滑硬刺，其長度顯著大於頭長；尾柄之長，大於或等於尾柄之高。體背青灰色，兩側則淺灰帶有淺綠之色澤，腹部銀白，各鰭呈青灰色。

---

74 魚類各部位名稱，參見本文附錄二，頁 200。
75 見許慎《說文解字》十一篇下，頁 582，黎明文化事業股份有限公司。
76 見陸璣《毛詩草木鳥獸蟲魚疏》卷下，頁 16，欽定四庫全書。
77 見陸佃《埤雅》冊一，卷一，頁 5，百部叢書集成。
78 見蔡元度《毛詩名物解》，頁 540，通志堂經解。
79 見《詩經動植物圖鑑叢書》上，徐鼎《毛詩名物圖說》，頁 103，大化書局。

　　魴於流水或靜水中均有，尤喜棲息於底質為淤泥、石礫等之敞水區。魴魚食性雜，主以水生植物為食。成熟個體重約一公斤，屬中型魚類。魴魚味美，質細嫩，含脂量高，自古以來，皆視其為上等食用魚類。由於魴、團頭魴與鯿之形態特徵，極為相似，古代統稱為「魴」或「鯿」。李時珍《本草綱目》云：「魴，方也；鯿，扁也」[80]。可見魴與鯿乃依其外形而得名。

　　《詩經》言「魴」者，計九見，約有七義，茲分述如下：

1、象徵君子

　　此類詞僅一見：

　　〈周南・汝墳〉

　　魴魚赬尾，王室如燬。雖則如燬，父母孔邇。（三章）

　　《傳》：「赬，赤也。魚勞則尾赤。」《箋》：「君子仕於亂世，其顏色瘦病，如魚勞則尾赤。」

　　案：「魴魚赬尾」一詞，《傳》謂：「魚勞則尾赤。」《說文》謂：「赤尾魚。」今以魚類圖鑑驗之，魴、鯿二魚，無論形體、習性均相似，然尾色皆白不赤，赤者，惟於生殖期間，雄魚體色變得鮮艷，尤于身體下部，呈亮麗之紅色，此色亦隨感情之興奮，而趨之愈濃，是《傳》說恐未深究也。而《本草綱目》言「一種『火燒鯿』，頭尾俱似魴，而脊骨更隆，上有赤鬐連尾，如蝙蝠之翼，色如煙薰，故名。」[81]馬瑞辰《毛詩傳箋通釋》據此而從《說文》。然《本草》之「火燒鯿」乃「胭脂魚」之俗稱，其謂魴「色青白」，與火燒鯿「黑質赤草」不同，其未言「火燒鯿」為魴類，僅言似魴，知非魴也。且魚名中有鯿之字者類甚多，如「大眼華鯿」、「台灣細鯿」皆是也。而段玉裁《說文解字注》言：「魴勞赤尾，非魴必赬尾也。許以赤尾魚釋魴，殆失之。」[82]段氏謂「魴

---

80 見李時珍《本草綱目》22，卷二十四，頁 101，臺灣商務印書館。
81 見李時珍《本草綱目》22，卷二十四，頁 101，臺灣商務印書館。
82 見段玉裁《說文解字注》十一篇下，頁 583，黎明文化事業股份有限公司。

勞赤尾」，非也；「非魴必頳尾。」是也，則段氏亦不從《說文》，可知二說皆未當。

至於「魴魚頳尾」之意象，前儒之說有五：

甲、《正義》：「婦人言魚勞則尾赤，以興君子苦則容悴。」

乙、姚際恆《詩經通論》：「『魴魚頳尾』，喻民之勞苦。」[83]余培林〈《詩經》中的「魚」〉：「喻人民之急迫。」[84]

丙、高亨《詩經今注》：「作者烹魚給丈夫吃，見魚尾紅似火燒，聯想到王室也如火燒毀。」[85]

丁、聞一多《詩經通義》：「《左傳》哀公十七年載衛侯貞卜其爻曰：『如魚竀（頳）尾，橫流而方羊。』《疏》引鄭眾說曰：『喻衛侯淫縱。』本篇曰：『魴魚頳尾』義當與《左傳》同。詩爲女子所作，則魚指男也。」又〈說魚〉言：「王室」指王室之成員，有如『公子』、『王孫』等稱呼，極言王孫情緒之熱烈。」[86]

戊、孫作雲《詩經與周代社會研究》：「據生物學說，有一些魚在春天交尾時期，尾巴發紅，以招引異性。」象徵青年男女發情。[87]

甲說本《詩序》及鄭《箋》爲說，其以「頳尾」象徵容悴，不合常理。且婦人之情，「知有家未必知有國；知有夫未必知有君。」[88]乙說未解魴魚性，魚尾紅爲示愛之兆，非勞苦或急迫所致。丙說魚字用其本義，未見其意象。丁說以魚指男，是也，然「王室」應指國家，若指王室之成員，過於牽強。戊說僅部分言中，魚尾

---

83 見《詩經要籍集成》26，姚際恆《詩經通論》卷一，頁 370，學苑出版社。
84 見余培林〈《詩經》中的「魚」〉一文，頁 55，《紀念許世瑛先生九十冥誕學術研討會論文集》。
85 見高亨《詩經今注》，頁 13，漢京文化事業有限公司。
86 見《聞一多全集》，《古典新義》，頁 127 及《神話與詩》，頁 120，里仁書局。
87 見孫作雲《詩經與周代社會研究》，頁 311，中華書局。
88 見李樗、黃櫄《毛詩集解》，頁 274，通志堂經解。

變紅，止雄魚耳，象徵男女則非是。且其解「王室」為「大廟」，余培林曰：「《詩經》二百多個『王』字，凡作名詞用的，都是君王之意，沒有一個解作『大』的，把『王室』解為祿廟，真是匪夷所思。」[89]

從上述觀之，前儒之說皆未周全。《詩經詮釋》云：「此蓋婦人喜其夫于役歸來之作」，是也。「魴魚」即詩中之君子。三章寫君子不欲離去之意，余培林《詩經正詁》言：卒章「『魴魚赬尾』，造句奧而奇。」見解不凡。[90]故鑑賞此句不應主觀說詩，當從客觀科學著眼，「魴魚赬尾」，象徵君子之生理需求，雖則「王室如毀」，情勢紛亂急迫，然而君子心欲留之，此事只能暗示不可明言，故以「父母恐邇」為由而不往，詩之含蓄蘊藉由此可見也。

2、象徵文姜

此類字止一篇：

〈齊風・敝笱〉

敝笱在梁，其魚魴鰥。齊子歸止，其從如雲。（一章）

敝笱在梁，其魚魴鱮。齊子歸止，其從如雨。（二章）

敝笱在梁，其魚唯唯。齊子歸止，其從如水。（三章）

《傳》：「興也。魴，大魚。唯唯，出入不制。」《箋》：「魴也，魚之易制者，然而敝敗之笱不能制，喻魯桓微弱，不能防閑文姜。唯唯，行相隨順之貌。」《正義》：「鄭以為敝敗笱在於魚梁，其魚乃是魴、鱮之小魚，故易《傳》以為小魚易制。」

案：《傳》謂魴為大魚，《正義》申《箋》謂魴為小魚，實則魴魚體型一般為十五至二十五公分，大者至三十公分，屬中等魚類，嚴粲《詩緝》云：「魴，中魚。」[91]極是。胡承珙《毛詩後箋》曰：「毛《傳》云大魚者，不過以見非敝笱所能制，不必定是盈車。

89 見余培林〈《詩經》中的「魚」〉一文，頁 55，《紀念許世瑛先生九十冥誕學術研討會論文集》。
90 見余培林《詩經正詁》上，頁 33，三民書局。
91 見嚴粲《詩緝》卷九，頁 133，欽定四庫全書。

若必盈車之魚，雖強笱亦不能至矣。」[92]《傳》義或然。雖《傳》、《箋》釋「魴」，大小有別，然《箋》以「敝笱」喻魯桓公，「魴」喻文姜，此申《傳》義，惟《箋》謂「唯唯，行相隨順之貌。」不如《傳》義。姚際恆《詩經通論》曰：「唯唯，毛《傳》謂出入不制，雖非唯字正義，然於詩旨則合，姑從之。鄭氏謂行相隨順之貌，若是，則爲比下從者，夫詩意本取敝笱不能制魚，況魯桓不能制妻，乃況從者何耶？不可從。」[93]陳奐《詩毛氏傳疏》亦云：「詩三章皆言魚，魚陰性淫，《傳》云：『出入不制』者，興文姜之驕伉，以總釋全章之怡。」[94]依姚、陳二氏之說，則詩三章中之「魚」，指前二章之「魴」、「鰥」、「鱮」、皆象徵文姜，《正義》亦謂：「上二章言魚名，此章言魚貌。」是也。

此詩詠文姜嫁於魯之時。詩言河梁之笱敝敗不能制魚，故魴魚唯唯，出入不制。笱敝象徵魯弱，所以桓公不能制文姜也。

3、象徵佳餚

此類字僅一見：

〈陳風・衡門〉

> 豈其食魚，必河之魴？豈其娶妻，必齊之姜？（二章）

《箋》：「此言何必河之魴，然後可食，取其口美而已。以喻君任臣何必聖人，亦取忠孝而已。」歐陽修《詩本義》：「首章既言雖小亦有可爲，其二章、三章則又言何必大國，然後可爲，譬如食魚者，凡魚皆可食，若必待魴、鯉，則不食魚矣。」[95]朱熹《詩集傳》：「此隱居自樂而無求者之詩。」[96]李湘《詩經名物意象探析》：「『食魚』，男女歡合之隱語。」[97]

---

92 見胡承珙《毛詩後箋》卷八，頁 228，續修四庫全書。
93 見《詩經要籍集成》26，姚際恆《詩經通論》卷六，頁 432，學苑出版社。
94 見陳奐《詩毛氏傳疏》卷八，頁 125，續修四庫全書。
95 見歐陽修《詩本義》卷五，頁 214，通志堂經解。
96 見朱熹《詩集傳》卷七，頁 82，華正書局。
97 見李湘《詩經名物意象探析》頁 31，萬卷樓圖書有限公司。

案：「食魚」之「魚」，所指即下句之「魴」、「鯉」。而詩中「魴」字之意象，前人約有四說：一指聖人；二指大國；三指男女歡合之隱語；四象徵佳餚。《箋》義本《詩序》爲言，《序》曰：「〈衡門〉，誘僖公也。愿而無立志，故作是詩以誘掖其君也。」歐陽修從之，然詩中之「魴」，其以爲指大國，並謂鄭解爲任用賢人，則詩無明文，失於穿鑿。[98]然魴爲中魚，前已說明，[99]鄭氏若爲穿鑿，則歐陽公以爲魴乃大魚，故喻大國，豈非亦爲穿鑿？李湘以爲此詩歌詠平民之擇偶原則，[100]余培林《詩經正詁》曰：「郭沫若《中國古代社會研究》以爲作者是破產之貴族，觀詩文言食魚、娶妻事，當不誤；若爲細民，根本無與貴族通婚之可能，曰齊姜、曰宋子、豈非多餘？」[101]所言甚是。而朱《傳》雖於「魴」下無說，然細觀詩文，依其詩旨，泛稱佳餚無誤，故以朱《傳》所說較是。

魴魚身廣而薄，少力細鱗，腹內脂肪甚腴，味美鮮嫩，自古爲人所喜愛，然所費不貲，楊慎《異魚圖贊》引《河洛記》諺曰：「伊洛魴鯉，天下最美；伊洛鯉魴，貴于牛羊。」[102]可知詩舉「魴」，用以泛指美味佳餚，合於樂貧之詩旨。王先謙《詩三家義集疏》總結《詩》三家義云：「皆言賢者樂道忘飢，無誘進人君之意。」[103]足見朱《傳》之說，亦與三家義合也。

4、象徵周公

此類字僅一見：

〈豳風・九罭〉

　　九罭之<u>魚</u>，鱒<u>魴</u>。我覯之子，袞衣繡裳。（一章）

98　見歐陽修《詩本義》卷五，頁 214，通志堂經解。
99　「魴，中魚。」見嚴粲《詩緝》卷九，頁 133，欽定四庫全書。
100　「此爲一篇情詩，或即一篇幽會詩，表現出明顯的平民擇偶原則，詠唱在衡、泌水間，就可以合歡結配，不稀罕齊姜、宋子那樣的名門貴族。」見李湘《詩經名物意象探析》，頁 31，萬卷樓圖書有限公司。
101　見余培林《詩經正詁》上，頁 377，三民書局。
102　見楊慎《異魚圖贊》卷一，頁 2，百部叢書集成。
103　見王先謙《詩三家義集疏》卷十，頁 165，鼎文書局。

《傳》：「興也。九罭，緵罟，小魚之網也，鱒，大魚也。」《箋》：「設九罭之罟，乃後得鱒之大魚，言取物各有器也。喻（王）欲迎周公之來，當有其禮。」《正義》：「毛以爲九罭之中魚，乃是鱒、鱒也。驗今鱒非是大魚，《傳》以爲大者，欲取大小爲喻。王肅云：『以興下土小國，不宜久留聖人。』《傳》意或然。」

案：此詩之「鱒」，約有二說，一指周公；二指公子。前者如毛《傳》、鄭《箋》，其皆以鱒爲大魚，象徵周公，而於「九罭」之大小有別，若較之《正義》之言，則《傳》義爲勝。歐陽修《詩本義》曰：「『九罭』之義，以文理考之，毛說爲是。」[104]陳奐《詩毛氏傳疏》亦云：「《御覽・資產部》十四，引韓《詩》云：『九罭，取鰕筳也。』鱒、鱒雖非極大之魚，言大魚者，以其雖非九罭密網，此魚亦將不漏，故言大耳，非大於餘魚也。《傳》云大魚者，對九罭爲緵罟而言，九罭但能取鰕與摝鯤鮞，不當網鱒、鱒，故言大以明其義。鱒、鱒皆以喻周公也。」[105]綜上所言，《傳》、《箋》雖有異，然以詩文中「魚」即鱒、鱒，象徵周公則同，後之說詩者亦多從之。

而將「鱒」指公子者，如聞一多、李湘等，聞一多於〈說魚〉、〈詩經通義〉二篇謂「之子」似爲「公」之子，「魚」喻公子，「鴻」喻公。[106]依聞氏所言，「公」與「之子」爲二人，然細繹詩文，「之子」即是「公」，非有二人；再者，女子屬意者如爲公子，而詩言「我公」，豈是合情？另李湘〈魚字應用系列〉一文，謂「之子」指公子，與下章之「公」爲一人，雖較聞一多進步，[107]卻仍以「魚」爲情侶之隱語，若依余培林《詩經正詁》謂此詩之首章，從內容

---

104 見歐陽修《詩本義》，頁 215，通志堂經解。
105 見陳奐《詩毛氏傳疏》卷十五，頁 185，續修四庫全書。
106 「『之子』似乎就是公的兒子，這從他的服裝『袞衣繡裳』可以證明。魚喻公子，鴻喻公。」「『九罭之魚，鱒鱒。我覯之子，袞衣繡裳。』以魚代男」見《聞一多全集》，《神話與詩》，頁 126-127，及《詩經通義》，頁 127，里仁書局。
107 見李湘《詩經名物意象探析》，頁 45-46，萬卷樓圖書有限公司。

及形式兩面觀之，似由前篇〈伐柯〉之末章分割而來。[108]〈伐柯〉中「之子」既指周公，由此而推，本詩「之子」亦當指周公。而吳闓生《詩義會通》亦有此說。[109]可知一說較爲有據，故從之。《埤雅》曰：「鱒魚圓，魴魚方。君子道以圓內，義以方外，而周公之德具焉。」[110]此或詩人取魴爲象之由也。

5、象徵禮意之勤

此類字僅一見：

〈小雅・魚麗〉

魚麗于罶，**魴**鱧。君子有酒，多且旨。（二章）

《箋》：「酒多而此魚又美也。」朱熹《詩集傳》：「君子，指主人，此燕饗通用之樂歌。即燕饗所薦之饌，而極道其美且多，見主人禮意之勤，以優賓也。」[111]姚際恆《詩經通論》：「此王者燕饗臣工之樂歌。」[112]

案：此魴與鱧連言，同象徵禮意之勤，故此不再繁複，參見鱸形目之鱧。

6、象徵技藝高超

此類字止一篇：

〈小雅・采綠〉

其釣維何？維**魴**及鱮。維**魴**及鱮，薄言觀者。（四章）

《箋》：「觀，多也。此美其君子之有技藝也，釣俾得魴、鱮，魴、鱮是云其多者耳，其眾雜魚，乃眾多矣。」《正義》謂：「此說其釣之技。」朱熹《詩集傳》：「於其釣而有獲也。」[113]王靜芝

108　見余培林《詩經正詁》上，頁 451，三民書局。
109　「〈伐柯〉、〈九罭〉當爲一篇，上言『我覯之子，籩豆有踐。』，此言『我覯之子，袞衣繡裳。』文義相應。毛《傳》亦本一篇，上言禮義治國之柄，此言周公未得禮，文義亦相連貫，不以爲兩篇也。」見吳闓生《詩義會通》卷一，頁 123，中華書局。
110　見陸佃《埤雅》冊一，卷一，頁 7，百部叢書集成。
111　見朱熹《詩集傳》卷九，頁 109，華正書局。
112　見《詩經要籍集成》27，姚際恆《詩經通論》卷九，頁 8，學苑出版社。
113　見朱熹《詩集傳》卷十五，頁 170，華正書局。

《詩經通釋》:「言其釣則將有獲,獲何魚耶?將必爲魴及鱮也。」[114]

案:魴屬難釣之魚,毛晉《陸氏詩疏廣要》云:「《說苑》陽晝曰:『夫投綸錯餌,迎而吸之者,陽橋也,其爲魚薄而不美;若存若亡,若食若不食者,魴也。其爲魚也,博而厚味。』今網罟者,乃以魴爲易取若難于釣,而易于網耶?」[115]足見魴雖味美,然不輕易上鉤,若非技藝高超者,實難得之。而此詩言「其釣維何?維魴及鱮。」諸家皆謂釣而有獲,所獲者正是難釣之魴,可知君子之釣術非一般也。

7、象徵友群和諧

此類字僅一見:

〈大雅·韓奕〉

> 蹶父孔武,靡國不到。爲韓姞相攸,莫如韓樂。孔樂韓土,川澤訏訏,**魴鱮**甫甫,麀鹿噳噳,有熊有羆,有貓有虎。慶既令居,韓姞燕譽。(五章)

《傳》:「訏訏,大也。甫甫然,大也。」《箋》:「甚樂矣,韓之國土也,川澤寬大,眾魚、禽獸備有,言饒富也。」

案:魴、鱮、麀、鹿可供食,熊、羆、貓、虎可供裘,故本章述韓地物產之富饒,足爲樂土。然魴鱮、麀鹿、熊羆、貓虎,看似指其物產豐隆,實則另有意象。「麀鹿噳噳」之「鹿」即「祿」,象徵福祿;「『有熊有羆』,象徵生男之祥;『有貓有虎』,象徵武將威猛。」[116]則「魴」、「鱮」於此亦不單指魚之肥美,乃象徵韓侯友群和諧之德,韓土之樂,韓侯之美,皆本此德。竹添光鴻《毛詩會箋》曰:「雖敘韓姞歸韓之樂,因以見國富政平,民安俗美,

---

114 見王靜芝《詩經通釋》頁 491,輔仁大學文學院叢書。
115 見毛晉《陸氏詩疏廣要》卷下之下,頁 145,欽定四庫全書。
116 見楊明哲《詩經》獸類意象研究〉,頁 78,玄奘人文社會學院國文研究所碩士論文。

嚴然諸侯之長。」[117]是詩人筆法乃藉韓侯娶妻及述韓土之樂,「自側面讚美韓侯,以收烘托之效。」[118]

(二) 鱮

《說文》:「鱮,鱮魚也。鰱,鰱魚也。」段玉裁《注》:「《廣雅》曰:『鱮,鰱也。』鰱,鰱魚也。按許列字,亦二篆相比近而不言為一。」[119]陸璣《毛詩草木鳥獸蟲魚疏》:「鱮似魴,厚而頭大,魚之不美者,故里語曰:『網魚得鱮,不如啗茹。』其頭尤大而肥者,徐州人謂之鰱,或謂之鱅,幽州人謂之胡鱅。」[120]《埤雅》:「鱮魚似魴而弱鱗,其色白,北土皆呼白鱮。《西征賦》曰:『華魴躍鱗,素鱮揚鬐。』性亦旅行,故其制字从與,亦或謂之鰱。鰱魚其頭尤大而肥者,失水即死,弱魚也。今吳越呼鱅。」[121]方以智《通雅》曰:「鱮、鱅、鰱一類而微分。」又曰:「今俗以肥而食草魚矢者為鰱;其頭最大者,鱅也;鱮其總名也。」[122]李時珍《本草綱目》:「鱮魚,鰱魚。魚之美者曰鱮,處處有之,狀如鱅,而頭小形扁,細鱗肥腹,其色最白。或以鰱、鱅為一物,誤矣。鱅狀似鰱而色黑,其頭最大,味亞於鰱。首之大小,色之黑白,大不相侔。」[123]王念孫《廣雅疏證》:「鱮,鰱也。一作鰱,《漢書‧司馬相如傳》:『鰱,鰞。鯪,魠。』郭璞《注》云:『鰞似鰱而黑。』今人通呼鰱子。」[124]陳大章《詩傳名物集覽》引郭璞曰:「今鱅、鰱相似而小別,鰱頭小,鱅頭大。」[125]

---

117 竹添光鴻《毛詩會箋》頁 1983,台灣大通書局。
118 見余培林《詩經正詁》下,頁 484,三民書局。
119 見許慎《說文解字》及段玉裁《注》十一篇下,頁 583,黎明文化事業股份有限公司。
120 見陸璣《毛詩草木鳥獸蟲魚疏》卷下,頁 16,欽定四庫全書。
121 見陸佃《埤雅》冊一,卷一,頁 10,百部叢書集成。
122 見方以智《通雅》卷四十七,頁 890－891,欽定四庫全書。
123 見李時珍《本草綱目》22,卷四十四,頁 91,臺灣商務印書館。
124 見王念孫《廣雅疏證》卷十下,頁 350,鼎文書局。
125 見陳大章《詩傳名物集覽》卷六,頁 669,欽定四庫全書。

　　案：陸璣《疏》、《埤雅》、《通雅》所謂之「鱮」，似指鰱、鱅二魚，然《說文·注》、《本草綱目》則專指鰱，以末者所述與鰱魚相吻，今從之。鱮屬鯉形目，鯉科，鰱亞科，鰱屬。俗稱鰱子、白鰱，體側扁，頭較大，但不及鱅。口闊，端位，下頜稍向上斜。眼小，位置偏低，無鬚，下咽齒勺形，鱗小，鰓耙特化，彼此聯合成多孔之膜質片，體銀白，各鰭則灰白色。

　　鰱常棲息於水體之中、上層，性活潑，善跳躍，以浮游植物為食，於各大水庫、湖泊、河川，皆有分佈。此魚生長快，從二齡到三齡，體重可由一公斤增至四公斤，最大個體可達四十公斤。鰱之天然產量很高，歷來被中國大陸視為淡水養殖之「四大家魚」之一。[126]

　　《詩經》言「鱮」者，計四見，約有三義，茲分述如下：

1、象徵文姜

　　此類字僅一見：

　　〈齊風·敝笱〉

　　　　敝笱在梁，其<u>魚魴鱮</u>。齊子歸止，其從如雨。（二章）

　　　　敝笱在梁，其<u>魚唯唯</u>。齊子歸止，其從如水。（三章）

　　《傳》：「興也。鱮，大魚。唯唯，出入不制。」《箋》：「鱮似魴而弱鱗，喻魯桓微弱，不能防閑文姜。唯唯，行相隨順之貌。」《正義》：「鄭以為弊敗笱在於魚梁，其魚乃是魴、鰥之小魚，故易《傳》以為小魚易制。」

　　案：《傳》謂鱮為大魚，《正義》申《箋》謂魴為小魚，以為鱮與魴連言，亦小魚也，實則鱮魚體型一般為五十至一百公分不等，當是中魚，嚴粲《詩緝》云：「鱮，中魚。」[127]極是。此鱮與魴連言，同象徵文姜，故此不再繁複，參見鯉形目之魴。

2、象徵技藝高超

---

126 四大家魚指鰱魚、鱅魚、青魚、草魚。
127 見嚴粲《詩緝》卷九，頁 133，欽定四庫全書。

此類字止一篇：

〈小雅・采綠〉

其釣維何？維魴及鱮。維魴及鱮，薄言觀者。（四章）

《箋》：「觀，多也。此美其君子之有技藝也，釣俾得魴、鱮，魴、鱮是云其多者耳，其眾雜魚，乃眾多矣。」《正義》：「此說其釣之技。」朱熹《詩集傳》：「於其釣而有獲也。」[128]王靜芝《詩經通釋》：「言其釣則將有獲，獲何魚耶？將必為魴及鱮也。」[129]

案：楊慎《異魚圖贊》引《水經注》云：「清檢出佳鱮，濁檢出好鮒，美珍於常味，取以二月初。」[130]黃省曾《養魚經》曰：「白鰱乃魚之貴者。又引《京口錄》云：『巨首細鱗。』池塘中多畜之。」[131]李調元《然犀志》曰：「鰱魚味甘美，卵如珍珠，色微紅，其味尤美。」[132]則鱮不似陸璣所言「魚之不美者」，且魴、鱮並言，魴為嘉魚，鱮亦當是嘉魚無疑。而此詩言「其釣維何？維魴及鱮。」諸家皆謂釣而有獲，所獲必是魴、鱮一類嘉魚，此舉鱮以見他物，可知君子之釣術非一般也。

3、象徵友群和諧

此類字僅一見：

〈大雅・韓奕〉

蹶父孔武，靡國不到。為韓姞相攸，莫如韓樂。孔樂韓土，
川澤訏訏，魴鱮甫甫，麀鹿噳噳，有熊有羆，有貓有虎。
慶既令居，韓姞燕譽。（五章）

《傳》：「訏訏，大也。甫甫然，大也。」《箋》：「甚樂矣，韓之國土也，川澤寬大，眾魚、禽獸備有，言饒富也。」

案：此鱮與魴連言，同象徵友群和諧，故此不再繁複，參見

---

128 見朱熹《詩集傳》卷十五，頁 170，華正書局。
129 見王靜芝《詩經通釋》，頁 491，輔仁大學文學院叢書。
130 見楊慎《異魚圖贊》卷一，頁 2，百部叢書集成。
131 見黃省曾《養魚經》，頁 2，百部叢書集成。
132 見李調元《然犀志》卷上，頁 10，百部叢書集成

鯉形目之魴。

（三）鱖

　　《爾雅・釋魚》：「鯤，魚子。」邢《疏》：「凡魚之子，總名鯤。《詩》云：『其魚魴鱮』。鄭云：『鱮，魚子。』鯤、鱮字異，蓋古字通用也。」《說文》：「鱮，鱮魚也。」[133]李時珍《本草綱目》：「鱤魚，體似鱨，腹平，頭似鯇而口大，頰似鮎而色黃，鱗似鱒而稍細，食而無厭，健而難取，吞啗同類，其性獨行，故曰鱤。《詩》云『其魚魴鱮』是也。《東山經》云：『姑兒之水，多鱤魚。』是也。」[134]

　　案：依李氏所言，鱮即鱤，屬鯉形目，鯉科，雅羅魚亞科，鱤屬。俗稱黃鑽、水老虎。體細長，圓筒形，頭尖長。吻尖，呈喙狀。口大，端位，下頜前端正中有一堅硬突起與上頜凹陷處相嵌合。無鬚，眼小，稍突出。下咽齒三行，齒末端呈鉤狀。鱗細，背鰭小，尾鰭分叉很深。體背灰褐色，腹部銀白色，背鰭、尾鰭深灰色，頰部及其他各鰭淡黃色。

　　鱤多生活於江河、湖泊之中上層。游泳力極強，性兇猛，行動敏捷，常襲擊及追捕其他魚類，一旦受其追擊，便難有逃脫者，有「水中之霸」別稱，屬典型之掠食性魚類。生長十分迅速，最大個體長可二公尺，重則達六十公斤。其肉質鮮美，一向被列入中大型上等食用魚類。故《正義》引《孔叢子・抗志篇》云：「衛人釣于河，得鱤魚焉，其大盈車。子思問曰：『如何得之？』對曰：『吾下釣垂一魴餌，鱤過而不視，又以豚之半，鱤則吞矣。』子思曰：『噫！鱤貪以餌死，士貪以祿死。』」應非虛言。《箋》以為魚子，恐未深究也。

　　《詩經》言「鱮」者，計二見，其中〈小雅・鴻鴈〉「哀此鱮

---

133 見許慎《說文解字》十一篇下，頁582，黎明文化事業股份有限公司。
134 見李時珍《本草綱目》22，卷四十四，頁93，臺灣商務印書館。

寡」之「鰥」，指老而無妻之人，《孟子·梁惠王》曰：「老而無妻曰鰥；老而無夫曰寡。」[135]非關本文。而〈齊風·敝笱〉「其魚魴鰥」之「鰥」為魚名，象徵文姜。

〈齊風·敝笱〉

　　敝笱在梁，其<u>魚</u>魴<u>鰥</u>。齊子歸止，其從如雲。(一章)

　　敝笱在梁，其<u>魚</u>唯唯。齊子歸止，其從如水。(三章)

　　《傳》：「興也。鰥，大魚。唯唯，出入不制。」《箋》：「鰥，魚子也。鰥也，魚之易制者。喻魯桓微弱，不能防閑文姜。唯唯，行相隨順之貌。」《正義》：「鄭以為弊敗笱在於魚梁，其魚乃是魴、鰥之小魚，故易《傳》以為小魚易制。」

　　案：《傳》謂鰥為大魚，《正義》申《箋》謂鰥為小魚，實則鰥即鱤，此魚屬中大型魚類，《箋》以為魚子，王引之《經義述聞》曰：「鯤為魚卵，見〈內則〉，鄭注尚未成魚，不得云其魚魴鯤矣。且魚卵無入笱中之理，何為因敝笱而詠之乎？鄭說失之。」[136]極是。此鰥與魴連言，同象徵文姜，故此不再繁複，參見鯉形目之魴。

（四）鯉

　　《爾雅·釋魚》：「鯉。」郭注：「今赤鯉魚。」《說文》：「鯉，鱣也。」[137]《埤雅》：「此今之鯸鯉也。一名鱣鯉，脊中鱗一道，每鱗上有小黑點文，大小皆三十六鱗，魚之貴者，故《爾雅·釋魚》以鯉冠篇，而《養魚經》曰：『所以養鯉者，鯉不相食，易長又貴是也。』《神農書》曰：『鯉最為魚之主，今人以盤水養之，雖困鱗不反白，蓋健魚也。』鯉進於魚矣，殆亦龍類。」[138]蔡元

---

135 見朱熹集註、蔣伯潛廣解《四書讀本·孟子》，頁 40，啟明書局。

136 見王引之《經義述聞》卷六，頁 105，鼎文書局。

137 見許慎《說文解字》十一篇下，頁 582，黎明文化事業股份有限公司。

138 見陸佃《埤雅》冊一，卷一，頁 5，百部叢書集成。

度《毛詩名物解》:「鯉易得之魚,甘而無毒,足以養人者也。」[139]
王念孫《廣雅疏證》:「《古今注》云:『袞州人呼赤鯉為赤驥;青
鯉為青馬;黑鯉為元駒;白鯉為白騏;黃鯉為黃雉。』是鯉有黑
色者也。」[140]

　　案:鯉屬鯉形目,鯉科,鯉亞科,鯉屬。俗稱鯉子,鮘仔。
鱣屬鱘形目,《說文》以鱣訓鯉,恐非。黃中松《詩疑辨正》曰:
「此二魚本易辨,不知何以誤也。《說文》曰『鱣,鯉類。』亦非。」
[141]鯉體側扁而腹圓,頭後背部稍隆起。口端位,呈馬蹄形。鬚二
對,頷鬚較吻鬚長。下咽齒主行呈臼齒狀。背鰭基部長,背鰭與臀
鰭均有一根粗壯而帶鋸齒之硬刺。鱗較大,體背灰黑色,體側青
灰帶金黃色,腹部灰白色,臀鰭與尾鰭下葉則呈桔黃色。

　　鯉平時多棲息於底質鬆軟、水草叢生之水體低層,對環境適
應性極強,能耐寒、耐鹼、耐缺氧,屬雜食性魚類。陶隱居《本
草》注:「鯉為諸魚之長,形既可愛,又能神變,飛越江湖。」[142]
可知鯉不僅種類多,味亦美,如黃河鯉最為著名。至於「神變」、
「飛越江湖」之說,雖非事實,然「鯉躍龍門」流傳已久,其之
尊貴與受人喜愛程度,可見一斑。

　　《詩經》言「鯉」者,凡四見,約有三義,一象徵象徵佳餚,
二象徵禮意之勤,三象徵備禮之隆。二與三之別,前者指宴饗,
後者指祭祀。茲分述如下:

1、象徵佳餚

　　此類字僅一見:

　　〈陳風・衡門〉

　　　豈其食魚,必河之鯉?豈其娶妻,必宋之子? (三章)

　　《箋》:「此言何必河之魴,然後可食,取其口美而已。以喻

---

139 見蔡元度《毛詩名物解》卷十三,頁 540,通志堂經解。
140 見王念孫《廣雅疏證》卷十下,頁 352,鼎文書局。
141 見《詩經要籍集成》26,黃中松《詩疑辨正》,頁 215,學苑出版社。
142 見《詩經動植物圖鑑叢書》上,徐鼎《毛詩名物圖說》,頁 108,大化書局。

君任臣何必聖人，亦取忠孝而已。」歐陽修《詩本義》:「首章既言雖小亦有可為，其二章、三章則又言何必大國，然後可為，譬如食魚者，凡魚皆可食，若必待魴、鯉，則不食魚矣。」[143]朱熹《詩集傳》:「此隱居自樂而無求者之詩。」[144]李湘《詩經名物意象探析》:「『食魚』，男女歡合之隱語。」[145]

　　案:「食魚」之「魚」，所指即下句之「魴」、「鯉」。而此鯉與魴並言，同象徵佳餚，故此不再繁複，參見鯉形目之魴。

2、象徵禮意之勤

　　此類字有二見:

（1）〈小雅・魚麗〉

　　　　魚麗于罶，**鱨鯉**。君子有酒，旨且有。（三章）

　　《箋》:「酒美而此魚又有。」朱熹《詩集傳》:「君子，指主人，此燕饗通用之樂歌。即燕饗所薦之饌，而極道其美且多，見主人禮意之勤，以優賓也。」[146]姚際恆《詩經通論》:「此王者燕饗臣工之樂歌。」[147]

　　案:此鯉與鱨並言，同象徵禮意之勤，故此不再繁複，參見鱸形目之鱨。

（2）〈小雅・六月〉

　　　　吉甫燕喜，既多受祉。來歸自鎬，我行永久。飲御諸友，

　　　　炰鱉膾**鯉**。侯誰在矣？張仲孝友。（六章）

　　《箋》:「王以吉甫遠從鎬地來，又日月長久，今飲之酒，使其諸友恩舊者侍之，又加其珍美之饌，所以極勸也。」《正義》:「言加珍美之饌者，以燕禮其牲狗，天子之燕，不過有牢牲，魚鱉非常膳，故云加之。」

---

143 見歐陽修《詩本義》卷五，頁214，通志堂經解。
144 見朱熹《詩集傳》卷七，頁82，華正書局。
145 見李湘《詩經名物意象探析》，頁31，萬卷樓圖書有限公司。
146 見朱熹《詩集傳》卷九，頁109，華正書局。
147 見《詩經要籍集成》27，姚際恆《詩經通論》卷九，頁8，學苑出版社。

案：此章言吉甫凱旋受賞，飲御諸友之狀。朱熹《詩集傳》曰：「此言吉甫燕飲喜樂，是以飲酒進饌於朋友。」[148]姚際恆《詩經通論》亦曰：「以來歸自鎬，爲日永久，于以飲御諸友焉。此道吉甫之意，私燕曰：『飲』，『炰鱉膾鯉』，亦非燕禮所設。」[149]而《箋》、《正義》以爲王燕吉甫又及於諸友，陳啓源《毛詩稽古編》亦云：「詩正以王燕吉甫，必進其好友與之共飲，使得盡歡，又於常牲之外，（燕禮牲用狗）加以珍膳，見寵異功臣之特厚也。若吉甫召會親友，燕飲於私家，乃其常事，且何關於國政而著之〈雅〉篇？」[150]今細繹上下詩句，以朱《傳》、姚氏之說，較近詩意。諸家于燕主雖有異，然以「鯉」指珍膳則同。鱉、鯉皆爲餚之上品，尤以鯉爲魚之貴者，餚中有鯉，其燕客之盛情，不言而喻，故詩人美之也。

3、象徵備禮之隆

此類字僅一見：

〈周頌・潛〉

> 猗與漆沮，潛有多魚。有鱣有鮪，鰷鱨鰋鯉。以享以祀，以介景福。

《箋》：「鱣，大鯉。」《正義》：「此漆、沮之二水，其中有養魚之潛，此潛之內乃有眾多之魚，有鱣、有鮪、又有鰷、鱨、鰋、鯉，是其多也。我太平王者，以獻之先祖，以之祀宗廟，神明饗之，以此得大大之福也。」

案：《詩序》言：「〈潛〉，季冬薦魚，春獻鮪也。」《序》說用《禮記・月令》之文。[151]而姚際恆《詩經通論》駁其非有三，皆

---

148 見朱熹《詩集傳》卷十，頁115，華正書局。
149 見《詩經要籍集成》27，姚際恆《詩經通論》卷九，頁11，學苑出版社。
150 見《皇清經解毛詩類彙編》，陳啓源《毛詩稽古編》，頁105，藝文印書館。
151 「季春之月，薦鮪于寢廟。」、「季冬之月，命漁師始漁，天子親牲，乃嘗魚，先薦寢廟。」見《十三經注疏》，《禮記・月令》頁303，347，藝文印書館。

中的之言。[152]季本《詩說解頤》云：「此周王薦魚於寢廟之樂歌也。」[153]其說甚是。

　　全詩一章，六句。首二句言漆、沮二水，深而多魚，俗諺云：「川淵深而魚歸之。」是也。此處之「魚」，概指三、四句之鱣、鮪、鰷、鱨、鰋、鯉六魚，舉六魚以實「多魚」，然非止於六魚耳。范處義《詩補傳》曰：「鱣、鮪之大，鰷、鱨之長，鰋形似偃，鯉之形俯，舉其類之多，皆可用於薦饗者，亦形容萬物盛多之意也。」[154]朱守亮《詩經評釋》曰：「九州之美味，莫不畢備。」[155]二家皆言祭祀之豐，然鱣、鮪、鰷、鱨、鰋、鯉六魚，除指萬物盛多外，尚象徵備禮之隆，以鯉言之，此乃魚之貴者，用此上品，以示虔敬之心。

　　余培林〈《詩經》中的「魚」〉一文曰：「祭祀的菜餚應該很豐盛，為何詩中只說魚一味，可能是取其諧『餘』音，取其『有餘』之意。」[156]此又一說，並存之。

（五）鱒

　　《爾雅・釋魚》：「鮅，鱒。」郭《注》：「似鯶子，赤眼。」邢《疏》：「鮅，一名鱒。《詩》云：『九罭之魚，鱒魴。』」《說文》：「鱒，赤目魚也。」[157]陸璣《毛詩草木鳥獸蟲魚疏》：「鱒似鯶魚，而鱗細于鯶也，赤眼多細文。」[158]《埤雅》：「鱒似鯶魚，而鱗細

152　「以秦〈月令〉釋周詩，謬一。一詩當冬、秋兩用，謬二。下二句以六魚實之，『鮪』在六魚之內，而云『春獻鮪』，謬三。」見《詩經要籍集成》27，姚際恆《詩經通論》卷十七，頁109，學苑出版社。

153　見《詩經要籍集成》13，季本《詩說解頤》卷二十七，頁287，學苑出版社。

154　見范處義《詩補傳》頁131，通志堂經解。

155　見朱守亮《詩經評釋》下，頁891，臺灣學生書局。

156　見余培林〈《詩經》中的「魚」〉一文，頁63，《紀念許世瑛先生九十冥誕學術研討會論文集》。

157　見許慎《說文解字》十一篇下，頁581，黎明文化事業股份有限公司。

158　見陸璣《毛詩草木鳥獸蟲魚疏》卷下，頁16，欽定四庫全書。

于鱮，赤眼。鱒魚圓；魴魚方。孫炎《正義》曰：『鱒好獨行，制字從尊。』殆以此也。」[159]毛晉《陸氏詩疏廣要》引《爾雅翼》曰：「鱒魚，目中赤色，一道橫貫瞳，魚之美者。今俗人謂之赤眼鱒，食螺蚌，獨行，極難取，見網則遁。」[160]李時珍《本草綱目》：「鱒，赤眼魚。狀似鯶而小，赤脈貫瞳，身圓而長，鱗細于鯶，青質赤章，善於遁網。」[161]

案：諸家所言鱒，即赤眼鱒，屬鯉形目，鯉科，雅羅魚亞科，赤眼鱒屬。俗稱紅眼棒、野草魚、紅眼鱒、紅眼鯪。體長，略呈圓筒狀，腹圓，後端稍側扁。頭呈圓錐形，吻鈍，口呈弧形。外形酷似草魚，唯眼上半部具紅色斑而得名。上頜兩側具二對短小之鬚。下咽齒三行，頂端稍呈鉤狀。眼大，近吻端。體背深灰色，腹部淺黃，體側及背部每一鱗片後緣具黑斑，組成體側之縱列條紋。背鰭深灰色，尾鰭後緣呈黑色，其他各鰭灰白。

赤眼鱒為中層魚類，喜棲居於江河流速較緩之水域與湖泊。食性雜，以藻類及水生高等植物為主。生長速度較慢，個體中等，最大個體約三公斤，乃一種常見之食用魚，肉質近似草魚。

《詩經》言「鱒」者，僅一見，象徵周公。

〈豳風·九罭〉

　　九罭之魚，鱒魴。我覯之子，袞衣繡裳。（一章）

《傳》：「興也。九罭，緵罟，小魚之網也，鱒，大魚也。」《箋》：「設九罭之罟，乃後得鱒之大魚，言取物各有器也。喻（王）欲迎周公之來，當有其禮。」《正義》：「毛以為九罭之中魚，乃是鱒、魴也。驗今鱒非是大魚，言大魚者，以其雖非九罭密網，此魚亦將不漏，故言大耳，非大於餘魚也。《傳》以為大者，欲取大小為喻。王肅云：『以興下土小國，不宜久留聖人。』《傳》意或

159 見陸佃《埤雅》冊一，卷一，頁7，百部叢書集成。
160 見毛晉《陸氏詩疏廣要》卷下之下，頁137，欽定四庫全書。
161 見李時珍《本草綱目》22，卷四十四，頁90，臺灣商務印書館。

然。」

　　案：此鱒與魴連言，同象徵周公，故此不再繁複，參見鯉形目之魴。

（六）嘉魚

　　《埤雅》：「嘉魚，鯉質鱒鱗，肌肉甚美，食乳泉，出於丙穴，故〈南都賦〉云：『嘉魚出於丙穴。』先儒言丙穴，在漢中沔南縣北有乳穴二，常以三月取之，穴口向丙，故曰丙也。舊言魚尾象篆文丙字，故曰丙穴。蓋《爾雅》魚尾謂之丙，則魚尾象丙，豈特嘉魚而已。」[162]陳大章《詩傳名物集覽》：「嘉魚似鱒，蜀中謂之拙魚，蜀郡山處處有之，從石孔出，大者五六尺。《雲南記》：『雅州丙穴出嘉魚，似鯉，鱗細。』《嶺表錄異》：『嘉魚形如鱒，甚肥美。』《方輿勝覽》：『首有黑點，謂照映星象相感而成，長身細鱗，肉白如玉，其味自鹹。』《山海經》：『鯈魚』，郭璞《注》：『即鮇魚。』范成大言『桂林出竹魚。』則竹魚即嘉魚也。」[163]

　　案：諸書皆以「嘉魚」為魚名，古之嘉魚，殆今之齊口裂腹魚，屬鯉形目，鯉科，裂腹魚亞科，裂腹魚屬，裂腹魚亞屬。俗稱雅魚、齊口、細甲魚、齊口細鱗魚，今四川雅安市境內仍有此魚。

　　體長，稍側扁，吻鈍圓，口下位，橫裂（在小個體中略呈弧形），下頜前緣具銳利之角質，下唇完整，呈新月形。鬚二對，體被細鱗，背色暗灰，腹部銀白，背鰭、胸鰭及腹鰭呈青灰色，尾鰭紅色。

　　齊口裂腹魚為底層魚類，喜棲於急緩流交界處，具短距離之生殖迴遊現象。其卵多產於急流底部之礫石與細砂上，然常被水沖至石穴中進行發育。產卵後之親魚，則於秋季回至江河深水處

---

162 見陸佃《埤雅》冊一，卷二，頁 14，百部叢書集成。
163 見陳大章《詩傳名物集覽》卷六，頁 677，欽定四庫全書。

或水下岩洞中越多。主以著生藻類為食，由於體型肥大，肉質細嫩，古來為人們所喜食。杜甫〈將赴成都草堂途中有作先寄嚴鄭公五首〉詩曾稱：「魚知丙穴由來美。」[164]相傳清代上貢慈禧，被讚為「龍鳳之肉」，今之四川，「沙鍋雅魚」乃當地名菜，可知「嘉魚」為魚之上品也。

《詩經》言「嘉魚」者，止一篇，象徵嘉賓。

〈小雅・南有嘉魚〉

南有**嘉魚**，烝然罩罩。君子有酒，嘉賓式燕以樂。（一章）

南有**嘉魚**，烝然汕汕。君子有酒，嘉賓式燕以衎。（二章）

《傳》：「江、漢之間，魚所產也。罩罩，箄也。」《箋》：「言南方水中有善魚，人將久如而俱罩之，遲之也。喻天下有賢者，在位之人將久如而並求致之於朝，亦遲之也。」《正義》：「取善魚者，以喻賢者之有善德。」朱熹《詩集傳》：「嘉魚，鯉質鱒鯽肌，出於沔南之丙穴。」[165]

案：《箋》以「嘉魚」為善魚，朱《傳》則以為魚名，清儒多從《箋》義，如陳啟源《毛詩稽古編》：「嘉非魚名也，猶下章『樛木』之『樛』，『甘瓠』之『甘』云爾。《黃氏日抄》曰：『嘉魚非指丙穴之魚，丙穴魚飲乳泉而美，未必元名嘉魚。』『嘉魚出於丙穴』，見左太沖〈蜀都賦〉，其名之來已久。蓋丙穴之嘉魚，直是後世好事者采詩語以名之耳。」[166]錢大昕《潛研堂集問》：「《詩》言南有者多矣，樛木、喬木皆非木名，則嘉魚亦非魚名，毛公言江漢之間魚所產，其所產甚廣。」又曰：「賦家借用詩言，本非定名，後人又援賦以釋詩，展轉傳會，遂失詩人本恉。」[167]

依陳、錢二氏之說，「嘉魚」止通言而已，然以蔬菜言，「甜椒」為椒之甜者，亦為專名，怎能斷言「嘉魚」非魚之嘉者，亦

---

164 見楊綸編輯《杜詩鏡銓》上，卷十一，頁758，藝文印書館。
165 見朱熹《詩集傳》卷九，頁110，華正書局。
166 見《皇清經解毛詩類彙編》，陳啟源《毛詩稽古編》，頁97，藝文印書館。
167 見錢大昕《潛研堂文集》卷六，頁，台灣商務印書館。

為魚名？如以「樛木」之「樛」,「甘瓠」之「甘」推論「嘉魚」,
恐未周全。再者嘉魚為魚名,先儒言之甚早。如楊慎《異魚圖贊》
曰:「南有嘉魚,出於丙穴,黃河味魚,嘉味相頡。事見《水經》、
《蜀都賦》、任豫《益州記》、樊綽《雲南記》、《博物志》。」[168]又
如徐鼎《毛詩名物圖說》:「《水經注》:『衷水又東南得丙水口,水
上承丙穴,穴出嘉魚,常以三月出,十月入穴。……穴口向丙,
故曰丙穴。』任豫《益州記》:『似鱒,蜀中謂之拙魚,蜀郡山處
處有之,從石孔出。』《慮衡志》:『嘉魚出梧火山下丙穴,如小鱘
魚多脂,蜀中丙穴亦出。』按:嘉魚產不一處,皆云出於丙穴。
曰「南有嘉魚」,謂之南者,則在江漢之間,即今陝西漢中沔縣北
有二所,三八月取之。」[169]可知嘉魚出於丙穴。就五行言,丙丁
屬火;就方位言,南方亦屬火,故稱「南方丙丁火」,凡洞口向南
者,皆可稱之「丙穴」,故丙穴非止一處,嘉魚亦非僅產於江漢之
間。以今驗之,四川雅安即有名為「嘉魚」者,其習性與《埤雅》、
《詩傳名物集覽》所述合,李思忠於《魚文化錄》書之序言:「嘉
魚,古亦名丙穴魚、鮇魚。」[170]則知「嘉魚」乃是魚之一種,故
朱《傳》之說為確。

　　至於「嘉魚」之意象,《正義》以為喻賢者,范處義《詩補傳》
亦曰:「嘉魚,魚之美者,以喻賢者。」[171]二說本《詩序》「樂與
賢也。」為言。然朱守亮《詩經評釋》則謂「考之詩篇,其中但
述賓主燕樂之情,全無樂得賢者與共之意。〈南有嘉魚〉之詩,其
意與〈魚麗〉略同,但彼詩專言酒餚之美,此則兼敘賓主綢繆之
情。首兩章上半言嘉魚優游,興嘉賓雲集,烝然而來,以相聚也。」

168 見楊慎《異魚圖贊》卷一,頁 2,百部叢書集成。
169 見《詩經動植物圖鑑叢書》上,徐鼎《毛詩名物圖說》頁 114,大化書
　　局。
170 見賴春福、張詠青、莊棣華編輯《魚文化錄》,頁 13,水產出版社。
171 見范處義《詩補傳》卷十六,頁 193,欽定四庫全書。

[172]朱氏之說以「嘉魚」興嘉賓，較切詩意。此為燕饗賓客之詩，可知本詩之「嘉魚」，象徵嘉賓也。

（七）鰷

《爾雅・釋魚》:「鮂，黑鰦。」郭《注》:「即白儵魚，江東呼為鮂。」《說文》:「儵，儵魚也。」段玉裁《注》云:「〈周頌〉《箋》云:『鰷，白鰷也。按：白儵，即今白鱉條，俗作鰷。』[173]《埤雅》:「鰷魚形狹而長，若條然，故曰條也。今江淮之間謂之𩞄。魚性浮，似鱒而白。」[174]王念孫《廣雅疏證》:「郭璞注《北山經》云:『小魚曰鰷。』《淮南・覽冥訓》:『不得其道，若觀鰷魚。』高誘《注》云:『鰷魚，小魚也。』《埤雅》云:『鰷魚，謂之餐魚。』今餐魚長僅數寸，鱗細而整，性好群游，往來倏忽。」[175]徐鼎《毛詩名物圖說》:「《雅翼》:『纖長而白，故曰白鰷。』按《本草》生江湖中，長數寸，形狹而扁，狀如柳葉，鱗細而整，潔白可愛，好群游，一名白鰷。」[176]

案:「鰷」應為今之鰲條，屬鯉形目、鯉科、鰲屬。俗稱白條、白鱎。體延長而側扁，背緣較平直，腹緣稍凸，腹稜自胸鰭下方至肛門。頭尖，側扁。吻短，口端位，斜裂。眼中大，咽頭齒三列。體被中小圓鱗，背鰭具硬棘，尾鰭深叉，體背呈青灰色光澤，側面及腹面為銀白色，尾鰭灰黑色。全身反光強，無其它任何花紋。

此魚為低海拔常見之魚類，喜歡群聚於溪流、湖泊及水庫等水體之上層。食性雜，主以藻類為食。性活潑，喜跳出水面。繁

---

172 見朱守亮《詩經評釋》下，頁 482，臺灣學生書局。

173 見許慎《說文解字》及段玉裁《注》十一篇下，頁 582，黎明文化事業股份有限公司。

174 見陸佃《埤雅》冊一，卷一，頁 9，百部叢書集成。

175 見王念孫《廣雅疏證》卷十下，頁 355，鼎文書局。

176 見《詩經動植物圖鑑叢書》上，徐鼎《毛詩名物圖說》，頁 121，大化書局。

殖力及適應性強，能容忍較汙濁之水域。

《詩經》言「鰷」者，僅一見，象徵備禮之隆。

〈周頌・潛〉

> 猗與漆沮，潛有多魚。有鱣有鮪，鰷鱨鰋鯉。以享以祀，
> 以介景福。

《箋》：「鰷，白鰷也。」《正義》：「此漆、沮之二水，其中有養魚之潛，此潛之內乃有眾多之魚，有鱣、有鮪、又有鰷、鱨、鰋、鯉，是其多也。我太平王者，以獻之先祖，以之祀宗廟，神明饗之，以此得大大之福也。」

案：此鰷與鯉連言，同象徵備禮之隆，故此不再繁複，參見鯉形目之鯉。

三、鯰形目

此目魚類無續骨、下鰓蓋骨及肌間骨，前鰓蓋骨與間鰓蓋骨小，犁骨常有齒，多具脂背鰭，常於背鰭及胸鰭前緣有硬刺，支持一鬚（鬚具探尋食物之作用），尾鰭主要鰭條十八或更少，兩眼小，為人們喜愛垂釣及珍貴之食用魚類，水族館中亦常展示此目魚類。

（一）鱨

《說文》：「鱨，揚也。」段玉裁《注》：「《山海經》之『鰨』，郭云：『黃頰魚。』」[177]陸璣《毛詩草木鳥獸蟲魚疏》：「鱨，一名揚，今黃頰魚，似燕頭魚身，形厚而長，骨正黃，魚之大而有力解飛者，今江東呼黃鱨魚，一名黃頰魚，尾微黃，大者長尺七、

---

177 見許慎《說文解字》及段玉裁《注》十一篇下，頁 583，黎明文化事業股份有限公司。

八寸許。」[178]《埤雅》:「今黃鱨魚是也。性浮而善飛躍,故一曰揚也。舊說魚膽春夏近下,秋冬近上。」[179]黃省曾《養魚經》:「有鱨魚,其色黃,又謂之黃頰。」[180]蔡元度《毛詩名物解》:「鱨、鯊固美矣,而不可多得。」[181]徐鼎《毛詩名物圖說》:「鱨鰓下有二橫骨,兩鬚,有胃,群遊作聲,如軋軋然,故一名鮏、魠,性最難死,吳中呼為剛䰅魚。」[182]李調元《然犀志》:「黃顙魚,古名黃鱨魚,《詩·注》名「黃頰魚」。今人名黃鮏、黃軋。陸璣誤為黃揚,按顙、頰以形言;鱨以味言;鮏、軋以聲言也。背青腹黃,無鱗,鰓下有二鬚,魚之有力能飛躍者。」[183]

　　案:古書所謂之「鱨」,當是鯰形目,鱨科,黃顙魚屬。俗稱黃臘丁,央絲。體長,腹平,體後部稍側扁。頭大且平扁,吻圓鈍,口大,下位,上下頜均具絨毛狀細齒,眼小。鬚四對,多數種上頜鬚特長。無鱗,背鰭及胸鰭均具發達之硬刺,刺活動時能發聲。脂鰭短小,體青黃色,多具不規則之褐色斑紋,各鰭灰黑帶黃色。

　　黃顙魚多於湖泊靜水或江河緩流中生活,尤喜具有腐敗物與淤泥之淺灘處。白天潛伏於水體底層,夜間浮游至上層覓食,對環境之適應力較強。食性廣,主以小魚與無脊椎動物為食。此魚個體小,產量大,肉質細嫩,無小刺,多脂肪,屬常見之食用魚類。然其背鰭刺具毒腺,亦為淡水刺毒魚類中,毒性較強魚類之一。

　　《詩經》言「鱨」者,計二見,亦有二義。分述如下:

1、象徵禮意之勤

178　見陸璣《毛詩草木鳥獸蟲魚疏》卷下,頁 16,欽定四庫全書。
179　見陸佃《埤雅》冊一,卷一,頁 5,百部叢書集成。
180　見黃省曾《養魚經》,頁 5,百部叢書集成。
181　見蔡元度《毛詩名物解》,頁 540 ,通志堂經解。
182　見《詩經動植物圖鑑叢書》上,徐鼎《毛詩名物圖說》,頁 110,大化書局。
183　見李調元《然犀志》卷上,頁 9,百部叢書集成。

此類字僅一見：

〈小雅・魚麗〉

　魚麗于罶，鱨鯊。君子有酒，旨且多。（一章）

《傳》：「鱨，揚也。」《箋》：「酒美，而此魚又多也。」《正義》：「鱨，揚也。魚有二名，一名黃頰魚是也，徐州人謂之楊黃頰，通語也。」朱熹《詩集傳》：「君子，指主人，此燕饗通用之樂歌。即燕饗所薦之饈，而極道其美且多，見主人禮意之勤，以優賓也。」[184]姚際恆《詩經通論》：「此王者燕饗臣工之樂歌。」[185]

　案：此鱨與鱧並言，同象徵禮意之勤，故此不再繁複，參見鱸形目之鱧。

2、象徵備禮之隆

此類字僅一見：

〈周頌・潛〉

　狩與漆沮，潛有多魚。有鱣有鮪，鰷鱨鰋鯉。以享以祀，
　以介景福。

《正義》：「此漆、沮之二水，其中有養魚之潛，此潛之內，乃有眾多之魚，有鱣、有鮪、又有鰷、鱨、鰋、鯉，是其多也。我太平王者，以獻之先祖，以之祀宗廟，神明饗之，以此得大大之福也。」

　案：此鱨與鯉連言，同象徵備禮之隆，故此不再繁複，參見鯉形目之鯉。

（二）鰋

《爾雅・釋魚》：「鰋。」郭注：「今鰋，額白魚。鮎，別名鯷。」邢《疏》：「郭以目驗言之也。詩〈頌〉云：『鰷鱨鰋鯉。』是也。」

---

184 見朱熹《詩集傳》卷九，頁 109，華正書局。
185 見《詩經要籍集成》27，姚際恆《詩經通論》卷九，頁 8，學苑出版社。

《說文》:「鰋,鯀或从匽。」又:「鮎,鯷也。」[186]《埤雅》:「今偃，額白魚也，一名鮎。」[187]陳大章《詩傳名物集覽》:「《詩緝》、毛以鮎釋鰋，郭云各自一魚，只當言似鮎耳。鰋身圓白額，性好偃，腹著平地。」[188]徐鼎《毛詩名物圖說》:「《釋魚》鰋、鮎並舉，郭氏分釋之。而邢昺謂其目驗言之也，不為無據，各家皆以鮎為鰋，相沿既久，並蹈此誤。」[189]

案：依陳、徐二氏之說，鰋非鮎，考今之魚類圖鑑，鮎字又作「鯰」，與鰋皆屬鯰形目，因而形似。然鮎為鯰科、鯰屬，鰋為吸口鯰科，鰋屬，二者不同，此殆《說文》誤以為同物，陳、徐二人所言是也。鰋屬魚類體長，頭部平扁。口闊，呈弧形。上下頜及犁骨上具許多絨毛狀細齒，有鬚，眼小，體光滑無鱗，具黏液。夜行性，白天棲於底層，夜晚則出外覓食。捕食對象多為小魚、蝦與水生昆蟲，屬於底棲肉食性魚類。本屬魚類肉質細嫩，為優良而貴重之食用魚之一。

《詩經》言「鰋」者，計二見，亦有二義，一是禮意之勤，二是象徵備禮之隆。分述如下：

1、象徵禮意之勤

此類字僅一見：

〈小雅‧魚麗〉

　　魚麗于罶，鰋鯉。君子有酒，旨且有。（三章）

《傳》:「鰋，鮎也。」《箋》:「酒美而此魚又有也。」《釋文》:「毛及前儒皆以鮎釋鰋，惟郭注《爾雅》是二魚之名，今目驗毛解與世不協，或恐古今異名，逐世移耳。」《正義》:「孫炎以為鰋、鮎一魚，郭璞以為二者各一魚，《傳》文質略，未知從誰。」朱熹

---

186 見許慎《說文解字》十一篇下，頁 584，黎明文化事業股份有限公司。
187 見陸佃《埤雅》冊一，卷一，頁 7，百部叢書集成。
188 見陳大章《詩傳名物集覽》卷六，頁 676，欽定四庫全書。
189 見《詩經動植物圖鑑叢書》上，徐鼎《毛詩名物圖說》，頁 113，大化書局。

《詩集傳》:「君子,指主人,此燕饗通用之樂歌。即燕饗所薦之饈,而極道其美且多,見主人禮意之勤,以優賓也。」[190]姚際恆《詩經通論》:「此王者燕饗臣工之樂歌。」[191]

　　案:鰋與鮎形似,故易混而為一,陳、徐二氏已詳言,故從郭《注》為是。此詩為宴饗之樂歌。而此鰋與鱧並言,同象徵禮意之勤,故此不再繁複,參見鱧形目之鱧。

2、象徵備禮之隆

　　此類字僅一見:

　　〈周頌·潛〉

　　　猗與漆沮,潛有多<u>魚</u>。有鱣有鮪,鰷鱨<u>鰋</u>鯉。以享以祀,
　　　以介景福。

　　《箋》:「鰋,鮎也。」《正義》:「此漆、沮之二水,其中有養魚之潛,此潛之內乃有眾多之魚,有鱣、有鮪、又有鰷、鱨、鰋、鯉,是其多也。我太平王者,以獻之先祖,以之祀宗廟,神明饗之,以此得大大之福也。」

　　案:此鰋與鯉連言,同象徵備禮之隆,故此不再繁複,參見鯉形目之鯉。

四、鱘形目

　　此目魚類尾鰭不正,鰓條骨數一,喉板骨消失,骨骼多為軟骨,鰭條數比對應的鰭基骨多,腸具螺旋瓣。此目下又分鱘形亞目、軟骨硬鱗魚亞目、匙吻鱘亞目等三亞目。

(一) 鱣

　　《爾雅·釋魚》:「鱣。」郭注:「大魚似鱏而短鼻,口在頷下,

190　見朱熹《詩集傳》卷九,頁 109,華正書局。
191　見《詩經要籍集成》27,姚際恆《詩經通論》卷九,頁 8,學苑出版社。

體有邪形甲，無鱗，肉黃，大者長二三丈，今江東呼爲黃魚。」
《說文》：「鱣，鯉也。」[192]陸璣《毛詩草木鳥獸蟲魚疏》：「鱣出
江海，三月中從河下頭來上，鱣身形似龍，銳頭，口在頷下，背
上腹下皆有甲，縱廣四五尺，今于盟津東石磧上釣取之，大者千
餘斤，可蒸爲臛，又可爲鮓，子可爲醬。」[193]《爾雅翼》云：「鱣
大如五斗奩，長丈，口在頷下，長鼻頓骨。」又曰：「鱣蓋鮪之類。」
[194]《埤雅》：「鮪肉白，鱣肉黃，鱣大魚似鱏（尋），口在頷下，無
鱗，長鼻頓骨，俗謂之玉板，大者長二三丈。江東呼爲黃魚，《古
今注》曰：『鱏之大者爲鱣。』非是也。」[195]徐鼎《毛詩名物圖說》：
「《顏氏家訓》：『鱣魚純黑色，無文。』郭氏云：『鯉，赤鯉魚，
鱣乃大魚，鱣、鯉異魚有明徵矣。鱣不善游，背腹有甲，肉黃色，
顏氏云：『灰色』就皮言也，今吳中呼爲著甲。』」[196]

案：《說文》以爲鱣，鯉也。詩曰：「有鱣有鮪，鰷鱨鰋鯉。」
言鱣矣，又言鯉，則鱣與鯉爲二物可知也。《埤雅》則謂鱏非鱣，
而鱣似鮪，此言極是，《說文》之說非也。綜合諸家所言之「鱣」，
形似今之中華鱘，中華鱘屬鱘形目，鱘科，鱘屬。俗稱鱣、鰉魚，
鱘魚、臘子。中華鱘體爲梭形，頭大呈三角，眼小。其口，位於
頭之腹面，成一條橫裂，能自由伸縮。口前有鬚，具五行縱列之
菱形骨。無鱗，尾鰭歪形，全身骨骼爲軟骨。頭及體背呈青灰或
灰褐色，腹部灰白，各鰭灰色。

中華鱘屬大型洄遊性魚類，俗諺有「千斤臘子（中華鱘）萬
斤象（白鱘）」之說。平時生活於沿海，生殖期再進入江河之上游
繁殖。時停時游，非郭璞謂「不善游。」其居也，在堆石湍流之

---

192 見許慎《說文解字》十一篇下，頁 582，黎明文化事業股份有限公司。
193 見陸璣《毛詩草木鳥獸蟲魚疏》卷下，頁 16，欽定四庫全書。
194 見羅願《爾雅翼》卷二十八，頁 4，百部叢書集成。
195 見陸佃《埤雅》冊一，卷一，頁 8，百部叢書集成。
196 見《詩經動植物圖鑑叢書》上，徐鼎《毛詩名物圖說》，頁 104，大化書
局。

間。爲肉食性魚類，主以昆蟲之幼蟲、植物碎屑、蝦、蟹、小魚等爲食。然中華鱘從海洋進入江河之整個洄遊及滯留期間，基本上不攝食。《本草綱目》對其食性之記載爲「其食也，張口接物，聽其自入，食而不飲，蟹魚都誤食之。」[197]中華鱘肉味鮮美，卵質亦佳，大陸江蘇、上海一帶，將鱘、鰉（白鱘）、鮠（長吻鮠）與甲（中華鱘），列爲四大名魚，足見其爲上等之水產佳品。此魚本分布大陸各大江河，今黃河已絕跡，僅長江數量較多，爲大陸保育魚類之一。

《詩經》言「鱣」者，計三見，亦有三義。茲分述如下：

1、象徵隨從之盛

此類字僅一見：

〈衛風・碩人〉

> 河水洋洋，北流活活。施罛濊濊，鱣鮪發發，葭菼揭揭。庶姜孽孽，庶士有朅。（四章）

《傳》：「鱣，鯉也。發發，盛貌。」《釋文》：「鱣，大魚，口在頷下，長二三丈，江南呼黃魚，與鯉全異。」《正義》：「李巡曰：『鱣，鯉。謂魚有二名，以今語驗之，則鯉、鱣，皆異魚也。』

案：《釋文》與《正義》謂鯉非鱣，以今驗之，所言確矣。鱣乃鱘科之大型洄游魚類，與鯉有別，《傳》訓非是。

此爲莊姜始嫁，衛人美之之詩。《左傳・隱公三年》曰：「衛莊公娶于齊東宮得臣之妹，曰莊姜，美而無子，衛人所爲賦〈碩人〉也。」[198]嚴粲《詩緝》曰：「首序題以閔莊姜，有《左傳》可證說，詩若不用首序，則以此詩美莊姜可乎。」[199]

詩文四章皆美莊姜，此末章則敘其送嫁隨從之美、之眾，藉以襯托莊姜之美。姚際恆《詩經通論》曰：「以河水等，興比庶姜、

197 見李時珍《本草綱目》22，卷四十四，頁 112，臺灣商務印書館。
198 見《十三經注疏》，《左傳・隱公三年》，頁 53，藝文印書館。
199 見嚴粲《詩緝》卷六，頁 84，欽定四庫全書。

庶士。」[200]姚氏之意謂「鱣鮪發發」等五句，興比隨從眾多，朱
守亮《詩經評釋》亦曰：「以魚狀莊姜隨從之盛。」[201]鱣，大魚；
發發，音撥，《釋文》引馬融曰：「魚著網，尾發發然。」[202]王靜
芝《詩經通釋》云：「發發是魚多尾動之聲也，此發發然自亦具盛
多之義。」[203]故知詩以「鱣」之大、之多，象徵隨從之盛、之美。

　　沈彤《杲堂集詩》曰：「『鱣鮪發發』，則以興孳孳者。」[204]其
亦以「鱣鮪」象徵「眾多」，所指為眾妾之生子如木牙之多，以見
莊姜之無子，此本《左傳》為言，然無子與否，以詩文考之，未
有所見，故不從。

2、象徵賢人

　　此類字僅一見：

〈小雅・四月〉

　　匪鶉匪鳶，翰飛戾天，匪鱣匪鮪，潛逃于淵。（七章）

　　《傳》：「大魚能逃處淵。」《箋》：「鱣，鯉也。鯉、鮪之處淵，
性自然也。非鯉、鮪能處淵，皆驚駭辟害爾。喻民性安土重遷，
今而逃走，亦畏亂政故。」《正義》：「鱣也，鮪也，長大之魚，乃
潛逃於淵，今賢者非鱣非鮪也，何為隱遁避亂如魚之潛逃於淵
也？」

　　案：《箋》以「鱣」喻人民，《正義》則以之比賢人，二說有
異。今觀詩文，中有「民莫不穀，我獨何害？」傷己獨遭不幸之
句，則知《箋》義並未妥切，而此篇與〈大雅・旱麓〉「鳶飛戾天，
魚躍于淵。」鳶魚並舉相似，皆喻賢人，故從《正義》之說。

　　此章言己無以避難之哀，季本《詩說解頤》曰：「仕者……為

200　見《詩經要籍集成》，26，姚際恆《詩經通論》頁 407，學苑出版社。
201　見朱守亮《詩經評釋》上，頁 183，臺灣學生書局。
202　見《十三經注疏》，陸德明《經典釋文》，頁 130，藝文印書館。
203　見王靜芝《詩經通釋》，頁 144，輔仁大學文學院叢書。
204　見沈彤《杲堂集》卷一，頁 20，四庫全書珍本。

小人構禍，無所容身，故作是詩。」[205]鱣乃大魚，因而能深藏于淵，而我非鱣魚之類，故無所逃矣，雖無哀字，然哀情自現於行間也。

3、象徵備禮之隆

此類字僅一見：

〈周頌‧潛〉

> 猗與漆沮，潛有多<u>魚</u>。有<u>鱣</u>有鮪，鰷鱨鰋鯉。以享以祀，以介景福。

《箋》：「鱣，大鯉。」《正義》：「此漆、沮之二水，其中有養魚之潛，此潛之內乃有眾多之魚，有鱣、有鮪、又有鰷、鱨、鰋、鯉，是其多也。我太平王者，以獻之先祖，以之祀宗廟，神明饗之，以此得大大之福也。」

案：此鱣與鯉並言，同象徵備禮之隆，故此不再繁複，參見鯉形目之鯉。

（二）鮪

《爾雅‧釋魚》：「鮥，鮛鮪。」郭《注》：「鮪，鱣屬。大者名王鮪，小者名鮛鮪，建平人呼鮥子，即此魚也。」《說文》：「鮪，鮥也。」段玉裁《注》：「鮪即鱏也，似鱣而長鼻，體無鱗甲，按即今之鱘魚也。」[206]陸璣《毛詩草木鳥獸蟲魚疏》：「鮪，魚形似鱣，而色青黑，頭小而尖，似鐵兜鍪，口在頷下，其甲可以磨薑，大者不過七八尺。」[207]《埤雅》：「鮪肉白，鱣肉黃，《古今注》曰：『鯉之大者為鮪，鱣之大者為鱣。』非是也。鮪魚似鱣而青黑，

---

205 見《詩經要籍集成》13，季本《詩說解頤》卷十九，頁165，學苑出版社。

206 見許慎《說文解字》十一篇下，頁581，582，黎明文化事業股份有限公司。

207 見陸璣《毛詩草木鳥獸蟲魚疏》卷下，頁16，欽定四庫全書。

長鼻，體無鱗甲，肉色白，味不如鱣。」[208]李調元《然犀志》云：「鱘魚，出江淮、黃河、遼海深水處，其狀如鱣而背無甲，色青碧，腹下白色。其鼻長與身等，口在頷下。羅願云：『大者名王鮪，小者名叔鮪，更小者名鮥子。』李奇《漢書・注》：『周洛曰鮪。』」[209]李時珍《本草綱目》：「其狀如鱣而背上無甲，其色青碧，腹下色白，其鼻長與身等，口在頷下，食而不飲，頰下有青斑，紋如梅花。」[210]李思忠：「此魚爲白鱘。」[211]

案：《埤雅》謂鯉非鮪，而鱣似鮪，此言極是。據前儒所言，鮪當是鱘形目，匙吻鱘科，白鱘屬之白鱘，俗稱象魚、象鼻魚，古稱「鮪」。體長，呈梭形，頭極長，其上布有梅花狀之陷器。吻呈劍狀，頭部腹面，能自由伸縮。上下頷具細齒；吻鬚一對，眼小。鰓孔大，體光滑無鱗。此蓋陸璣言「頭小而尖，口在頷下。」《埤雅》謂「長鼻，體無鱗」是也。尾鰭歪形，頭、體背及尾鰭均呈青灰色，腹部白色。

白鱘爲大型兇猛性及半溯河洄遊性魚類，棲息於江河之中下層，偶亦進入沿江大型湖泊中，善游泳，以魚類爲主食。

白鱘個體大，俗諺有「千斤臘子（中華鱘）萬斤象（白鱘）」之說，其味鮮腴，營養豐富，大陸江蘇、上海一帶，將鰣、槍（白鱘）、鮠與甲（中華鱘），列爲淡水四大名魚，歷來被視爲食用珍品。由於白鱘屬白堊紀（距今一億多年）時期遺存之少數魚種，故與中華鱘同爲大陸保育之魚類。

《詩經》言「鮪」者，計三見，亦有三義。分述如下：

1、象徵隨從之盛

此類字僅一見：

〈衛風・碩人〉

---

208 見陸佃《埤雅》冊一，卷一，頁 8，百部叢書集成。
209 見李調元《然犀志》卷上，頁 11，百部叢書集成。
210 見李時珍《本草綱目》22，卷四十四，頁 113，臺灣商務印書館。
211 見賴春福、張詠青、莊棣華編《魚文化錄》，頁 75，水產出版社。

河水洋洋，北流活活。施罛濊濊，**鱣鮪**發發，葭菼揭揭。

庶姜孽孽，庶士有朅。（四章）

《傳》：「鮪，鮥也。發發，盛貌。」《釋文》：「鮪似鱣，大者名王鮪，小者曰叔鮪，沈云：江淮間曰叔，伊洛曰鮪，海濱曰鮥。」《正義》：「李巡曰：『鮪，鮥，謂魚有二名，以今語驗之，則鮪、鮥，皆異魚也。』

案：《正義》謂鮪非鮥，以今驗之，所言確矣。鮪乃匙吻鱘科之大型洄游魚類，與鮥有別，《傳》訓非是。此鮪與鱣連言，同象徵隨從之盛，故此不再繁複，參見鱘形目之鱣。

2、象徵賢人

此類字僅一見：

〈小雅・四月〉

匪鶉匪鳶，翰飛戾天，匪**鱣**匪**鮪**，潛逃于淵。（七章）

《傳》：「大魚能逃處淵。」《箋》：「鯉、鮪之處淵，性自然也。非鯉、鮪能處淵，皆驚駭辟害爾。喻民性安土重遷，今而逃走，亦畏亂政故。」《正義》：「鱣也，鮪也，長大之魚，乃潛逃於淵，今賢者非鱣非鮪也，何為隱遁避亂如魚之潛逃於淵也？」

案：此鮪與鱣並言，同象徵賢人，故此不再繁複，參見鱘形目之鱣。

3、象徵備禮之隆

此類字僅一見：

〈周頌・潛〉

猗與漆沮，潛有多**魚**。有鱣有**鮪**，鰷鱨鰋鯉。以享以祀，以介景福。

《箋》：「鮪，鮥也。」《正義》：「此漆、沮之二水，其中有養魚之潛，此潛之內乃有眾多之魚，有鱣、有鮪、又有鰷、鱨、鰋、鯉，是其多也。我太平王者，以獻之先祖，以之祀宗廟，神明饗之，以此得大大之福也。」

案：此鮪與鯉並言，同象徵備禮之隆，故此不再繁複，參見
鯉形目之鯉。

第三節　以魚之「特殊名稱」爲意象者

本節所指爲其字本非魚名，然於《詩經》中義爲魚者，遂於
此節討論。

魨形目

此目魚類體形較短，上頜骨與前頜骨瘉合，形成特殊之喙，
背鰭與臀鰭相對。鰓孔小。某些種類具氣囊，多無腹鰭，有則處
於胸位。

台

《爾雅・釋詁》：「鮐背，壽也。」郭《注》：「背皮如鮐魚。」
邢《疏》：「舍人曰：『鮐背者，老人氣衰皮膚消瘠，背若鮐魚。』
劉熙《釋名》云：『九十曰鮐背，背有鮐文。』〈大雅・行葦〉云：
『黃耉鮐背。』毛《傳》云：『台背，大老也。』鄭《箋》云：『台
之言鮐也。大老則背有鮐文。』」羅願《爾雅翼》：「鯸，今之河豚
也。」[212]李時珍《本草綱目》：「河豚，鯸鮐，鯸魚，吹肚魚。豚，
言其味美也。腹白，觸物即嗔怒，腹脹如氣毬，狀如蝌蚪，大者
尺餘，背色青白，有黃縷文，有毒。然有二種，其色炎黑有文點
者，名斑魚，毒最甚。」[213]陳大章《詩傳名物集覽》：「《吳都賦》：
『王鮪鯸鮐。』劉逵《注》：『鯸鮐，狀如科斗，大者長尺餘，腹

---

212 見羅願《爾雅翼》卷二十九，頁 2，百部叢書集成。
213 見李時珍《本草綱目》二十二，卷四十四，頁 118，臺灣商務印書館。

下白，背上青黑有黃文，性有毒，雖小，獺及大魚不敢餤之，烝煮肥美。』吳中食河魨以爲常味，惟忌肝入水沈者，未聞毒皆殺人如《本草》所言也。河魨皮有刺，觸人手，老人皮膚粗硬有似此皮，故謂之台背，非如台之文也。」[214]

案：《魯》詩曰：「鮐背，耇老，壽也。」[215]台即鮐魚，河魨也。屬魨形目，魨亞目，俗稱：規魚（四齒魨科）、氣泡魚，吹肚魚（二齒魨科）。

體橢圓，口、眼、腮裂皆小，吻短，體表具棘狀小鱗，遇敵或受驚，氣囊則脹如球狀浮於水面，並豎起小刺，藉以嚇敵。臀鰭無硬棘，腹鰭退化。體背、側面之斑紋，隨種類不同而各異。俗稱之河魨，包括二齒魨科、三齒魨科、四齒魨科與箱魨科，多數四齒魨科魚種含劇毒，其毒位於肝及卵巢，誤食則致死，而二齒魨科及三齒魨科魚類，則無毒，陳氏所言之河魨殆指此類也。

河魨爲暖熱帶底層海魚，少數種類則進入淡水中產卵，如暗紋河魨即是。食性雜，以魚、蝦、蟹、貝爲食，亦食昆蟲幼蟲、葉片與藻類。然於生殖洄遊期間則多不食。

古來，中國黃海、渤海及東海一帶，即盛產河魨，由於些許河魨具洄游性，因此中國古稱爲「江豚」，宋朝改稱「河豚」，意謂此魚美味如豚肉。今字則作「河魨」，以別於海豚也。[216]

《詩經》言「台」者，有二見，皆台字詞組之意象，象徵年長老者。茲分述如下：

（1）〈大雅・行葦〉

　　黃耇台背，以引以翼。壽考維祺，以介景福。（八章）

《傳》：「台背，大老也。」《箋》：「台之言鮐也。大老則背有鮐文。」《釋文》：「台，《爾雅》云：『壽也。』鮐，魚名，一音夷。」

214 見陳大章《詩傳名物集覽》卷六，頁 684，欽定四庫全書。
215 見王先謙《詩三家義集疏》卷二十二，頁 308，鼎文書局。
216 見黃登福等《對不起，害到你！（認識台灣河魨）》，農委會漁業署出版。

《正義》:「《爾雅》作『鮐』,以其似鮐魚,而此《經》作『台』,故《箋》申之云:『台之言鮐也。大老則背有鮐文。』是依《爾雅》爲說也。劉熙《釋名》云:『九十曰鮐背,背有鮐文。』或當然也。」朱熹《詩集傳》:「台,鮐也。大老則背有鮐文。」[217]

案:《箋》、《正義》言台即是鮐,陳奐《詩毛氏傳疏》亦曰:「詩作『台』,古『鮐』字也。」[218]鮐今呼爲河魨,台背,即指背有文似鮐魚,乃老者之通稱也。而高亨《詩經今注》疑爲台背即駝背,長壽年老之人多駝背,故稱爲駝背。台與駝一聲之轉。高說未若《箋》義,其理有二:一爲年老之人,全身皮膚因老化而生黑褐色之丘疹或斑點,與河魨之背文甚似,《釋名》所言不誤。二爲三家詩訓皆作「鮐」,王先謙《詩三家義集疏》云:「張衡《南都賦》『鮐背之叟』,明《魯》台作鮐。」[219]是則當本三家詩訓,不宜輕易。然二說以「台背」象徵老人,則同也。

(2)〈魯頌·閟宮〉

> 公車千乘,朱英綠縢,二矛重弓。公徒三萬,貝冑朱綬,烝徒增增。戎狄是膺,荊舒是懲,則莫我敢承。俾爾昌而熾,俾爾壽而富。黃髮台背,壽胥與試。俾爾昌而大,俾爾耆而艾。萬有千歲,眉壽無有害。(四章)

《箋》:「黃髮、台背,皆壽徵也。」《正義》:「髮有黃色之髮,背有台文之背,得有如此長壽,相與講試氣力,奇其老而不衰也。」

案:「黃髮台背」之台背,同前〈大雅·行葦〉「黃耈台背」之台背,象徵年老長者。

---

217 見朱熹《詩集傳》卷十七,頁193,華正書局。
218 見陳奐《詩毛氏傳疏》卷二十四,頁344,續修四庫全書。
219 見王先謙《詩三家義集疏》卷二十二,頁308,鼎文書局。

第四章　　蟲魚辨析

　　陳啓源《毛詩稽古編・辨物》言：「鳥獸草木之名，可資學者多識，此說詩家所以樂爲考覈也。」[1]故陳氏有〈總辨〉、〈草木辨〉、〈禽蟲辨〉三篇，而獨不及於蟲魚之辨，今人不無遺憾，此本章之所以作也。

　　我國最早對自然界之蟲、魚予以說明者，當屬《爾雅》、《說文》二書。《爾雅・釋蟲》：「有足謂之蟲，無足謂之豸。」郭璞《注》：「無足亦曰蟲。〈月令〉：『春日其蟲鱗。』鄭《注》云：『龍蛇之屬。』又《爾雅・釋魚・疏》曰：「《說文》：『魚，水蟲也。』至於龜、蛇、貝、鱉之類，以其皆有鱗甲，亦魚之類。」[2]《說文》：「物之微細，或行或飛，或毛或蠃，或介或鱗，以虫爲象，凡虫之屬皆从虫。」又曰：「魚，水蟲也。」[3]依二書之說，蟲、魚之界定廣泛而模糊。如以蠮蜻爲蟲，視貝類爲魚。而蟲、魚之分，二書亦有歧異，如蛇、虺，《爾雅》以爲魚，《說文》則以爲蟲。而其後之博物類專書，如吳陸璣《毛詩草木鳥獸蟲魚疏》、宋陸佃《埤雅》乃至於元許謙《詩集傳名物鈔》、清陳大章《詩傳名物集覽》，上述諸書對《詩經》中蟲、魚二類之分，多尊《爾雅》、《說文》，前人由於科學之限制，誤認乃情有可原，然以今之科技文明視之，皆有釐清之必要，而釐清之目的非勘誤而已，尚應進而求

1　見《皇清經解毛詩類彙編》，陳啓源《毛詩稽古編》卷八十七，頁 283，藝文印書館。
2　見《十三經注疏》，《爾雅》第十五，第十六，頁 165，藝文印書館。
3　見許慎《說文解字》十三篇上，十一篇下，頁 670，580，黎明文化事業股份有限公司。

詩中生物所表現之意象，及意象反映之文化內涵，以期科學與人文合而爲一，此辨析理由之一；此外，《詩經》中些許名爲蟲、魚而實非蟲、魚者，如未深究，於詩義之瞭解與賞析，必如緣木求魚，不得其要，此辨析理由之二。

　　本章辨析蟲、魚之所據，依今生物學定義之昆蟲、魚類爲準則，而以《詩經》中前人以爲之蟲、魚爲對象，所論之內容有四：一是前人以爲蟲而非蟲者，二是前人以爲魚而非魚者，三是名爲蟲而實非蟲者，四是名爲魚而實非魚者，茲分四節敘述之。

第一節　前人以爲蟲而非蟲者

　　凡前人以爲蟲而今非是者[4]，皆於本節中論述。計有甲殼綱之伊威一種，蛛形綱之蠨蛸、蠆二種，爬行綱之蛇、虺、蝎三種，吸蟲綱之蝛一種，計四綱七種。此節各綱之出現順序，乃依《詩經》之先後分述如下：

一、甲殼綱

伊　威

　　《爾雅・釋蟲》：「蛜威，委黍。」又：「蟠，鼠負。」郭於「蛜威，委黍。」《注》曰：「舊說鼠婦別名。」又於「蟠，鼠負。」下《注》：「甕器底蟲。」邢氏於「蟠，鼠負。」下《疏》云：「此與下蛜威、委黍是一。……此蟲一名蟠，一名鼠負，『負』或作『婦』，《本草》作『婦』。一名蛜威，一名委黍也。……《詩・東山》云：『伊威在室』是也。」《說文・虫部》：「蛜，蛜威，委黍。委黍，

鼠婦也。」[5]陸璣《毛詩草木鳥獸蟲魚疏》:「伊威,一名委黍,一名鼠婦,在壁根下,甕底土中,生似白魚者也。」[6]《埤雅·釋蟲》:「伊威,甕器底蟲,形似白魚而大,因濕化生之,俗謂之濕生。陶隱居云:『鼠在坎中,背則負之。今江鼠婦,如似乖理,誤矣。』」[7]徐鼎《毛詩名物圖說·蟲部》:「此蟲濕生,多足,大者長半寸餘,灰色,背有橫紋蹙起,室無人埽多有之。」[8]

　　案:「伊威」之「伊」,《爾雅》作「蝛」,《說文》作「蚜」,三字義同形異。依郭《注》、邢《疏》之意,「伊威」與「鼠婦」為一蟲,而鼠婦雖是昆蟲近親,同屬節肢動物門,然非昆蟲,鼠婦屬甲殼綱,等足目,俗稱潮蟲,其狀為長橢圓型,體長約十至十四寸,體寬五至六寸,身體區分成頭部與胴體兩部分,共十三節,灰褐色,頭部具一對線狀觸角,胴體有七對足,喜居於陰暗潮濕之處,如牆角、石頭、器皿底部,遇危急時,常瑟縮成團狀,具負趨光性與假死性。

　　《詩經》言「伊威」者,僅一見,象徵荒涼景象。

　〈豳風·東山〉

　　　我徂東山,慆慆不歸。我來自東,零雨其濛。果臝之實,
　　　亦施于宇。<u>伊威</u>在室,蠨蛸在戶,町畽鹿場,熠燿宵行。
　　　不可畏也,伊可懷也。(二章)

　　《傳》:「伊威,委黍也。」朱熹《詩集傳》:「伊威,鼠婦,室不掃則有之。」[9]

　　案:此詩言東征之士既歸之後,述其於歸途所見及既歸之情也。崔述《豐鎬考信錄》曰:「細玩其詞,乃歸士自敘其離合之情

5 見許慎《說文解字》十三篇上,頁674,黎明文化事業股份有限公司。
6 見陸璣《毛詩草木鳥獸蟲魚疏》卷下,頁18,欽定四庫全書。
7 見陸佃《埤雅》冊三,卷十一,頁11,百部叢書集成。
8 見《詩經動植物圖鑑叢書》上,徐鼎《毛詩名物圖說》,頁86,大化書局。
9 見朱熹《詩集傳》卷八,頁95,華正書局。

耳。」[10]《箋》云:「室中久無人,故有此五物。」五物指果贏、伊威、蠨蛸、鹿場、熠燿。嚴粲《詩緝》曰:「我久征役無人在家,伊威小蟲必以無人而出行於室矣。」[11]王靜芝《詩經通釋》曰:「由『果贏之實』起爲到家所見,處處呈荒涼之景象。」[12]「伊威」懼光,喜陰暗潮濕處,故室無人掃,無人出入之家園,多有「伊威」之蹤影也。

二、蛛形綱

(一) 蠨蛸

《爾雅・釋蟲》:「蠨蛸,長踦。」郭《注》:「小鼊䵺,長腳者俗呼爲喜子。」《說文・虫部》:「蠨,蠨蛸,長股者。」段《注》:「此鼊䵺之一種,俗謂喜母。」[13]陸璣《毛詩草木鳥獸蟲魚疏》:「蠨蛸,長踦,一名長腳,荊州河內人謂之喜母。此蟲來著人衣,當有親客至,有喜也,幽州人謂之親客,亦如蜘蛛爲網羅居之。」[14]《埤雅・釋蟲》:「〈釋蟲〉云:『蠨蛸,長踦。』蠨蛸,長踦之貌,因以名云。郭璞曰:『今小蜘蛛長股者,俗呼喜子。』亦如蜘蛛布網,垂絲著人衣,當有親客至。陸子曰:『乾鵲噪而行人至,蜘蛛集而百事喜。』蓋謂是也。《詩》曰:『蠨蛸在戶。』」[15]徐鼎《毛詩名物圖說・蟲部》:「蠨蛸亦蜘蛛類,室無人埽,結網當戶。」[16]

案:「蠨蛸」即蜘蛛一類,屬蛛形綱,蜘蛛目,常爲人誤認是

---

10 見崔述《豐鎬考信錄》卷四,頁 18,畿輔叢書,藝文印書館。
11 見嚴粲《詩緝》卷十六,頁 200,欽定四庫全書。
12 見王靜芝《詩經通釋》,頁 323,輔仁大學文學院叢書。
13 見許慎《說文解字》及段玉裁《注》十三篇上,頁 675,黎明文化事業股份有限公司。
14 見陸璣《毛詩草木鳥獸蟲魚疏》卷下,頁 18,欽定四庫全書。
15 見陸佃《埤雅》冊三,卷十,頁 5,百部叢書集成。
16 見《詩經動植物圖鑑叢書》上,徐鼎《毛詩名物圖說》,頁 87,大化書局。

昆蟲，然可別者有四：一、蜘蛛八足而昆蟲六足。二、蜘蛛之體軀，分「頭胸部」及「腹部」二部分，昆蟲則分頭、胸、腹三部分。三、蜘蛛不具觸角，昆蟲則有。四、蜘蛛除附著於頭胸部之四對足外，尚有觸肢及螯肢各一對，昆蟲則無。

蜘蛛頭胸部具四對單眼，頭部有螯肢、螯牙，連接毒腺，可分泌毒液，殺死獵物。此外，一對附肢亦有攝食之助。主食昆蟲，然亦相互殘殺。蜘蛛約分二類，遊獵蜘蛛會主動撲向捕食對象，結網蜘蛛則以網捕食。生活方式多樣，陸生、水生及寄生均有。

《詩經》言「蠨蛸」者，僅一見，象徵荒涼景象。

〈豳風‧東山〉

> 我徂東山，慆慆不歸。我來自東，零雨其濛。果臝之實，亦施于宇。伊威在室，<u>蠨蛸</u>在戶，町畽鹿場，熠燿宵行。不可畏也，伊可懷也。（二章）

《傳》：「蠨蛸，長踦也。」《釋文》：「蠨音蕭，《說文》作『蟰』。」朱熹《詩集傳》：「小蜘蛛也。戶無人出入，則結網當之。」[17]

案：「蠨蛸」之「蠨」，《爾雅》、《說文》作「蟰」，陸《疏》作「蠨」，殆義同形異，皆蜘蛛也。

此蠨蛸與伊威並言，同象徵荒涼景象，故此不再繁複，參見甲殼綱之伊威。

（二）蠆

《左傳》：「蜂、蠆有毒。」[18]《說文‧虫部》：「蠆，毒蟲也。」[19]陸璣《毛詩草木鳥獸蟲魚疏》：「蠆，一名杜伯，河內謂之蚊，幽州謂之蠍。」[20]羅願《爾雅翼》：「今之蠍也。」[21]毛晉《陸氏詩

---

17 見朱熹《詩集傳》卷八，頁 95，華正書局。
18 見《十三經注疏》，《左傳》卷十五，頁 248，藝文印書館。
19 見許慎《說文解字》十三篇上，頁 672，黎明文化事業股份有限公司。
20 見陸璣《毛詩草木鳥獸蟲魚疏》卷下，頁 19，欽定四庫全書。
21 見羅願《爾雅翼》卷二十六，頁 4，百部叢書集成。

疏廣要》：「《通俗文》：『長尾爲蠆，短尾爲蠍。』《廣雅》：『杜伯，蠆，蠍也。』今醫家謂蠆尾爲蠍梢。」[22]陳大章《詩傳名物集覽》：「蜂、蠆垂芒，爲其毒在後也。」[23]

　　案：「蠆」即今之蠍子，又名「主簿蟲」[24]，屬蛛形綱，蠍目之成員，常爲人誤認爲昆蟲。蠍子之觸肢特化成鉗狀，四對足位於頭胸部，腹部末端具毒鉤，醒時蠍尾堅挺倒豎，睡時則側於一旁。蠍以昆蟲爲食，「仔蠍」須脫皮七次，方能變爲「成蠍」。而蠍子入藥，於中國已有悠久之歷史，[25]目前已知蠍之種類，約六百五十幾種，世界各地均有分布，台灣僅屏東半島方有之。

　　《詩經》言「蠆」者，僅一見，象徵容儀有法。

　　〈小雅・都人士〉

　　　彼都人士，垂帶而厲。彼君子女，卷髮如<u>蠆</u>。我不見兮，
　　　言從之邁。（四章）

　　《傳》：「蠆，螫蟲也，尾末揵然，似婦人髮末曲上卷然。」《正義》：「彼都人君子之家女，乃曲卷其髮末，如蠆之尾，言其容儀有法也。」朱熹《詩集傳》：「卷髮，鬢傍短髮不可斂者，曲上卷然以爲飾也。蠆，螫蟲也，尾末揵然似髮之曲上者。」[26]

　　案：「卷髮如蠆」言女子之髮卷然如蠍尾上翹，姚際恆《詩經通論》曰：「『卷髮如蠆』，倩句。與〈衛風〉『領如蝤蠐』、『螓首蛾眉』是一例語，此等語咏美人，獨讓三百篇後人不能爲，亦不敢爲也。」[27]《詩經》中言美人，多以物象之，蟲常爲詩人取喻對象，此處之「蠆」比喻髮末曲上卷然，象徵容儀有法，此一例

---

22 見毛晉《陸氏詩疏廣要》卷下之下，頁 163，欽定四庫全書。
23 見陳大章《詩傳名物集覽》卷五，頁 660-661，欽定四庫全書。
24 「按《唐史》云：『劍南本無蠍，有主簿將至，遂呼爲主簿蟲。』」見李時珍《本草綱目》21，卷四十，頁 102，臺灣商務印書館。
25 「今入藥有全用者，謂之全蠍；有用尾者，謂之蠍梢。入藥去足焙用。」見李時珍《本草綱目》21，卷四十，頁 102-103，臺灣商務印書館。
26 見朱熹《詩集傳》卷十五，頁 169，華正書局。
27 見《詩經要籍集成》27，姚際恆《詩經通論》卷十二，頁 49，學苑出版社。

也。

三、爬行綱

（一）蛇

　　《爾雅・釋魚》:「螣,螣蛇。」郭《注》:「龍類也。能興雲霧而遊其中,《淮南》云:『蟒蛇。』」邢《疏》:「蛇似龍者也。名螣,一名螣蛇。」又於「蝮,虺。博三寸,首大如擘。」下《疏》云:「蛇實是蟲,以有鱗,故在〈釋魚〉,且魚亦蟲之屬乎。」《說文・虫部》:「它,虫也。从虫而長,象冤曲　尾形。蛇,它或从虫。」段《注》:「蛇,是俗字也。」[28]《埤雅・釋蟲》:「蛇,蛇屬紆行,蛇擊前則尾應,擊後則首應,自腰擊之,則首尾俱應,蛇以眼聽,蛇類易皮。」[29]

　　案:蛇,《爾雅》以爲魚,《說文》、《埤雅》以爲蟲,以其水生、陸生二種均有之故,實則蛇屬爬行綱,有鱗目,蛇亞目之爬行動物,非昆蟲綱之昆蟲,亦非魚。特徵爲具軟骨性之方骨,用以聯接上頜骨與下頜骨,故能食大於蛇頭之獵物。以動物(或卵)爲食,體細長呈圓筒形,被鱗,無肢體、眼瞼及明顯之耳,每年蛻皮數次。

　　活動時間分晝行性、夜行性二種,現今蛇類約二千五百種,多爲無毒蛇,而毒蛇約三百種,其中五十餘類對人深具危險性。雖是如此,蛇與蜥蜴,於醫藥之用途,尤其漢藥處方,則具高度價值,自古以來爲人所重視。

　　《詩經》言「蛇」者,計三篇,其中〈召南・羔羊〉「委蛇委蛇」之「委蛇」,《箋》謂乃委曲自得之貌;〈小雅・巧言〉「蛇蛇

28　見許慎《說文解字》及段玉裁《注》十三篇下,頁 684,黎明文化事業股份有限公司。

29　見陸佃《埤雅》冊三,卷十,頁 8-9,百部叢書集成。

碩言」之「蛇蛇」，則爲美盛貌，[30]均讀作「移」，皆非爬行之蛇，故略而不論。名、義皆爲蛇者，止一篇，象徵女子。

〈小雅・斯干〉

下莞上簟，乃安斯寢。乃寢乃興，乃占我夢。吉夢維何？維熊維羆，維虺維蛇。（六章）

大人占之：維熊維羆，男子之祥；維虺維蛇，女子之祥。（七章）

《箋》：「熊羆之獸，虺蛇之蟲，此四者，夢之吉祥也。」又「熊羆在山，陽之祥也，故爲生男。虺蛇穴處，陰之祥也，故爲生女。」

案：此二章乃祝禱之辭，六章前三句言室成寢興，下四句言夢兆，所夢者：熊、羆、虺、蛇，此四者，乃生男生女之祥，此於七章借大人占之而知之。居室之慶，莫過於子孫繁衍，故言生男生女，朱熹《詩集傳》：「熊、羆，陽物在山，彊力壯毅，男子之祥也。虺、蛇，陰物處穴，柔弱隱伏，女子之祥也。」[31]其中有夢虺蛇，虺蛇柔弱隱伏，爲女子之祥，故詩以蛇象徵之。

（二）虺

《爾雅・釋魚》：「蝮，虺。博三寸，首大如擘。」郭《注》：「身廣三寸，頭大如人擘指，此自一種蛇，名爲蝮虺。」邢《疏》：「舍人曰：『蝮，一名虺。江淮以南曰蝮，江淮以北曰虺。』孫炎曰：『江淮以南謂虺爲蝮，廣三寸，頭如拇指，有牙最毒。』今蛇細頸大頭，色如艾綬文，文間有毛似豬鬣，鼻上有針大者，長七八寸，一名反鼻，如虺類，足以明此自一種蛇。」《說文・虫部》：

---

30 「按『蛇蛇碩言』，猶《莊子・齊物論》之『大言炎炎』，簡文注：『炎炎，美盛貌。』蛇蛇，亦美盛貌。」見余培林《詩經正詁》下，頁 177，三民書局。

31 見朱熹《詩集傳》卷十一，頁 125，華正書局。

「虺，以注鳴者。」段《注》:「虺為蜥易屬。」[32]陸璣《毛詩草木鳥獸蟲魚疏》:「虺蜴，一名蠑螈，水蜴也。或謂之蛇醫，如蜥蜴青綠色，大如指，形狀可惡。」[33]《埤雅·釋蟲》:「虺狀似蛇而小，《銘》曰:『為虺弗摧，為蛇奈何。』以此故也。虺一名蝮，一曰蝮與虺異。」[34]李時珍《本草綱目》:「蚖與蝮同類，即虺也。」[35]

　　案:郭《注》、邢《疏》以虺為蛇屬，後世注家多從其說，[36]而李黼平《毛詩紬義》以為〈小雅·斯干〉之虺乃蛇屬，〈小雅·正月〉之虺為蜥蜴屬，[37]王夫之《詩經稗疏》則以為老蚓，[38]然《說文》謂「虺，以注鳴者。」俞樾曰:「《說文·虫部》:『虺以注鳴。』又曰『蚖，蠑蚖，蛇醫，以注鳴者。』虺與蠑蚖並以注鳴，亦可徵其為同類之物。陸璣謂『虺蜴，一名蠑蚖。』自是古訓如此，執後世黃州土人之說以說詩，轉不可為訓也。」[39]考之《埤雅》謂「虺狀似蛇。」又謂「一曰蝮與虺異。」陳大章《詩傳名物集

---

32 見許慎《說文解字》及段玉裁《注》十三篇上，頁 670-671，黎明文化事業股份有限公司。
33 見陸璣《毛詩草木鳥獸蟲魚疏》卷下，頁 19，欽定四庫全書。
34 見陸佃《埤雅》冊三，卷十、十一，頁 9-10、17-18，百部叢書集成。
35 見李時珍《本草綱目》22，卷四十三，頁 80，臺灣商務印書館。
36 「虺，蛇屬。細頸大頭，色如文綬，大者長七八尺。」見朱熹《詩集傳》卷十一，頁 125，華正書局。
　　「古人以虺即蛇，虺小蛇大。殆虺為小蛇通名。」見胡承珙《毛詩後箋》卷十九，頁 458，續修四庫全書。
37 「此『虺蜴』與〈斯干〉『虺蛇』不同，〈斯干〉之虺當作虫，一名蝮。《爾雅·釋魚》云:『蝮虺博三寸，首大如擘。』舍人曰:『蝮，一名虺。江淮以南曰蝮，江淮以北曰虺。』《說文》:『虫，一名蝮，博三寸，首大如擘指，象其臥形。』蝮云虺也。是〈斯干〉之虺，本為虫，一名蝮也。《說文》:『虺以注鳴。』《詩》曰『胡為虺蜥。』从虫，兀聲。蜥云:『蜥蜴也，以注鳴者。』陸《疏》云:『虺蜴，一名蠑螈，蜥蜴也。』是此詩之虺，為虺蜥，與〈斯干〉殊也。」見《皇清經解毛詩類彙編》，李黼平《毛詩紬義》，頁 1002，藝文印書館。
38 「今傳注家或謂虺為蛇，又或以為蝮蛇，或以為土色反鼻，鼻上有針之蛇者，皆誤。蛇固不能鳴，即有鳴者，亦不以注。顏之推以《韓非子》有『虺兩首』之說，而湯左相仲虺，亦作仲虺，因證虺之即虺，而猶疑虺之為蛇。今按《明道雜志》云:『黃州有小蛇，首尾相類，因謂兩頭蛇，土人言此蛇，老蚓所化，又謂之山蚓。以《韓非子》兩首之說考之，則虺蓋老蚓耳。』見王夫之《詩經稗疏》卷二，頁 818，欽定四庫全書。
39 見楊家駱主編《清儒詩經彙解》下，頁 542，鼎文書局。

覽》亦言「蝮、虺當是二物，而釋者多混爲一。」[40]足見蝮、虺
有別，虺非蛇類，亦非老虯。李氏以爲蝮虺一物，虺蝎一物，遂
言二虺字殊也，恐非是。查證今之爬蟲類圖鑑，蛇與蜥蜴同目，
爲近親，故多類似，然虺當是爬行綱，有鱗目，蜥蜴亞目中，名
爲「蛇蜥」者，以其外型與蛇甚似之故。然可辨者有五：「蛇蜥」
尾部較軀幹長，體側各有一凹槽，無明顯頸部，具外耳孔及可開
閉之眼瞼；蛇則無。且蜥蜴類多能發聲，《說文》謂「虺，以注鳴
者。」是也。虺當與蜥蜴同類，故從其說。

　　《詩經》言「虺」者，計四篇，其中〈周南・卷耳〉「我馬虺
隤」之「虺隤」《爾雅・釋詁》作「虺穨」，義爲病也；〈邶風・終
風〉「虺虺其雷」之「虺虺」《傳》訓爲震雷之聲，上「虺」字皆
讀作「灰」，均非動物名，故略而不論。餘二篇，亦有二義，茲分
述如下：

1、虺 ── 象徵女子

　　此類字止一篇：

　　〈小雅・斯干〉

　　　下莞上簟，乃安斯寢。乃寢乃興，乃占我夢。吉夢維何？
　　　維熊維羆，維虺維蛇。（六章）

　　　大人占之：維熊維羆，男子之祥；維虺維蛇，女子之祥。
　　（七章）

　　《箋》：「熊羆之獸，虺蛇之蟲，此四者，夢之吉祥也。」又
「熊羆在山，陽之祥也，故爲生男。虺蛇穴處，陰之祥也，故爲
生女。」

　　案：此虺與蛇並言，同象徵女子，故此不再繁複，參見爬行
綱之蛇。

2、虺 ── 象徵亂世人民

---

40 見陳大章《詩傳名物集覽》卷五，頁652，欽定四庫全書。

此類字僅一見：

〈小雅‧正月〉

> 謂天蓋高，不敢不局；謂地蓋厚，不敢不蹐。維號斯言，
> 有倫有脊。哀今之人，胡為<u>虺蜴</u>！（六章）

《箋》：「虺蜴之性，見人則走。哀哉，今之人何為如是？傷時政也。」《正義》：「上下可畏，民皆避之，故言哀哉！今之人何故而為虺蜴也。虺蜴之性，見人則走。民聞王政，莫不逃避，故言為虺蜴也。」又引陸璣《疏》云：「虺蜴，一名蠑螈，蜴也。」朱熹《詩集傳》：「虺、蜴，皆毒螫之蟲也。言遭世之亂，胡為肆毒以害人，而使之至此乎。」[41]

案：虺與蜴同類而有別，故詩竝言之。「虺蜴」二字，《正義》引陸璣《疏》以為一物，似未深究。然其言「虺蜴之性，見人則走云云。」則是也。朱《傳》雖分虺、蜴為二物，但以虺為蛇屬，[42]失之。又言「虺蜴，皆毒螫之蟲。」離事實愈遠矣。毛晉《陸氏詩疏廣要》云：「舊說蛇醫、龍子、蜥蜴三者，竝不螫人。」[43]以今之爬蟲類圖鑑驗之，多數蜥蜴性羞怯，易受驚，無毒者眾，有毒者寡，有毒者並不產於中國，與朱《傳》謂「皆毒螫之蟲。」似未相符，故以《正義》之說較勝。

此為刺時之詩，《詩序》曰：「〈正月〉，大夫刺幽王也。」幽王無道，人民疾苦，王政上下皆令人畏佈之言，《箋》、《疏》以虺蜴見人而走，喻民聞王命而逃，陳奐《詩毛氏傳疏》亦曰：「今畏怖如虺蜥然，是疾避而無所自容之意。」[44]頗切詩意。而王氏以「以虺喻害人，以蜴喻畏人。」恐非是也。[45]

---

41 見朱熹《詩集傳》卷十一，頁 130，華正書局。
42 見朱熹《詩集傳》卷十一，頁 125，華正書局。
43 見毛晉《陸氏詩疏廣要》卷下之下，頁 158，欽定四庫全書。
44 見陳奐《詩毛氏傳疏》卷十九，頁 241，續修四庫全書。
45 「王氏以虺喻害人，以蜴喻畏人，一語而分兩意，鑿矣。」見《皇清經解毛詩類彙編》，陳啓源《毛詩稽古編》，頁 124，藝文印書館。

（三）蜴

　　《爾雅・釋魚》：「蠑螈，蜥蜴。蜥蜴，蝘蜓。蝘蜓，守宮也。」
郭《注》：「別四名也。」邢《疏》：「蠑螈，蜥蜴，蝘蜓，守宮，
一物形狀相類而四名也。《字林》云：『蠑螈，蛇醫也。』《方言》
云：『秦晉、西夏謂之守宮，南陽人呼蝘蜓，其在澤中謂之易。』
東方朔云：『非守宮即蜥蜴。』案：在草澤中者名蠑螈、蜥蜴，在
壁者名蝘蜓、守宮也。」《說文・虫部》：「蜥，蜥易也。在草曰蜥
蜴，在壁曰蝘蜓。」段《注》：「易下曰蜥易，蜥亦作蜴，《詩》『胡
爲虺蜥。』今作『虺蜴』其音同也。」[46]陸璣《毛詩草木鳥獸蟲
魚疏》：「虺蜴，一名蠑螈，水蜴也。或謂之蛇醫，如蜥蜴青綠色，
大如指，形狀可惡。」[47]《埤雅・釋蟲》：「蜥易，一名蛇醫，《字
林》所謂蠑螈是也。《本草》曰：『一名蜥易，一名守宮，則蠑螈、
蜥易、蝘蜓、守宮，異名而通者也。』」[48]徐鼎《毛詩名物圖說・
釋蟲》：「陶隱居曰：『其類四種，大形純黃色，爲蛇醫；次似蛇醫，
小形長尾，見人不動，名龍子，次有小形五色，尾青碧可愛，名
蜓蜴，不螫人；一種喜緣籬壁，名蝘蜓。』」[49]

　　案：《爾雅》、陸璣《疏》所言之「蜴」，即今之蜥蜴，此爲通
名，又稱「四腳蛇」，然《爾雅》以爲魚，《說文》、《埤雅》以爲
蟲，實則蜥蜴屬爬行綱，有鱗目，蜥蜴亞目，此目成員包括各種
飛蜥、草蜥、石龍子、守宮、壁虎、蛇蜥等，皆非蟲亦非魚也。
蜥蜴亞目種類繁多，外型不一，或體線修長，奔馳疾速；或肥厚
龐大，行動遲緩。多爲蟲食性或肉食性，少數爲草食性，共同特

46　見許慎《說文解字》及段玉裁《注》十三篇上，頁 670-671，黎明文化
　　事業股份有限公司。
47　見陸璣《毛詩草木鳥獸蟲魚疏》卷下，頁 19，欽定四庫全書。
48　見陸佃《埤雅》冊三，卷十、十一，頁 9-10，17-18，百部叢書集成。
49　見《詩經動植物圖鑑叢書》上，徐鼎《毛詩名物圖說》，頁 89，大化書
　　局。

徵爲：皮膚粗糙而防水，長尾，以肺呼吸，冷血。世上現存之蜥蜴種數逾三千七百多種，爲爬蟲類中最大家族。

舊說多以蠑螈爲蜥蜴，以形似故，古人皆混爲一物，如《埤雅》引《本草》曰：「蠑螈、蜥易、蝘蜓、守宮，異名而通者也。」誤矣。蠑螈無鱗，今之生物學家將之歸爲兩棲類，其與有鱗之爬蟲類實異也。

《詩經》言「蜴」者，僅一見，象徵亂世人民。

〈小雅・正月〉

> 謂天蓋高，不敢不局；謂地蓋厚，不敢不蹐。維號斯言，
> 有倫有脊。哀今之人，胡爲虺蜴！（六章）

《傳》：「蜴，螈也。」《箋》：「虺蜴之性，見人則走。哀哉，今之人何爲如是？傷時政也。」《正義》：「陸璣《疏》云：『虺蜴，一名蠑螈，蜴也。』上下可畏，民皆避之，故言哀哉！今之人何故而爲虺蜴也。虺蜴之性，見人則走。民聞王政，莫不逃避，故言爲虺蜴也。」朱熹《詩集傳》：「蜴，螈也，毒螫之蟲也。言遭世之亂，胡爲肆毒以害人，而使之至此乎。」[50]

案：此蜴與虺連言，同象徵亂世人民，故此不再繁複，參見爬行綱之虺。

四、吸蟲綱

蜮

《說文・虫部》：「蜮，短弧。佀鼈，三足，以气躲害人。」段《注》：「《左傳・釋文》曰：『短弧又作狐。』按：此因其以氣射害人，故謂之短弧。其氣爲矢，則其體爲弧。」[51]陸璣《毛詩

---

50 見朱熹《詩集傳》卷十一，頁 130，華正書局。
51 見許慎《說文解字》及段玉裁《注》十三篇上，頁 678-679，黎明文化事業股份有限公司。

草木鳥獸蟲魚疏》:「蜮,短狐也。一名射影,如龜,三足,江淮水濱皆有之,人在岸上,影見水中,投人影則殺之,故曰射影也。南方人將入水,先以瓦石投水中,令水濁,然後入。或曰含細沙射人,入人肌其創如疥。」[52]羅願《爾雅翼》:「蜮,一名短弧,一名射工,一名谿毒,生江南山溪水中,甲蟲之類也,長一二寸,有翼能飛,口中有橫物,如角弩,如聞人聲,以氣爲矢,激水以射人,隨所著處發瘡。」[53]《埤雅・釋蟲》:「蜮,短狐也。似鱉三足,含水射人,一曰含沙射人之影,其創如疥。稽聖賦所謂『蚑旋於影,蜮射於光。』是也。一名射工,有長角,橫在口前,如弩檐臨,其角端曲如上弩,以氣爲矢,因水勢以射人,故俗呼水弩。《春秋》曰:『秋有蜮。』即此是也。然畏鵝,鵝能食之。《禽經》所謂『鵝飛則蜮沉。』《詩》曰:『爲鬼爲蜮,則不可得。』言鬼無形而蜮性陰害,射人之影,則皆莫可究矣。」[54]毛晉《陸氏詩疏廣要》:「水弩狀如蜣蜋,尾長四寸,即弩也,見人影則射。《南越志》云:『水弩四月一日上弩,射人影,至八月卸弩。《抱朴子》云:『蜮,水蟲也,狀如鳴蜩,有翼能飛。』《玄中記》云:『水狐者,視其形蟲也,其氣乃鬼也,長三四寸,色黑,廣寸許,背上有甲,厚三分許,其頭有角,去二三步,則氣射人,中十人,六、七人死。』」[55]

案:諸家說「蜮」之狀不一,有似鱉者,有類甲蟲者,有狀如蜣蜋、鳴蜩者,更有以爲鬼魅者。[56]此外,此云弩在口,彼云弩在尾;即便陸璣《疏》亦有二說,[57]又或謂蜮,短弧,即射工,

52 見陸璣《毛詩草木鳥獸蟲魚疏》卷下,頁 19,欽定四庫全書。
53 見羅願《爾雅翼》卷三十,頁 7-8,百部叢書集成。
54 見陸佃《埤雅》冊三,卷十一,頁 10,百部叢書集成。
55 見毛晉《陸氏詩疏廣要》卷下之下,頁 160-161,欽定四庫全書。
56 「人主之大蜮。」師古《注》曰:「蜮,魅也。」見《二十六史・漢書・東方朔傳》卷三十五,頁 1719,成文書局。
57 「言射影即不必含沙,其言含沙,則射人皮肌,非射人影。」見楊家駱主編《清儒詩經彙解》下,俞樾《詩名物證古》,頁 588,鼎文書局。

亦呼水弩，當是一物；[58]或謂短弧與蜮似非一物；[59]諸如此類，莫衷一是，令人生惑。其同者惟此「蜮」生於水中，而諸家所言之為害，亦大同小異。陸璣《疏》謂「其創如疥。」《博物志·異蟲》云：「隨所著處發瘡，不治則殺人。」[60]《抱朴子·內篇·登涉》：「中身即發瘡病，似大傷寒，不治殺人。」[61]而葛洪於《肘後備急方》中寫道：「江南有射工毒蟲，一名短狐，一名蜮，常在山間水中。」[62]其對症狀之描述為：「初得或如傷寒，或似中惡，或惡寒熱，中人有四種，其一種作瘡……。」巢元方之《諸病源候論》亦言：「初得時，或如傷寒，四肢拘急，頭痛，筋急，骨悁，不即治殺人，始得三四日可治，急者七日皆死。」又曰：「其毒中人，初未有瘡，但惡風癢寒熱。及其成瘡，初如豆粒黑子，或如火燒，或如蠼螋尿瘡，其射中人頭面尤急，腰以上去人心近者多死；中人腰以下者小寬，不治亦死；又云瘡有數種……。」[63]如依上述之病症，則與現代醫學之血吸蟲病徵如出疹、畏寒、發熱、多汗，嚴重者導致死亡甚似。

　　血吸蟲病係由血吸蟲所傳染，此蟲又稱裂體吸蟲，屬扁形動物門，吸蟲綱，復殖目，與昆蟲綱迥然有別，故非昆蟲。血吸蟲之生活史包括成蟲、卵、毛蚴、胞蚴、尾蚴及成蟲等六階段。成蟲雄雌有合抱現象，雄蟲將其體兩側彎向腹面，形成沟狀，延至尾端，稱「抱雌沟」，此殆古人所謂之弩也。其宿主有二，一是人或其它哺乳動物；另一是「釘螺」，《埤雅》言「鵝能食之。」似指此也。此蟲於水中寄居釘螺體內，發育並繁殖，爾後再伺機離

58 見毛晉《陸氏詩疏廣要》卷下之下，頁 161，欽定四庫全書。
59 「〈大昭〉並稱『鰝鱙短狐蜮，傷躬。』則短弧與蜮似非一物。」見陳大章《詩傳名物集覽》卷五，頁 657，欽定四庫全書。
60 見張華著《博物志全譯》卷三，頁 77，貴州人民出版社。
61 見王明著《抱朴子校釋》》卷十七，頁 280，中華書局。
62 見葛洪《肘後備急方》卷五，頁 138，人民衛生出版社。
63 見丁光迪編《中醫古籍整理叢書》上，巢元方《諸病源候論》卷二十五，人民衛生出版社。

開釘螺，人如接觸含有該蟲之水，遂由皮膚進入人體，並對健康造成危害，現今仍為大陸地區嚴重之寄生蟲病。古書之「蜮」，蓋指此也。

《詩經》言「蜮」者，僅一見，象徵讒人。

〈小雅‧何人斯〉

> 為鬼為**蜮**，則不可得。有靦面目，視人罔極。作此好歌，以極反側。（八章）

《傳》：「蜮，短狐也。」《箋》：「使女為鬼為蜮也，則女誠不可得見也。」《正義》：「《洪範‧五行傳》云：『蜮，如鼈，三足，生於南越，南越婦人多淫，故其地多蜮。』」又曰：「言汝若為鬼也，為蜮也，則誠不可得而見。」

案：蜮殆血吸之蟲，此蟲微小，潛伏於水中不得見，故與鬼並言，或以蜮為鬼者，非也。陳啓源《毛詩稽古編》曰：「若是魅魊，則亦鬼耳，詩竝言之不已複乎？」洵為篤論。[64]

此為詩人傷友之趨勢附暴，反覆無常，故為是歌。[65]詩言若彼人者，如真為蜮，其能害人而人不得見，然彼人固為人矣，仍為陰害人之事，故深責之。朱守亮《詩經評釋》曰：「言其人惡如鬼蜮也。」[66]靦，依《說文》云：「面見人也。姡，面靦也。」[67]《正義》亦謂：「孫炎曰：『靦，人面姡然。』則靦與姡皆面見人之貌。」視，示也。言爾詐偽之面目，終將與我相見，故作此歌，以窮其反側之心。李樗、黃櫄《毛詩集解》曰：「古讒人如驪姬之譖太子申生，如武后之譖王皇后，如李林甫、楊國忠之譖張九齡，可謂難知矣。如此言我聞其聲，不見其身，其小人之情狀，可謂隱然

---

64 見《皇清經解毛詩類彙編》，陳啓源《毛詩稽古編》，頁 133，藝文印書館。
65 見朱守亮《詩經評釋》下，頁 588，臺灣學生書局。
66 見朱守亮《詩經評釋》下，頁 588，臺灣學生書局。
67 見許慎《說文解字》九篇上，十二篇下，頁 427，625，黎明文化事業股份有限公司。

而難知也。然以此詩窮小人之情狀反側，可以見其髣髴云。」[68]可知詩人以「蜮」之爲害，象徵讒人之譖害。

而范處義《詩補傳》以爲「由讒言陰中我，皆不得而知。」[69]以「蜮」比之讒言，此另一義也。

第二節　前人以爲魚而非魚者

凡前人以爲魚而今非是者，皆於此節論述。計有鳥綱之鴻一種，爬行綱之蘧篨、戚施、鱉、龜、鼉、五種，腹足綱之貝一種，多物之綜合體之龍一種，計三綱、八種。其中《邶風‧新臺》詩中之「燕婉之求，蘧篨不鮮。」、「蘧篨不殄」之「蘧篨」，李辰冬以爲龜之類，聞一多則解爲蟾蜍。此外，「魚網之設，鴻則離之。」之「鴻」字，古人皆訓爲鳥，本無疑義，然聞一多解詩曾將「鴻」訓爲蟾蜍，果如聞、李二氏所言，則龜與蟾蜍古人皆以爲乃魚之類也，遂有辨析之必要，故置於此節中討論，以求論述之宏觀，免有遺珠之憾。此節各綱之出現順序，乃依《詩經》之先後分述如下：

一、鳥　綱

鴻

《說文‧鳥部》：「鴻，鴻鵠也。」段《注》：「黃鵠，一名鴻。」[70]陸璣《疏》：「鴻鵠，羽毛光澤，純白似鶴而大，長頸肉美如鴈，又有小鴻大小如鳧，色亦白，今人直謂鴻也。」[71]毛晉《陸氏詩

---

68 見李樗、黃櫄《毛詩集解》，頁 412，通志堂經解。
69 見范處義《詩補傳》，頁 82，通志堂經解。
70 見許慎《說文解字》四篇上，頁 153，黎明文化事業股份有限公司。
71 見陸璣《毛詩草木鳥獸蟲魚疏》卷下，頁 14，欽定四庫全書。

疏廣要》:「禽經」:『鴻儀鷺序。』張註:『鴻,雁屬。大曰鴻,小曰雁,飛有行列也。』《博物志》曰:『鴻毛為囊,可以渡江不漏。』又云:『鴻鵠千歲者,皆胎產。鴻、雁大略相類。』[72]徐鼎《毛詩名物圖說》:「鴻、雁大畧相頮。《博物志》云:『雁色蒼,而鴻色白。』惟此稍異耳。」[73]聞一多〈詩·新臺「鴻」字說〉:「詩之『鴻』,其必別為一物,而非鴻鵠之鴻。然則鴻果何物乎?曰:以詩之上下文義求之,『鴻』與『籧篨』、『戚施』當為一物。……詩意以戚施與魚對舉,又以鴻與魚對舉,戚施、籧篨並即蟾蜍,則鴻亦當即蟾蜍矣。」又曰:「蟾蜍為大腹蟲,鴻為大腹鳥,故蟾蜍亦得謂之鴻,形相似,斯名得相通也。」[74]

案:「鴻」字古皆作鳥解,歷來經師多無疑義,然至聞一多〈詩·新臺「鴻」字說〉以詩之鴻必「別為一物」,即蟾蜍也,鴻字遂有二義。聞一多將〈新臺〉之「鴻」字解為蟾蜍,此說深受兩岸學者推崇。夏傳才《詩經研究史概要》曰:「學術界一致公認考證精確,一直為《詩經》研究者所採用。」[75]李辰冬《詩經研究》亦言:「聞一多於〈新臺〉篇『鴻』字之解頗為精妙」。又言:「事實上,此種解釋是百分之百的正確。」[76]此外,侯美珍於〈聞一多《詩經》學研究〉論文中,羅列學者採用聞氏新解者幾近三十,[77]由此可知〈詩·新臺「鴻」字說〉影響之鉅。若此詩之「鴻」果為蟾蜍,由於古人視蟾蜍為魚類,遂有辨析之必要,故列於此釐清之。

一九四五年,此一劃時代之新解,歷經十年,卻遭聞氏於〈說

---

72 見毛晉《陸氏詩疏廣要》,卷下之下,頁 107,欽定四庫全書。
73 見《詩經動植物圖鑑叢書》上,徐鼎《毛詩名物圖說》卷一,頁 9,大化叢書。
74 見《聞一多全集》,聞一多〈詩·新臺鴻字說〉,頁 202,204,里仁書局。
75 見夏傳才《詩經研究史概要》,頁 269,鄭州中州書畫社。
76 見李辰冬《詩經研究》,頁 308,臺北水牛出版社。
77 見侯美珍〈聞一多《詩經》學研究〉,頁 136,政治大學中國文學研究所碩士論文。

魚〉一文中自我推翻。[78]其曰:「我從前把這「鴻」字解釋爲蝦蟆的異名,雖然證據也夠確鑿的,但與〈九罭〉篇的鴻字對照了看,似乎仍以訓爲鳥名爲妥。」[79]聞一多能勇於自我批判,恐是體認「鴻」爲「蝦蟆」,此於〈新臺〉篇雖可成立,但「難以通解古籍。」[80]此外王綸〈聞一多先生〈詩·新臺「鴻」字說〉辨證〉曰:「如果因爲蟾蜍和鴻都是大腹,就可以說是同物,那末,凡是同一類型的生物,都可認爲是同一物體了。這種推論的方法,只知注重形式而忽略內容,是很容易陷入唯心論的。」其並以邏輯學之三段論法用以說明聞一多之錯誤所在:

蟾蜍爲大腹蟲 —— 大前提

今鴻爲大腹鳥 —— 小前提

故鴻即是蟾蜍 —— 結論

「此推論之謬誤,乃因大小前提之『大腹』一辭,各有所指,並未周延,故不得以蟾蜍與鴻皆是大腹,即是一物。」[81]而侯美珍〈聞一多《詩經》學研究〉

亦以二點駁斥聞氏新解之難以成立。[82]由上得知,「魚網之

---

78 聞一多〈新臺「鴻」字說〉發表於 1935 年,〈說魚〉一文則發表於 1945 年。
79 見《聞一多全集》,聞一多《神話與詩·說魚》,頁 126,里仁書局。
80 見吳宏一《白話詩經》,一,頁 275,聯經出版社。
81 說見侯美珍〈聞一多《詩經》學研究〉,頁 144,政治大學中國文學研究所碩士論文。
82 「第一:『魚網之設』,本爲捕魚,下接『鴻則離之』,這是一種比喻的修辭手法,所要傳達的意思正是毛傳所說的:『言所得非所求也。』本指望得魚,反捕得了鴻,『鴻』是美是惡,非關鍵所在,重點是求與得之間的出入。……《爾雅·釋器》:『鳥罟謂之羅。』《說文解字》:『羅,以絲罟鳥也。』皆是以網羅捕鳥之證。聞一多更強調『鴻』絕無入魚網的可能,進而推論此『鴻』絕非鴻鳥,實非解人。第二:詩篇的一章裡,前兩句若有和後兩句完全一致的情境,當然高明,但沒有理由說前兩句必然要涵蓋後兩句全部的意思。『桃之夭夭,灼灼其華;之子于歸,宜室宜家。』前兩句只形容出『之子』,不說與『宜室宜家』何干,連『于歸』兩字也沒有點出。比照來看,何能求備於〈新臺〉詩的『魚網之設,鴻則離之』?……是以我們認爲『魚網之設,鴻則離之』只有點出後兩句『得非所求』此一端意思而已。」見侯美珍〈聞一多《詩經》學研究〉,頁 142,政治大學中國文學研究所碩士論文。

設,鴻則離之」之「鴻」指鴻鳥,高飛在上,暗喻宣公崇高地位,無關美醜。至此鴻爲鳥名,不爲蟾蜍,明矣。

《詩經》言「鴻」者,凡三篇,鴻字訓解有爭異者,僅〈邶風·新臺〉「鴻則離之」之「鴻」,故列此篇以辨其義。鴻,象徵衛宣公。

〈邶風·新臺〉

　　魚網之設,<u>鴻</u>則離之。燕婉之求,得此戚施。(三章)

《傳》:「言所得非所求。」《箋》:「設魚網者,宜得魚。鴻乃鳥也,反離焉。猶齊女以禮來求世子,而得宣公。」

案:此爲刺宣公詩。《詩序》曰:「〈新臺〉,刺衛宣公也。納伋之妻,作新臺于河上而要之,國人惡之而作是詩也。」宣公此事,見《左傳》桓公十六年,及《史記·衛世家》。吳闓生《詩義會通》曰:「《序》之說詩,惟此諸篇最爲有據。」[83]

三章言魚網所以求魚,今反得鴻,此《傳》謂「所得非所求也。」《箋》言「魚」喻世子伋,「鴻」喻宣公,陳奐《詩毛氏傳疏》曰:「求,即《經》『燕婉之求』,以喻齊女求伋而得宣公。」[84]得其詩旨。

二、爬行綱

(一) 籧篨

《爾雅·釋訓》:「籧篨,口柔也。」郭《注》:「籧篨之疾不能俯,口柔之視人顏色,常亦不伏,因以名云。」邢《疏》:「李巡曰:『籧篨,巧言好辭以饒人,是謂口柔。』但籧篨本人疾之名,故晉語云:『籧篨不可使俯,戚施不可使仰是也。』」《說文》:「籧

---

83 見吳闓生《詩義會通》,頁 33,中華書局。
84 見陳奐《詩毛氏傳疏》卷四,頁 60,續修四庫全書。

篨。粗竹蓆也。」[85]聞一多〈新臺「鴻」字說〉:「戚施者,《太平御覽》九四九引《韓》詩薛君章句曰:『戚施,蟾蜍,蟨蠩,喻醜惡。』字一作醜黿。《說文・黽部》曰:『醜黿,詹諸也。』引詩作『醜黿』,是戚施即蟾蜍也。籧篨與戚施並舉,以三百篇文例推之,二者當爲一物。余謂籧篨爲蟾蜍之異名,今案詩曰:『籧篨不鮮』、『籧篨不殄』,鮮、殄皆屬魚言,魚與籧篨對舉,以喻美醜,則籧篨之物,必魚之同類而品質相反者,此則非下文之戚施亦即蟾蜍者,何足以當之?」[86]

案:籧篨一詞,前人殆有四解,一爲粗竹蓆,此乃本義。如《說文》:「籧篨。粗竹蓆也。」二爲疾不能俯者,而口柔者,常觀人顏色而爲之辭,亦不能俯,似之,亦稱之爲籧篨。如毛《傳》:「籧篨,不能俯者。」王質《詩總聞》:「籧篨,今龜胸也。」向熹《詩經詞典》:「籧篨,也作蘧蒢,粗竹蓆。比喻有殘疾,腰不能彎,今所謂雞胸。」此說乃就生理現象而言。另爲口柔者,如鄭《箋》曰:「籧篨,口柔。常觀人顏色而爲之辭,故不能俯者也。」三爲蟾蜍。如聞一多《古典新義・新臺「鴻」字說》。末者說法創新,曾獲諸多學者肯定[87]。四爲烏龜。李辰冬《詩經通釋》引《異物志》曰:「玳瑁如龜,大者如籧篨。」認爲籧篨爲烏龜一類。[88]

據侯美珍〈聞一多《詩經》學研究〉則云:「在訓詁方面,『蘧蒢』到底應作何解釋,眾說紛紜,至無達詁,在聞一多反反覆覆

85 見許慎《說文解字》五篇,上,頁 194,黎明文化事業股份有限公司。
86 見《聞一多全集》,聞一多《詩經通義・新臺》,頁 202-203,里仁書局。
87 「夏宗禹先生盛讚聞一多對《詩經》諸多個別名物字詞之訓釋,皆「新穎翔實」,「發前人所未發」,又謂「雖只一詞一物,卻如畫龍點睛,使詩的形象頓時呈現;詩的意境立即顯豁,這些都是我們不應該忽視的。而這種新鮮的發現和發明,在聞先生研究《詩經》的著作裡,真可說是比比皆是。」見〈聞一多先生與《詩經》〉新建設 1958 年,第 10 期,頁 64,1958 年 10 月。
「潘中心先生認爲聞一多對〈新臺〉之「蘧蒢」、「戚施」等詞予以重新考訂,「爲理解這詩的內容作出了巨大貢獻,實在建功極偉。」見〈《詩經・新臺》新探〉貴州社會科學,第 4 期,頁 84,1982 年。
88 見李辰冬《詩經通釋》下冊,頁 1150,水牛出版社。

修正的解釋中，或者說是蟾蜍，或者是鐘鼓之柎，飾廙之物……
我們也感受到他對這個詞拿捏不定的困擾。所以籧篨即是蟾蜍之
說，不足深信。」又說：「在推論過程中，他濫用三百篇的『文例』，
這又是顯而易見的。

〈新臺〉詩云：

『新臺有泚，河水瀰瀰。燕婉之求，籧篨不鮮。

新臺有洒，河水浼浼。燕婉之求，籧篨不殄。

魚網之設，鴻則離之。燕婉之求，得此戚施。』

從這三章來看，『籧篨』、『戚施』都是與『燕婉』相對的惡語，
文例的使用到此已是極限了，並不能藉以進一步推得戚施若是蟾
蜍，則籧篨也定是蟾蜍的結論。」[89]

客觀言之，聞一多之「蟾蜍說」，舉證頗多疑竇，因東漢楊孚
《異物志》云：「玳瑁如龜，生南海，大者如籧篨，背上有鱗，鱗
大如扇，有文章，將作器。則煮其鱗，如柔皮。」[90]該書所記多
為各地稀有之動植物，玳瑁即海龜之一種，普通成龜身長約一尺，
「大者如籧篨」者，則此「籧篨」必非體型較小之蟾蜍可知也。

若依《異物志》所言，則「籧篨」當屬龜之類。又詩文謂：「燕
婉之求，籧篨不鮮。」、「燕婉之求，籧篨不殄。」、「燕婉之求，
得此戚施。」由修辭看來，

三章應是互文見義，因前皆「燕婉」，故於「籧篨不鮮」、「籧
篨不殄」上應添「得此」二字，於「得此戚施」句下應添「不鮮」、
或「不殄」二字。可知「籧篨」為「燕婉」之相對惡語。而「戚
詩」為蟾蜍，「籧篨」為烏龜，古人皆以為魚之類也。故就惡語言，
「龜」顯然優於「粗竹蓆」或「疾之不能俯者」之義，因此「籧
篨」一詞，以末解較勝。然以今視之，龜乃兩棲之爬蟲動物，非

---

89 見侯美珍〈聞一多《詩經》學研究〉，頁 143-144，政治大學中國文學研
　究所碩士論文。
90 見《筆記小說大觀》二十五編，楊孚《異物志》，頁 1375，新興書局。

魚屬明矣。

　　《詩經》言「籧篨」者，止一篇，象徵醜惡之人。

　　〈邶風・新臺〉

　　　　新臺有泚，河水瀰瀰。燕婉之求，<u>籧篨</u>不鮮。（一章）

　　　　新臺有洒，河水浼浼。燕婉之求，<u>籧篨</u>不殄。（二章）

　　《傳》：「籧篨，不能俯者。」《箋》：「籧篨，口柔。常觀人顏色而為之辭，故不能俯者也。」朱熹《詩集傳》：「籧篨，不能俯，疾之醜者也。」

　　案：此為刺宣公詩。《詩序》曰：「〈新臺〉，刺衛宣公也。納伋之妻，作新臺于河上而要之，國人惡之而作是詩也。」宣公此事，見《左傳》桓公十六年，及《史記・衛世家》。吳闓生《詩義會通》曰：「《序》之說詩，惟此諸篇最為有據。」[91]

　　《傳》云：「殄，絕也。」《箋》曰：「殄當作腆。腆，善也。」又曰：「鮮，善也。」《正義》曰：「腆與殄，古今字之異，故《儀禮》注云：『腆，古文字作殄。』是也。」一、二章言齊女來嫁本燕婉之人，是求欲以配伋，今反得此粗惡之物。此《傳》謂「所得非所求也。」陳奐《詩毛氏傳疏》曰：「求，即《經》『燕婉之求』，以喻齊女求伋而得宣公。」[92]得其詩旨。

（二）戚施

　　《爾雅・釋訓》：「戚施，面柔也。」郭《注》曰：「戚施之疾不能仰，面柔之人常俯似之，亦以名云。」邢《疏》：「李巡曰：『戚施和顏悅色以誘人，是謂面柔。但籧篨、戚施本人疾之名，故晉語云：『籧篨不可使俯，戚施不可使仰是也。』」聞一多〈新臺「鴻」字說〉：「戚施者，《太平御覽》九四九引《韓》詩薛君章句曰：『戚施，蟾蜍，蝛蜎，喻醜惡。』字一作醜黽。《說文・黽部》曰：『醜

---

91 見吳闓生《詩義會通》，頁 33，中華書局。
92 見陳奐《詩毛氏傳疏》卷四，頁 60，續修四庫全書。

黿，詹諸也。』引詩作『醜黿』，是戚施即蟾蜍也。」[93]

案：戚施一詞，前人殆有二解，一為疾不能仰者，而面柔者，下人以色，亦不能仰，似之，故亦稱之為戚施。如毛《傳》：「戚施，不能仰者。」王質《詩總聞》：「戚施，今駝背也。」此說乃就生理現象而言。另為面柔者，如鄭《箋》曰：「戚施，面柔。下人以色，故不能仰也。」二說則為蟾蜍。如聞一多《古典新義‧新臺「鴻」字說》。

依王先謙《三家義集疏》所言：「薛注蟾蜍，蠀蠩，廣異名也。蠀從就聲，秋、酋、就、戚同聲通轉，尤為顯證。《淮南‧原道篇》：『蟾蟧捕蚤。』高《注》：『蟾蟧，蜍也。』又以一字為名。蜍即此詩施字之增變矣。蟾蟧之為物，亦不能使仰者。是齊、韓與魯毛訓異，而義未嘗不通矣。」[94]可知戚施為蟾蜍，醜物也，其乃爬行綱之兩棲類，並非魚屬，古人將蟾蜍列入魚部，實未細辨也。

《詩經》言「戚施」者，僅一見，象徵醜惡之人。

〈邶風‧新臺〉

魚網之設，鴻則離之。燕婉之求，得此戚施。（三章）

《傳》：「戚施，不能仰者。」《箋》：「戚施，面柔。下人以色，故不能仰也。」朱熹《詩集傳》：「戚施，不能仰，亦醜疾也。」

案：此戚施與籧篨並言，同象徵醜惡之人，故不再繁複，參見爬行綱之籧篨。

（三）鼈

《爾雅‧釋魚》：「鼈三足能。」郭《注》：「《山海經》曰：『從山多三足鼈。』今吳興郡陽羨縣，君山上有池，池中出三足鼈。」邢《疏》：「鼈皆四足，三足者異，故異其名，鼈之三足曰能。」

---

93 見《聞一多全集》，聞一多《詩經通義‧新臺》，頁 202-203，里仁書局。
94 見王先謙《三家義集疏》頁 80，鼎文書局。

《說文‧黽部》:「鱉,甲蟲也。」[95]《埤雅‧釋魚》:「鱉以眼聽,穹脊連脅,甲蟲也。水居陸生,《養魚經》曰:『魚滿三百六十,則龍爲之長。而引飛出水,內鱉,則魚不復去,故鱉一名神守。天地之性,細腰純雄,大腰純雌,大腰,龜鱉之屬。』」[96]李時珍《本草綱目》:「鱉,甲蟲也。水居陸生,穹脊連脅,與龜同類,四緣有肉裙,故曰:『鱉肉裹甲。』無耳,以目爲聽,純雌無雄,以蛇及黿爲匹,夏日孚乳,其抱以影,今有呼鱉者,作聲撫掌,望津而取,百十不失。」[97]

案:鱉字又作鼈,古人多以爲魚類,實則鱉屬爬行綱,龜鱉目。俗稱「甲魚」、「團魚」。體背色如灰橄欖,腹面則灰白帶紅,體表被有柔軟之皮膚,而無角質盾板,故《本草》云:「鱉肉裹甲。」頭狹長,吻端突出,爲一短管狀,頸甚長,能縮入甲內,體四肢,趾間有蹼,惟內側三趾具爪,有尾,然較龜爲短。鱉分雄、雌,古言「大腰純雌,大腰,龜鱉之屬。」非是也。

鱉棲息於江湖池沼間,肉味腴美,且富滋養,陳大章《詩傳名物集覽》曰:「鱉居水底,性冷,能補陰又益氣。」[98]自古即是桌上佳餚及中藥要材。

《詩經》言「鱉」者,有二見,皆象徵禮意之勤。

(1)〈小雅‧六月〉

> 吉甫燕喜,既多受祉。來歸自鎬,我行永久。飲御諸友,炰鱉膾鯉。侯誰在矣?張仲孝友。(六章)

《箋》:「王以吉甫遠從鎬地來,又日月長久,今飲之酒,使其諸友恩舊者侍之,又加其珍美之饌,所以極勸也。」《正義》:「言加珍美之饌者,以燕禮其牲狗,天子之燕,不過有牢牲,魚鱉非常膳,故云加之。」

---

95 見許慎《說文解字》十三篇下,頁 686,黎明文化事業股份有限公司。
96 見陸佃《埤雅》冊一,卷二,頁 7,百部叢書集成。
97 見李時珍《本草綱目》二十三,卷四十五,頁 11,臺灣商務印書館。
98 見陳大章《詩傳名物集覽》卷六,頁 678,欽定四庫全書。

案：鱉，詩作「鼈」，俗字也。鱉、鯉皆為餚之上品，餚中有鱉，主人燕客之盛情，不言而喻，故詩人美之也。

此鱉與鯉並言，同象徵禮意之勤，故此不再繁複，參見鯉形目之鯉。

（2）〈大雅・韓奕〉

> 韓侯出祖，出宿于屠。顯父餞之，清酒百壺。其殽維何？炰鱉鮮魚。（三章）

《箋》：「炰鱉，以火熟之也。」《正義》：「於此餞飲之時，其殽饌之物，維有何乎？乃有以炰之鱉，與可膾鮮魚也。」

案：鱉，《箋》謂「以火熟之。」《正義》申之曰：「以火熟之，謂烝煮之也。」此為韓侯來朝，受王命而歸，詩人贈別之詩。全詩六章，三章述其既覲返于韓地，顯父餞送之盛況。范處義《詩補傳》曰：「酒則用百壺，言其多也；殽則有魚鱉，言其旨也。」[99]鱉因味美，故舉以泛稱佳餚，酒多殽美，可知顯父禮意之勤。

（四）龜

《爾雅・釋魚》：「龜，三足賁。」又曰：「一曰神龜；二曰靈龜；三曰攝龜；四曰寶龜；五曰文龜；六曰筮龜；七曰山龜；八曰澤龜；九曰水龜；十曰火龜。」郭《注》：「《山海經》曰：『大苦山多三足龜。』今吳興郡陽羨縣，君山上有池，池中有六眼龜，此皆說龜生之處所。」邢《疏》：「龜皆四足，三足者異，故異其名。龜之三足者，名賁也。」《說文・龜部》：「龜，舊也。外骨內肉者也，从它，龜頭與它頭同。天地之性，廣肩無雄，龜鱉之類以它為雄。？象足、甲、尾之形。」[100]《埤雅・釋魚》：「外骨內肉，腸屬於首，廣肩無雄，與蛇為匹，故龜與蛇合，謂之玄武。今龜皆隔津望卵，《易》曰：『定天下之吉凶，成天下之亹亹者，

---

99 見范處義《詩補傳》，頁 123，通志堂經解。
100 見許慎《說文解字》十三篇下，頁 685，黎明文化事業股份有限公司。

莫大乎蓍龜。」蓋蓍老龜舊，故古以龜卜蓍筮。《玉藻》云：『卜人定龜，史定墨，君定體墨，謂以墨畫龜占其食否，《洛誥》所謂『我卜澗水東瀍水西，惟洛食。』《傳》曰：『卜必先墨畫龜，然後灼之，兆順食墨。』故〈卜師〉云：『揚火以作龜，致其墨也。』」[101]李時珍《本草綱目》：「介蟲三百六十，而龜為之長。龜蓋介蟲之靈長者也，《周官·鱉人》取互物以時箱，春獻鱉蜃，秋獻龜魚……則介物亦聖世供饌之所不廢者，而況又可充藥品。唐宋《本草》皆混入蟲魚，今析為介部。」[102]陳大章《詩傳名物集覽》引《逸禮》：「天子龜尺二寸，諸侯八寸，大夫六寸，民士四寸。龜者，陰蟲之老者也。」又引《龜經》：「一千二百歲，可卜天地之終始。龜甲黃足，赤眼，白尾，青腹，黑者稟受五行之粹也。」[103]

案：《本草綱目》謂龜非蟲、魚屬，是也。龜屬爬行綱，龜鱉目之動物，成員包括所有水生、陸棲之龜類，近三百種。體被背甲與腹甲，具四肢及頭尾，有眼瞼，無齒，然嘴邊鋒利，頷部形成堅硬之喙，多數種類之頭足，均能縮入殼內以得保護。龜之壽命，短則三四十年，長則逾百歲，甚至千歲，《龜經》言「一千二百歲」者，非虛言也。龜因長壽，故古以龜卜，《埤雅》引《白虎通》曰：「蓍龜者，天地之間，壽考物也，故問之。」[104]今之甲骨文，即殷商時期刻於龜甲、獸骨等關於占卜、祭祀之文字紀錄，可知龜卜之應用甚早。

《詩經》言「龜」者，有五見，其中〈魯頌·閟宮〉「奄有龜蒙」之「龜」乃山名，[105]非關本文，其餘四見，約有二義，茲分述如下：

1、象徵占卜

---

101 見陸佃《埤雅》冊一，卷二，頁3，百部叢書集成。
102 見李時珍《本草綱目》二十三，卷四十五，頁1，臺灣商務印書館。
103 見陳大章《詩傳名物集覽》卷六，頁679，欽定四庫全書。
104 見陸佃《埤雅》冊一，卷二，頁3，百部叢書集成。
105 見余培林《詩經正詁》下，頁619，三民書局。

此類字有三見：

（1）〈小雅・小旻〉

> 我<u>龜</u>既厭，不我告猶。謀夫孔多，是用不集。發言盈庭，
> 誰敢執其咎？如匪行邁謀，是用不得于道。（三章）

《箋》：「猶，謀也。卜筮數而瀆龜，龜靈厭之，不復告其所
圖之吉凶。言雖得兆，占繇不中。」《正義》：「毛以為言小人不尚
德而好灼龜求吉，請問過度，瀆瀆神靈，我龜既厭繁數，不肯於
我告其吉凶之道也。《禮》：『龜曰卜，蓍曰筮。』而此龜并言筮者，
以卜筮相將之物，故并言以協句，雖得兆，及占之於繇，則其言
皆不中，言吉不必吉，凶不必凶，是不告也。」

案：《箋》、《正義》言以龜卜之，本可得吉凶之告，然因卜之
太多，龜亦厭之不告謀矣，《易・蒙》曰：「初筮告，再三瀆，瀆
則不告。」[106]此即謂龜卜不靈也。王質《詩總聞》：「龜猶厭其不
誠不以告之。」[107]嚴粲《詩緝》曰：「卜筮既數，龜亦厭之，不復
告其所圖之吉凶，言卜之不中也。」[108]故知詩中「我龜既厭」之
「龜」，象徵占卜。

（2）〈大雅・緜〉

> 周原膴膴，菫荼如飴。爰始爰謀，爰契我<u>龜</u>。曰止曰時，
> 築室于茲。（三章）

《傳》：「契，開也。」《箋》：「契灼其龜而卜之，卜之則又從
矣。」《正義》：「人謀既從，大王於是契其龜，而卜又得吉，則是
人神皆從矣。」朱熹《詩集傳》：「或曰：『以刀刻龜甲欲鑽之處。』」
[109]

案：契，刻也。《傳》訓為開，胡承珙《毛詩後箋》曰：「《何
氏古義》云：『契之訓開，當通作契。』《說文》云：『刻也。』」詩

---

106 見《十三經注疏》，《易經》，頁 23，藝文印書館。
107 見王質《詩總聞》卷十二，頁 609，欽定四庫全書。
108 見嚴粲《詩緝》卷二十一，頁 274，欽定四庫全書。
109 見朱熹《詩集傳》卷十六，頁 179，華正書局。

之契龜，自當作開龜解，契開雙聲。」[110]王先謙《詩三家義集疏》亦云：「班固〈幽通賦〉『且算祀於契龜。』顏《注》：『契，刻也。』《詩‧大雅‧緜》之篇曰：『爰契我龜。』言刻開之，灼而卜之。《廣雅‧釋言》曰：『契，刻也。』」[111]是則李黼平《毛詩紬義》以契爲問，[112]似未當。契龜，當是刻龜甲然後以火灼而卜之也。

此章述太王卜居周原情形。詩「爰契我龜」之「龜」，象徵占卜。古之國事，待著龜而決者有八，《周禮‧大卜》曰：「以邦事作龜之八命：一曰征；二曰象；三曰與；四曰謀；五曰果；六曰至；七曰雨；八曰瘳。」[113]又曰：「國大遷、大師，則貞龜。」[114]謀，鄭司農《注》云：「謀議也。」詩言「爰始爰謀」，因而太王契龜以問吉凶，得兆曰：「可止。」乃築室於茲。此即〈鄘風‧定之方中〉「卜云其吉，終然允臧。」是也。

（3）〈大雅‧文王有聲〉

　考卜維王，宅是鎬京。維**龜**正之，武王成之。武王烝哉！

　（七章）

《箋》：「武王卜居是鎬京之地，龜而正之，謂得吉兆。」《正義》：「以稽疑之法，必契灼其龜而卜之，正謂得吉兆，龜正定其吉，云此地可居。」朱熹《詩集傳》：「正，決也。」[115]

案：《正義》言正，定也。朱熹《詩集傳》訓爲決，決亦定也。[116]此章言武王宅居鎬之事，古之遷都，必有以相土地之宜，土地既善矣，然後稽之於卜筮，《周禮‧大卜》曰：「國大遷、大師，則貞龜。」[117]因而武王以龜卜遷居鎬京之吉否，詩中「維龜正之」

110 見胡承珙《毛詩後箋》卷二十三，頁 594，續修四庫全書。
111 見王先謙《詩三家義集疏》卷二十一，頁 291，鼎文書局。
112 見《皇清經解毛詩類彙編》，李黼平《毛詩紬義》頁 1043，藝文印書館。
113 見《十三經注疏》，《周禮》卷二十四，頁 371，藝文印書館。
114 見《十三經注疏》，《周禮》卷二十四，頁 373，藝文印書館。
115 見朱熹《詩集傳》卷十六，頁 189 華正書局。
116 見余培林《詩經正詁》下，頁 368，三民書局。
117 見《十三經注疏》，《周禮》卷二十四，頁 373，藝文印書館。

之「龜」，象徵占卜，而龜示吉兆，則武王方能成其功也。

2、象徵厚禮

此類字僅一見：

〈魯頌・泮水〉

翩彼飛鴞，在彼泮林。食我桑黮，懷我好音。憬彼淮夷，
來獻其琛：元**龜**象齒，大賂南金。（八章）

《傳》：「元龜，尺二寸。賂，遺也。」《正義》：「其龜、象、
南金，還是寶中之別，以其物貴，特舉而言。《漢書・食貨志》云：
『龜不盈尺，不得為寶。此言元龜，龜之大者，故元龜尺二寸也。』」

案：古人貨貝而寶龜，《易・頤》曰：「初九，舍爾靈龜，觀
我朵頤，凶。」[118]蓋龜有靈德，故古以龜卜吉凶，以為龜愈大愈
靈，元龜，依《正義》言即大龜也。

此頌僖公征服淮夷之詩。「八章以飛鴞食桑黮而懷之好音，喻
淮夷之歸附。」[119]既來歸服，故獻其國之珍寶，所謂珍寶者，元
龜也，象齒也，又有南金等物，以見其歸附之誠。詩中「元龜象
齒」之「龜」，指珍貴之物。《正義》曰：「以其物貴，特舉而言。」
陳奐《詩毛氏傳疏》亦云：「此言淮夷既服，而聲教所被，雖荊揚
之遠，亦來大遺元龜、象齒、與金也。」[120]

（五）鼉

《說文・鼉部》：「水蟲，似蜥蜴，長丈所，皮可為鼓。」段
《注》：「〈大雅・靈臺〉《傳》曰：『鼉，魚屬。馬部驒下曰：『青
驪白鱗，如鼉魚。』許依毛謂之『鼉魚』。」[121]陸璣《毛詩草木鳥
獸蟲魚疏》：「鼉形似蜥蜴，四足，長丈餘，生卵大如鵝，卵甲如

---

118 見《十三經注疏》，《易經》，頁 69，藝文印書館。
119 見余培林《詩經正詁》下，頁 611，三民書局。
120 見陳奐《詩毛氏傳疏》卷二十九，頁 428，續修四庫全書。
121 見《說文解字》及段玉裁《注》十三篇下，頁 686，黎明文化事業股份
　　有限公司。

鎧，今合藥鼉魚甲，是也。其皮堅厚可以冒鼓。」[122]《埤雅·釋魚》：「鼉具十二少肉，《夏小正》曰：『剝鼉，以為鼓也。』今鼉象龍形，一名鼉，夜鳴應更，吳越謂之鼉更，舊云：鼉性嗜睡，目睛常閉，能吐霧致雨，力亦酋健，善頹坎岸。趙辟公《雜說》曰：『鼉聞鼓聲則鳴。』《續博物志》曰：『鼉長一丈，一名土龍，鱗甲黑色，能橫飛，不能上騰，其聲如鼓。』」[123]毛晉《陸氏詩疏廣要》：「《爾雅翼》：『鼉狀如守宮而大，長一二丈，灰五色，背尾皆有鱗甲如鎧，夜則出邊岸，人甚畏之，其老者多能為魅。』鼉，水族。《本草》謂『蛇魚』是也。《本草圖經》云：『人於穴掘之，百人掘須百人牽，一人掘須一人牽。』」[124]李時珍《本草綱目》：「鼉龍，土龍。陳藏器曰：『形如龍，聲甚可畏，長一丈者，能吐氣成雲致雨，既是龍類，宜去其魚。』鼉字象頭、腹、足、尾之形，故名。《博物志》謂『土龍，鮀。』乃魚名，非此物也。」[125]

　　案：《本草綱目》言鼉非魚名，是也，依其圖示，鼉當是今之「揚子鱷」，俗稱「土龍」，屬爬行綱，鱷目，鱷科，鼉亞科、鼉屬。

　　此物外形扁而長，眼大，體被角質鱗片及骨板，背部暗褐色，腹面灰色，四肢粗短，趾間具蹼，趾端有爪。尾長與身長相近，較一般鱷為小，性亦溫和。棲息於河灘、湖泊、沼澤間。主以魚、龜鱉、及小型哺乳動物為食。水中游動靈活而敏捷，陸地則行動遲緩。白日多處於洞穴，為夜行性動物。舊說鼉能吐霧致雨，能為鬼魅，能橫飛，恐是因其蟄伏於池沼底部之洞穴，當洪水襲來，毀其居所，使其不得不現身，另覓家園，人見其出現必伴風雨，故有此說耳。揚子鱷屬古老之爬行動物，僅產於中國，以其形體、構造與古之恐龍近似，因有「恐龍活化石」之稱，已列為瀕臨絕

122 見陸璣《毛詩草木鳥獸蟲魚疏》卷下，頁 17，欽定四庫全書。
123 見陸佃《埤雅》冊一，卷二，頁 7，百部叢書集成。
124 見毛晉《陸氏詩疏廣要》卷下之下，頁 146-147，欽定四庫全書。
125 見李時珍《本草綱目》二十二，卷四十三，頁 58，臺灣商務印書館。

種之野生動物。

　　《詩經》言「鼉」者，僅一見，爲鼉字詞組之意象，象徵君民同歡。

　　〈大雅‧靈臺〉

　　　於論鼓鐘，於樂辟廱。<u>鼉鼓</u>逢逢，矇瞍奏公。（四章）

　　《傳》：「鼉，魚屬。逢逢，和也。」《釋文》：「《草木疏》云：『形似蜥蜴，四足，長丈餘，甲如鎧，皮堅厚，宜冒鼓。』」《正義》：「〈月令〉『季夏，命漁師伐蛟取鼉。』漁師，取魚之官，故知鼉是魚之類屬也。」

　　案：鼉應是鱷魚之屬，朱守亮《詩經評釋》曰：「鼉，鱷魚之屬，皮可蒙鼓。」[126]即今之「揚子鱷」，毛《傳》、《正義》以爲魚之類屬，非是也。

　　「鼉鼓」舊有二說，一是以鼉皮所冒之鼓也，如朱熹《詩集傳》、嚴粲《詩緝》[127]；二是以鼉鳴似鼓也，如范處義《詩補傳》、陸佃《埤雅》。[128]依《禮記‧月令‧注》云：「鼉皮可以冒鼓。」[129]李樗、黃櫄《毛詩集解》亦曰：「王氏以鼉鳴逢逢如鼓，故謂之鼉鼓，非也。觀〈上林賦〉曰：『建翠羽之旗，擊鳴鼉之鼓。』則以鼉皮爲鼓可知也。」[130]以鱷皮爲言，確可爲鼓，至於鱷聲與鼓聲是否近似，則屬見仁見智。今觀詩文，言及鐘鼓之樂，則以鼉皮

126　見朱守亮《詩經評釋》下，頁740，臺灣學生書局。
127　「鼉似蜥蜴，長丈餘，皮可冒鼓，聞鼉鼓之聲，而知矇瞍方奏其事也。」朱熹《詩集傳》卷十六，頁187，華正書局。
　　「以鼉皮爲鼓，其聲逢逢然而和。」見嚴粲《詩緝》卷二十六，頁371，欽定四庫全書。
128　「鼉，水畜也。樂作於辟廱，鼉聞之而亦樂，逢逢然和鳴以應之，非樂能感之，靈德實感之也。」見范處義《詩補傳》，頁105，通志堂經解。
　　「蓋鼉鼓非特有取於皮，亦其鼓聲逢逢然，象鼉之鳴，故謂之鼉鼓也。晉安《海物記》曰：『鼉脊鳴如枹鼓。』今江淮之間謂鼉鳴爲鼉鼓。」見陸佃《埤雅》冊一，卷二，頁6，百部叢書集成。
129　「命漁師伐蛟取鼉。」見《十三經注疏》，《禮記‧月令》卷十六，頁319，藝文印書館。
130　見李樗、黃櫄《毛詩集解》，頁444，通志堂經解。

為鼓之說，較切詩義，故從之。

此為文王遊觀歡樂之詩，本章述文王聽樂於辟廱，「鼉鼓逢逢」之「逢逢」段玉裁《詩經小學》訓作「鼓聲」[131]，即以鼉皮為鼓之聲，逢逢作響，呂祖謙《呂氏家塾讀詩記》曰：「樂文王有鐘鼓之樂，述民樂之辭也。」[132]王靜芝《詩經通釋》亦言：「民聞鼉鼓逢逢之聲，則知樂師之在奏樂矣。此謂知樂師之奏樂，則知王樂矣；知王之樂，則百姓與同歡焉。」[133]不然，「雖有臺池鳥獸，賁鏞鐘鼓，民不同樂，則文王亦弗能樂矣。故能有聞王鼓樂於此，欣欣然有喜色。」[134]是也。

三、腹足綱

貝

《爾雅·釋魚》：「貝居陸贆，在水者蜬。大者魭，小者鰿。玄貝，貽貝，餘蚳，黃白文，餘泉，白黃文。」郭《注》：「陸水異名也。貝中肉如科斗，但有頭尾耳。」邢《疏》：「此辨貝居陸居水、大小文彩不同之名也。」《說文·貝部》：「海介蟲也。居陸名猋在水蜬。」[135]陸璣《毛詩草木鳥獸蟲魚疏》：「貝，水中介蟲也，龜鼈之屬。大者為魭，小者為貝。其文彩之異，大小之殊甚眾，古者貨貝是也。餘蚳，黃為質，以白為文；餘泉，白為質，黃為文。」[136]《埤雅·釋魚》：「獸二為友，貝二為朋。貝中肉如

131 「按《淮南·時則篇·注》引《詩》『鼉鼓洋洋』（洋即韸偽），《呂氏春秋·有始覽·注》引《詩》『鼉鼓韸韸』，《眾經音義》引郭璞《山海經·注》：《詩》云：『鼉鼓韸韸』是也。《廣雅》『韸韸，聲也。』」見《皇清經解毛詩類彙編》，段玉裁《詩經小學》，頁619，藝文印書館。
132 見呂祖謙《呂氏家塾讀詩記》卷二十五，頁73，欽定四庫全書。
133 見王靜芝《詩經通釋》，頁528，輔仁大學文學院叢書。
134 見朱守亮《詩經評釋》下，頁741，臺灣學生書局。
135 見許慎《說文解字》六篇下，頁281，黎明文化事業股份有限公司。
136 見陸璣《毛詩草木鳥獸蟲魚疏》卷下，頁17，欽定四庫全書。

科斗而有首尾,以其背用,故謂之貝。貝,背也,貝之字从目、从八,言貝目之所背也。」[137]

案:貝意指具有貝殼之軟體動物,其佔所有軟體動物之大半。貝類家族之成員眾多,最常見者爲腹足類與雙殼類。其中腹足類種類最多,現今世上有七萬多種,陸生者俗稱蝸牛,海生者通稱海螺。其多具有一螺旋卷曲之外殼,體分爲頭部、內臟囊、外套膜及腹側之肉足,故稱叫腹足類。其石灰質之貝殼即由外套膜分泌製造而成,殼之大小、厚薄則隨身體成長而增長,顏色、文彩亦繽紛多樣。

《詩經》言「貝」者,有二見,亦有二義,皆貝字詞組之意象。茲分述如下:

1、貝錦 —— 象徵讒人之巧言

此類詞組僅一見:

〈小雅·巷伯〉

萋兮斐兮,成是貝錦。彼譖人者,亦已大甚。(一章)

《傳》:「貝錦,錦文也。」《箋》:「錦文者,文如餘泉、蚳之貝文也。興也,喻讒人集作己過,以成於罪,猶女工之集采色以成錦文。」《釋文》:「貝,黃白文曰餘蚳。」《正義》:「解錦文稱貝者,其文如餘泉、餘蚳之貝文也。」

案:此爲人傷於讒,故作是詩以刺讒人。依《箋》義爲人本無罪,然因讒人之巧言,羅織人罪以爲構陷。范處義《詩補傳》亦曰:「貝,介蟲也。其文如錦,喻讒人之誣君子,因其近似而遂名之,故詩人深惡其然。」[138]詩人以貝之繽紛文采,喻讒人之舌燦蓮花,刻意巧佞,可謂取象鮮明,匠心獨具。余培林《詩經正詁》云:「貝錦,狀其巧言利口,堪稱妙絕。」[139]

---

137 見陸佃《埤雅》冊一,卷二,頁 12,百部叢書集成。
138 見范處義《詩補傳》,頁 82,通志堂經解。
139 見余培林《詩經正詁》下,頁 189,三民書局。

2、貝胄 —— 象徵軍容壯盛整齊

此類詞組僅一見：

〈魯頌・閟宮〉

公車千乘，朱英綠縢，二矛重弓。公徒三萬，**貝胄朱綅**，

烝徒增增。戎狄是膺，荊舒是懲，則莫我敢承……。（四章）

《傳》：「貝胄，貝飾也。朱綅，以朱綅綴之。」《正義》：「公之徒眾有三萬人矣，以貝飾胄，其甲以朱繩綴之，進行之時，增增然眾多。」朱熹《詩集傳》：「貝胄，貝飾胄也。朱綅，所以綴也。」[140]

案：胄，盔也。綅，繩也。「貝胄」指飾有貝殼之頭盔也，或以為盔有似貝形之花紋也。[141]貝之形色豔麗，古人除貨貝外，亦用以為飾。毛晉《陸氏詩疏廣要》曰：「晉宋間，猶以飾軍容服物，蓋〈魯頌〉稱戎服之盛，有『貝胄朱綅』，則以貝為飾舊矣。」[142]此言士兵眾多，以貝飾盔，朱線以綴貝，展現壯盛整齊之軍容，故能北擋戎狄，南懲荊舒，使之莫敢禦也。

四、多物之綜合體

龍

《說文・龍部》：「龍，鱗蟲之長。能幽能明，能細能巨，能短能長。春分而登天，秋分而潛淵。从肉，龍肉飛之形。」[143]《埤雅・釋魚》：「龍八十一鱗，具九九之數。九，陽也。龍亦卵生思抱，雄鳴上風，雌鳴下風，而風化。有鱗曰『蛟龍』，有翼曰『應龍』，有角曰『虯龍』，蓋蟲莫智於龍。龍之德不為妄者，能與細

---

140 見朱熹《詩集傳》卷二十，頁 242，華正書局。
141 見朱守亮《詩經評釋》下，頁 939，臺灣學生書局。
142 見毛晉《陸氏詩疏廣要》卷下之下，頁 142，欽定四庫全書。
143 見許慎《說文解字》十一篇下，頁 588，黎明文化事業股份有限公司。

細，能與巨巨，能與高高，能與下下。故《易‧乾》以龍御天，龍，天類也。蔡墨曰：『龍，水物也。《周易》有之。在〈乾〉之〈姤〉曰：『潛龍勿用』，其〈同人〉曰：『見龍在田』，其〈大有〉曰：『飛龍在天』，其〈夬〉曰：『亢龍有悔』，其〈坤〉曰：『見群龍無首，吉。』俗云：『龍精於目』又曰：『龍能變水』又曰：『龍不見石。』《法言》曰：『龍以不制爲龍。』舊說：『蛟龍畏鐵』又云：『龍肉以醯漬之，則文章生。』今相家說龍，人臣得其一體，當至公相。[144]《本草綱目‧鱗部‧龍》：「按羅願《爾雅翼》云：『龍者，鱗蟲之長。』王符言其形有九：似頭；似駝角；似鹿眼；似兔耳；似牛項；似蛇腹；似蜃鱗；似鯉爪；似鷹掌；似虎是也。其背有八十一鱗，具九九陽數，其聲如戞銅盤口，旁有鬚髯，頷下有明珠，喉下有逆鱗，頭上有博山，又名尺木。龍無尺木，不能升天。呵氣成雲，既能變水，又能變火。《釋典》云：『龍交而變爲二小蛇。』又小說載龍性粗猛，而愛美玉，空青，喜嗜燕肉，畏鐵及菵草。」又蛟龍曰：「按任昉《述異記》云：『蛟乃龍屬。其眉交生，故謂之鮫。』按裴淵《廣州記》云：『鮫長丈餘，似蛇而四足，形廣如楯，小頭細頸，頸有白嬰，胸前赭色，背上青斑，脇邊若錦，尾有肉環，大者數圍，其卵亦大。』」[145]

案：前人所言之「龍」，定義分歧，形象不一，性質多元。就定義言，《說文》以爲鱗蟲之長，聞一多以爲乃綜合圖騰之虛擬物，其〈伏羲考〉曰：「龍是一種圖騰，並且是只存在於圖騰中而不存在於生物界中的一種虛擬的生物，因爲它是由許多不同的圖騰糅合成的一種綜合體。」[146]就形象言，羅願謂：「角似鹿，頭似駝，眼睛似兔，頸似蛇，腹似蜃，鱗似魚，爪似鷹，掌似虎，耳朵似牛。」[147]《埤雅》言龍具八十一鱗，《本草》則云龍鬚冉逆鱗。就

---

144 見陸佃《埤雅》冊一，卷一，頁3，百部叢書集成。
145 見李時珍《本草綱目》二十二，卷四十三，頁53，58，臺灣商務印書館。
146 見《聞一多全集》，《神話與詩‧伏羲考》頁26甲，開明書店。
147 見龐進《中國的圖章－說龍談鳳話麒麟》，頁19，陝西人民出版社。

性質言，則是喜水、好飛、通天、善變、靈異、徵瑞、兆禍、示威。

　　以科學觀點而論，龍之形象起源於距今七八千前年之新石器時代，[148]乃先民透過模糊集合所產生之「神物」，其形象乃融會眾多動物形象中最神奇之部分而成，幾將水中生物，地上走獸，空中飛鳥與自然天象「一網打盡」，故未見於今之生物。大陸學者龐進言：「龍是中國古人對魚、鱷、蛇、豬、馬、牛、鹿等動物，和雲、雷電、虹霓、龍捲風等自然天象模糊集合而產生的一種神物。」[149]

　　若從文化角度言之，龍之形象由簡單至複雜，龍之內涵由樸素至豐富，於祭神、祈雨、慶典等活動中，龍發揮相當重要之作用。龐進曰：「龍形象之演變與發展過程，乃源於對自然之崇拜與敬畏。先民們是以現實生物和自然天象為基礎，將自己的對身外世界的畏懼、依賴、疑惑、理解、想象、崇拜等等，都貫穿、投注、體現到龍的模糊集合中了。從審美的角度來看，龍無疑是古人的一種藝術創造。它是從一個個具體物象而來，經過由眾多人參與的模糊集合，形成一個建立在各個具體物象之上，又涵蘊着各個具體物象的新的形象。它的形成過程，是『美』的因素集納的過程，其間滲透著、灌注著古人的神話猜想、宗教體味、審美快感和藝術情趣。」[150]其進一步分析道：經過漫長複雜之吸納、整合、傳承、及演變，「龍」已成中華民族之文化象徵，故亦以「龍

148　「考古實物和文獻資料已經證明中國龍起源於距今七八千前年之新石器時代。……遼寧阜新查海原始村落遺址出土的『龍形堆塑』，為我們的『時間定位』提供著證據。查海遺址屬『前紅山文化』遺存，距今約八千年。接下來還有內蒙古赤峰趙寶溝遺址出土的距今達七八千年的陶器龍紋，陝西寶雞北首嶺遺址出土的距今達七千年的彩陶細頸瓶龍紋、河南濮陽西水坡出土的距今六千四百多年蚌塑龍紋等。」說見龐進《中國的圖章 ── 說龍談鳳話麒麟》，頁 87，167，陝西人民出版社。

149　見龐進《中國的圖章 ── 說龍談鳳話麒麟》，頁 170，陝西人民出版社。

150　見龐進《中國的圖章 ── 說龍談鳳話麒麟》，頁 170-171，陝西人民出版社。

之傳人」自居。而龍所展現之精神意涵，則可概括爲團結兼容、造福人類、開拓奮進、與天和諧等四項精神。[151]

　　綜上得知，龍爲一模糊集合之神物，且具多元之神性，乃民族文化之對應、外化、體現與釋放。古人將之列入魚部，自當釐清。[152]總之，龍雖非自然界存在之動物，然其形象已深植於中國人之思想與生活，舉凡節日祭祀、音樂歌舞、競技游藝、武術健身、起居用具、服裝畫飾、建築名勝等等，皆有其文化上之意涵。因而科學使人破除迷信，活的清楚，而人文令人精神愉悅，活的情致深長，別有韻味，科學與人文之互補，於龍或可體現之。

　　《詩經》言龍者，計八見。其中〈鄭風‧山有扶蘇〉「隰有游龍」之「龍」，乃植物也[153]，〈小雅‧蓼蕭〉「爲龍爲光」、〈周頌‧酌〉「我龍受之」及〈商頌‧長發〉「何天之龍」三「龍」字，義爲寵也。毛《傳》曰：「龍，寵也。」餘四見約有二義，皆龍字詞組之意象。茲分述如下：

1、龍盾 —— 象徵軍容壯盛整齊

　　此類詞組僅一見：

　　〈秦風‧小戎〉

　　　　四牡孔阜，六轡在手。騏駵是中，騧驪是驂。**龍盾**之合，鋈以觼軜。言念君子，溫其在邑。方何爲期？胡然我念之？

　　　　（二章）

　　《傳》：「龍盾，畫龍其盾也。」《正義》：「盾以木爲之，而謂之龍盾，明是畫龍於盾也。此說車馬之事，盾則載於車上，故云合而載之。王肅曰：『合而載之，以爲車蔽也。』」朱熹《詩集傳》：

---

151 見龐進《中國的圖章－說龍談鳳話麒麟》，頁 13-15，陝西人民出版社。
152 「即『畏懼』、『飛離』、『合和』、『悖逆』。」說見龐進《中國的圖章－說龍談鳳話麒麟》，頁 184，陝西人民出版社。
153 「陸璣《疏》：曰「游龍，一名馬蓼，葉粗大而赤白色，生水澤中。」見毛晉《陸氏詩疏廣要》卷上之上，頁 41，欽定四庫全書。及見朱熹《詩集傳》曰：「游，枝葉放縱也。龍，紅草也。」見卷四，頁 52，華正書局。

「盾，干也。畫龍於盾，合而載之，以爲車上之衛。」[154]

　　案：《傳》及《正義》皆言龍盾即「畫龍於盾」，後之說詩者亦多從之。如陳奐《詩毛氏傳疏》曰：「『畫龍於盾』，刻畫龍文於盾也。」[155]王靜芝《詩經通釋》曰：「龍盾，盾上畫龍文者也。」[156]唯馬瑞辰《毛詩傳箋通釋》則以爲，「龍」爲下章「蒙」之假借，其言曰：「龍、厖、蒙三字，古聲近通用。《周官·牧人》『凡外祭毀事，用厖可也。』注：『故書厖作龍。』杜子春曰：『龍當爲厖。』《考工記·玉人『上公用龍。』鄭司農亦云：『龍當作厖。』詩〈旄邱〉『狐裘蒙戎』，《左傳》作『厖茸』，是其證也。此詩『龍盾』蓋即下章所謂『蒙伐』，《箋》以爲『厖，伐也。』作龍者，假借字耳。」[157]然馬氏之說可疑有二：一是龍果爲假借字，《傳》、《疏》理應知之，然《傳》曰：「蒙，討羽也。伐，中干也。」《正義》曰：「上言龍盾是畫龍於盾，則知蒙伐是畫物於伐。故以蒙爲討羽，謂畫雜鳥之羽以爲盾飾也。」可知二說不以龍爲蒙也。二是龍於先民心中乃一能溝通天地之神獸，靈異及兇猛威厲之性，兼而有之，故能庇佑於人，徵兆吉祥。以龍紋爲盾者，當是希冀「見龍」作爲「瑞應」。且此之「龍盾」與下章之「虎韔」相應，而龍虎對稱，由來已久。如河南濮陽西水坡出土之蚌塑，距今六千四百多年，蚌塑中之龍與虎分處墓主人之遺骨兩側，表明此墓主人得龍虎之助頗具神威。[158]此皆較「蒙」字爲切，故不從。

　　此爲秦大夫遠征西戎，其婦念之之詩。二章前六句寫武事，馬壯盾堅，展現整齊壯盛之軍容。姚際恆《詩經通論》曰：「寫軍容之盛，細述其車馬、器械、制度，刻琢典奧，於斯極矣。」[159]所

154 見朱熹《詩集傳》卷六，頁 76，華正書局。
155 見陳奐《詩毛氏傳疏》卷十一，頁 148，續修四庫全書。
156 見王靜芝《詩經通釋》，頁 265，輔仁大學文學院叢書。
157 見馬瑞辰《毛詩傳箋通釋》冊一，卷十二，頁 11，中華書局。
158 見龐進《八千年中國龍文化》，頁 191，人民日報出版社。
159 見《詩經要籍集成》26，姚際恆《詩經通論》，卷七，頁 443，學苑出版社。

言極是。

2、龍旂 ── 象徵諸侯

此類詞組有三見：

（1）〈周頌・載見〉

> 載見辟王，曰求厥章。龍旂陽陽，和鈴央央。鞗革有鶬，
> 休有烈光。
>
> 率見昭考，以孝以享，以介眉壽。永言保之，思皇多祜。
>
> 烈文辟公，綏以多福，俾緝熙于純嘏。

《傳》：「龍旂陽陽，言有文章也。」《箋》：「諸侯始見君王謂見成王也。交龍爲旂。」《正義》：「龍旂者，旂上畫爲交龍，故知『陽陽』，言有文章。」朱熹《詩集傳》：「交龍曰旂。此諸侯助祭于武王廟之詩。」[160]

案：《周禮・司常》曰：「司常掌九旗之物，名各有屬，以待國事。日月爲常，交龍爲旂。」又曰：「及國之大閱，贊司馬頒旗物。王建大常，諸侯建旂。」鄭玄《注》云：「諸侯畫交龍，一象其升朝，一象其下復也。」[161]可知「交龍」爲諸侯之旗。

此爲「諸侯助祭于武王廟之詩。」[162]朱熹曰：「詩先言其來朝，稟受法度，其車服之盛如此。」故知詩中之「龍旂」，象徵諸侯。

（2）〈魯頌・閟宮〉

> 魯公，俾侯于東；錫之山川，土田附庸。周公之孫，莊公
> 之子，龍旂承祀，六轡耳耳。春秋匪解，享祀不忒……。
>
> （三章）

《箋》云：「交龍爲旂。」

案：「龍旂承祀」之龍旂，同前〈周頌・載見〉「龍旂陽陽」之龍旂，皆象徵諸侯。

---

160 見朱熹《詩集傳》卷十九，頁 230，華正書局。
161 見《十三經注疏》，《周禮・司常》卷二十七，頁 420-421，藝文印書館。
162 見朱熹《詩集傳》卷十九，頁 230，華正書局。

（3）〈商頌・玄鳥〉

> 天命玄鳥，降而生商。宅殷土芒芒。古帝命武湯，正域彼
> 四方。方命厥后，奄有九有。商之先后，受命不殆，在武
> 丁孫子；武丁孫子，武王靡不勝。龍旂十乘，大糦是承。

《箋》云：「交龍爲旂。」

案：此之龍旂，同前〈周頌・載見〉「龍旂陽陽」之龍旂，皆象徵諸侯。

第三節　名爲蟲而實非蟲者

凡《詩經》中名爲蟲而義非蟲者，皆於此節中辨析。計四見，約分二類：一爲鳥屬；二爲氣體。分述如下：

一、鳥　綱

（一）飛蟲

「飛蟲」一詞，僅見於《詩・大雅・桑柔》篇，《正義》：「《經》言飛蟲，《箋》言飛鳥者，爲弋所獲，明是飛鳥，蟲是鳥之大名，故羽蟲三百六十，鳳皇爲之長，是鳥之稱蟲者也。」王夫之《詩經稗疏》：「赫蟲之飛者，撲之而已，無容弋而獲之。弋者，生絲繳矢，所以射鳥，非所以獲蟲者也。飛蟲蓋即拚飛之桃蟲，鷦鶸也。」[163]

案：飛蟲即飛鳥，殆無疑義。然以飛蟲即桃蟲，除王氏之說，別無所見。且「〈大雅・桑柔〉云：『弋獲』，必屬大鳥，桃蟲小鳥

---

163 見王夫之《詩經稗疏》卷三，頁 859，欽定四庫全書。

耳。」[164]是知其為鳥,餘未詳。

《詩經》言「飛蟲」僅一見,象徵貪人。

〈大雅・桑柔〉

> 嗟爾朋友!予豈不知而作?如彼**飛蟲**,時亦弋獲。既之陰女,反予來赫。(十四章)

《箋》:「女所行如是,猶鳥飛行,自恣東西南北,時亦為弋射者所得。言放縱久無所拘制,則將遇伺女之間者,得誅女也。」

案:《箋》未明言「女」之身分,《正義》則申之曰:「上既言貪人敗善,故又責此貪人。」又曰:「我豈不知汝之所行者為惡與?言已知其惡也。為惡不已,如彼翻飛之蟲,恃其羽翮之力,自恣東西南北,有時亦為弋者所獲。言貪人恃此詐偽之智,自恣侵害良善,有時亦將為所誅。」是以飛蟲喻貪人。而朱熹《詩集傳》曰:「如彼飛蟲,時亦弋獲,言己之所言或亦有中。」[165]又馬瑞辰《毛詩傳箋通釋》曰:「《詩》以飛鳥之難射,時亦以弋射獲之。喻貪人之難知,時亦以窺測得之耳。」[166]朱熹、馬瑞辰雖以射者為詩人自喻,有別於《箋》,然以「飛蟲」象徵貪人,則眾家所同也。惟陳奐《詩毛氏傳疏》云:「飛蟲喻眾民。」又曰:「言我欲是庇陰女眾民,乃當時執政者反予之志,是侵削之也。」[167]此解未若象徵貪人貼切詩義,故不從。

(二)桃蟲

《爾雅・釋鳥》:「桃蟲,鷦。其雌鴱。」郭《注》:「鷦鴱,桃雀也,俗呼為巧婦。」邢《疏》引《方言》:「巧婦之名,自關而東謂之工爵,或謂之過蠃,或謂之女匠;自關而東謂之鷦鴱,

---

164 見林嘉珍〈鳥類意象即其原型研究〉,頁149,臺灣師範大學國研所集刊第三十八號。
165 見朱熹《詩集傳》卷十八,頁210,華正書局。
166 見馬瑞辰《毛詩傳箋通釋》冊三,卷二十六,頁26,中華書局。
167 見陳奐《詩毛氏傳疏》卷二十五,頁370,續修四庫全書。

自關而西謂之桑飛，或謂之韈爵是也。」陸璣《毛詩草木鳥獸蟲魚疏》：「桃蟲，今鷦鷯是也。微小于黃雀，其雛化而爲鵰。故俗云：『鷦鷯生鵰。』」[168]《埤雅·釋鳥》引《說苑》：「鷦鷯，巢於葦茗，繫之以髮，鳩性拙，鷦性巧，故鷦俗呼巧婦，一名工雀，一名女匠。其喙尖利如錐，取茅秀爲巢，巢至精審，以麻紩之，如刺韈然，故一名韈雀。」[169]

案：依古書所載之桃蟲，當爲鳥綱、雀形目、鷦鷯科之鷦鷯，其爲鳥而非蟲，確矣。至於『鷦鷯生鵰』之說，物之變化，容有此理？王先謙《詩三家義集疏》

引《藝文類聚》疑此即「布穀生子，鷦鷯養之，長則化而爲鵰也。」[170]

《詩經》言「桃蟲」者，僅一見，象徵成王。

〈周頌·小毖〉

予其懲，而毖後患。莫予荓蜂，自求辛螫。肇允彼<u>桃蟲</u>，拚飛維鳥。

《傳》：「鷦也，鳥之始小終大者也。」《正義》引陸《疏》：「桃蟲，今鷦鷯是也。微小于黃雀，其雛化而爲鵰。故俗云：『鷦鷯生鵰。』」

案：《傳》、《正義》皆謂桃蟲爲鳥，其非蟲明矣。而「桃蟲」之意象，前人訓解紛歧，《箋》以爲始者信以彼管蔡之屬，雖有流言之罪，如鷦鳥之小，不登誅之，後反叛而作亂，猶鷦之翻飛爲大鳥也。朱熹《詩集傳》同，而黃中松《詩疑辨證》則謂：「鳥似比武庚。」[171]上說皆未當。余培林《詩經正詁》曰：「桃蟲二句，乃以自喻，『飛』字與末句『集』對舉，脈絡宛然。鄭玄、朱子乃

---

168 見陸璣《毛詩草木鳥獸蟲魚疏》卷下，頁 14，欽定四庫全書。

169 見陸佃《埤雅》冊二，卷八，頁 12，百部叢書集成。

170 見王先謙《詩三家義集疏》卷二十六，頁 360，鼎文書局。

171 「信桃蟲而不知其能爲大鳥，此其所當懲者。蓋指管蔡之事也。」見《詩經要籍集成》26，黃中松《詩疑辨證》卷十九，頁 233，學苑出版社。

謂指管蔡之事，不知其何所見而云然。」並於「集」字注曰：「即〈唐風·鴇羽〉『集於苞栩』之『集』，止也。此謂鷦鷯雖小鳥，終能翻飛於天，逍遙自得；我則始也遭家多難，今又處於辛苦之境，曾小鳥之不如也。」[172]余師之說，「桃蟲」乃成王自喻，有破有立，所言當是。

　　此為成王自警之詩。方玉潤《詩經原始》以為此詩名雖小毖，意實大戒，蓋深自懲也，此說頗有深意。全詩一章八句，首二句「予其懲，而毖後患。」明言詩旨。末二句呼應首二句所懲者，即人不如鳥。「家多難」、「集於蓼」即所謂「患」也。全詩思理清晰，首尾一貫，此詩取物自況，故知「桃蟲」象徵成王。

二、氣　體

「蘊隆蟲蟲」之「蟲蟲」

　　《爾雅·釋訓》：「爞爞，炎炎，薰也。」郭《注》：「皆旱熱薰炙人。」邢《疏》：「皆旱熱之氣薰炙人。〈大雅·雲漢〉云：『蘊隆蟲蟲』，爞、蟲音義同。」馬瑞辰《毛詩傳箋通釋》：「蟲蟲，即爞爞之渻，《說文》無『爞』，有『烐』云：『赤色也。從赤蟲省聲，讀與爞同。』疑爞即烐之變體，烐為赤色，而以狀暑之薰蒸，此詩亦以狀暑氣也。《字林》古『同』與『蟲』同音。《釋文》引《韓》詩作『烔烔』，《廣韻》『烔，熱氣烔烔。』」[173]

　　案：「蟲蟲」當作「爞爞」，阮元《毛詩注疏校勘記》曰：「明監本、毛本『爞爞』誤『蟲蟲』，閩本不誤。案以下同，唯一處誤為蟲蟲耳。《經》作『蟲蟲』，《正義》作『爞爞』者，『蟲』、『爞』古今字易而說之也。」[174]故可知詩「蟲蟲」乃「爞爞」之假借，「蟲

172 見余培林《詩經正詁》下，頁 577，三民書局。
173 見馬瑞辰《毛詩傳箋通釋》冊三，卷二十六，頁 29，中華書局。
174 見《十三經注疏》，阮元《毛詩注疏校勘記》十八之二，頁 667，藝文印書館。

蟲」非關蟲名也。

《詩經》言「蟲蟲」僅一見，象徵酷暑。

〈大雅‧雲漢〉

旱既太甚，蘊隆蟲蟲。不殄禋祀，自郊徂宮。上下奠瘞，
靡神不宗。后稷不克，上帝不臨，耗斁下土，寧丁我躬。
（二章）

《傳》：「蘊蘊而暑，隆隆而雷，蟲蟲而熱。」《正義》：「爞爞
是熱氣蒸人之貌，故云而熱。暑熱大同，蘊，平常之熱；爞爞，
又甚熱，故暑熱異其文。」朱熹《詩集傳》：「蟲蟲，熱氣也。」[175]

案：此言天旱爲災，且旱已太甚，《正義》謂「蘊，平常之熱；
爞爞，又甚熱。」熱氣薰蒸，久而不雨，作物皆枯，故詩言祭祀
天地百神，以祈降雨也。

第四節　名爲魚而實非魚者

凡《詩經》中名爲魚而義非魚者，皆於此節中辨析。僅哺乳
綱「有驔有魚」之「魚」一種，茲敘述如下：

哺乳綱

「有驔有魚」之「魚」

《爾雅‧釋獸》：「二目白，魚。」郭《注》：「似魚目也。《詩》
曰：『有驔有魚。』」邢《疏》：「此別馬毛色不純之異，二目白者，
名魚，言以魚目也。」姚炳《詩識名解》：「魚，羅瑞良引相馬之
說云：『馬目欲得黃，又欲光而有紫焰，若小而多白，則驚畏，驚

---

175 見朱熹《詩集傳》卷十八，頁 211，華正書局。

畏，馬之大病，故其序尤在後。」此非也，夫馬固以黃瞳紫焰爲良，但就病不病而言，若二目本白者，自是一種，不可以爲病馬而棄之，序後之說泥甚。」[176]

案：王引之《經義述聞》曰：「自驈白駁以下，皆言馬之毛色。『二目白，魚』者，謂二目毛色白曰魚，不言毛者，承上文諸毛字而省，猶之黑脣駢，黑喙騧，謂脣與喙邊之毛色也。」[177]王氏之說與邢《疏》，及詩上文言毛色者合，較姚、羅二氏以爲馬目中白爲佳，故從之。諸家於二目白訓解雖異，然言「有驒有魚」之「魚」，乃馬非魚則同也，以其二目毛色白似魚，故名「魚」也。

《詩經》言獸義之「魚」者，僅一見，象徵賢人君子

〈魯頌・駉〉

> 駉駉牡馬，在坰之野。薄言駉者，有駰有騢，有驒有<u>魚</u>，以車祛祛。思無邪，思馬斯徂。（四章）

《傳》：「二目白曰魚。」《釋文》：「《字書》作『鮩』，《字林》作『䱉』，音並同，《爾雅》云：『二目白驈。』」

案：陳啓源《毛詩稽古編》：「〈駉〉篇所說馬名，凡十有六。」[178]可知「有驒有魚」之「魚」爲馬名。古以馬之多寡，象徵國之強弱，故《論語・公冶長》有「千乘之國」、「百乘之家」[179]等語。

此頌僖公之詩，《詩序》曰：「頌僖公也。」詩稱馬之盛多，即贊國之富強，隱則美僖公。所美僖公者，不單言僖公馬政有成耳，尚借以比喻賢人之眾也。方玉潤《詩經原始》曰：「愚獨以爲喻魯育賢之眾，蓋借馬以比賢人君子耳。」又曰：「此雖駉馬歌，實一篇賢才頌耳。」[180]較朱熹《詩集傳》謂：「此詩言僖公牧馬之

---

176 見姚炳《詩識名解》卷四，頁 371-372，欽定四庫全書。
177 見王引之《經義述聞》卷二十八，頁 549， 鼎文書局。
178 見《皇清經解毛詩類彙編》，陳啓源《毛詩稽古編》，頁 234，藝文印書館。
179 見《十三經注疏》，《論語》卷五，頁 42，藝文印書館。
180 見方玉潤《詩經原始》，頁 1344，藝文印書館。

盛，由其立心之遠，故美之。」[181]來得有深意，而朱守亮《詩經評釋》說同。蓋賢人君子眾，則國亦強盛，此或以馬喻賢之濫觴也。

---

181 見朱熹《詩集傳》卷二十，頁 237，華正書局。

第五章 結 論

　　裴普言《詩經的文學價值》謂文學乃時代之產物，社會生活之反映，人類情感之流露。[1]商爲游牧民族，故重視天象，周人則特重農業，鳥獸草木蟲魚皆與其生活關係密切，故《詩經》爲反映周代社會之詩歌，由詩中蟲、魚物象之運用，可知周朝社會生活文化中，蟲、魚爲其文學不可或缺之對象，亦見周民族與自然息息相關之聯繫。

　　本論文就生物及文學兩大面向切入，並融二者爲一體，經歸納可獲致以下結論，茲分二節論述之。

第一節 生物觀點

　　《詩經》之蟲、魚二類，從生物屬性深入研究，獲幾項結論如后：

一、多數蟲、魚，人皆耳熟能詳，且於現今分類學上，咸可得其生物類屬 ── 《詩經》所提及之蟲、魚，雖名稱各異，時代久遠，環境變遷，然多爲平常可識之物。而瀕臨絕種如鱣、鮪者，亦仍有實物爲證，可知《詩經》誠反映一般民生所見，屬平實可親之文學也。

二、對前人誤解或懸而未決之蟲、魚屬性，提供科學之客觀

---

1 見裴普賢、糜文開著《詩經欣賞與研究》冊四，頁 375，三民書局。

依據，避免人云亦云——如螽斯，前人多以爲蝗，實則螽斯自有其類，屬直翅目、螽斯科，與蝗科之蝗蟲有別；又如鰷，鄭《箋》以爲魚子，《本草綱目》則以爲鱤魚，以圖鑑驗之，當依《本草》所言。

三、增進博物學知識——《詩經》中蟲、魚之名與今同者，實另有其物。如〈小雅·魚麗〉「魚麗于罶，鱨鯊。」之「鯊」，非海中鯊魚，而指鱸形目、鰕虎魚科之鰕虎魚；再如〈衛風·碩人〉「鱣鮪發發」之「鮪」，乃指鱘形目、匙吻鱘科，生活於江河之白鱘，亦非深海之鮪魚。

四、正本清源，窺見古今生物觀之差異－經本文第四章蟲魚辨析得知，《詩經》中蟲字非蟲、魚字非魚者，其例有四，如〈周頌·小毖〉「肇允彼桃蟲」之桃蟲實爲鳥也，而〈魯頌·駉〉「有驒有魚」之魚，誠馬獸也，餘如「飛蟲」、「蟲蟲」等，此類雖少，豈可輕忽？如解詩之鑰，未辨明之將不得其要。

此外，古人蟲、魚之界說甚廣，諸多兩棲、爬蟲類如龜、鱉、蛇、蜴等皆視爲蟲、魚類屬，本文賴生物科學之助，逐一予以釐清，而古今生物觀之差異亦同時竝現。

第二節　文學觀點

《詩經》之蟲、魚類意象，依據二、三章對蟲、魚特性之說明，及蟲、魚於詩中之表現，可依意象之分類與內容、意象之主題、意象之媒介三部分，歸納而獲致結論。

一、蟲魚意象之分類與內容

（一）以分類言之：

1、 蟲類之意象，共四十五見、二十四種、分布於十八篇詩中。以蟲之總稱爲意象者，僅一見；以蟲之特殊名稱爲意象，如「賊」者，三見，與以蟲之個別名稱爲意象者相比，二類數量均少，不成比例。而「賊」字爲蟲名者，自《詩經》後，並不復見；而以蟲之個別名稱爲意象者，爲數最多，計七目、二十三種、四十一見。其中言螽者五，最多；言蟋蟀者四，次之；言青蠅、螽斯、蜉蝣、蜩、賊者各三，再次之；言蠶、草蟲、阜螽者各二，更次之；其餘蟲類皆僅一見。（參見表二《詩經》蟲類數種統計，頁 197）

2、 魚類之意象，共五十一見（魚字指個別種類者未列入，凡十三見）、十四種、分布於二十四篇詩中。以魚之總稱爲意象者，計十五見；以魚之特殊名稱爲意象，如「台」者，有二見；以魚之個別名稱爲意象者，計四目、十三種、三十四見，數亦最多。其中言魴者九，最多；言鱣、鯉者各四，次之；言鱮、鮪者各三，再次之；言嘉魚、鱨、鰋、台（鮐）者各二，更次之；所餘皆僅一見。（參見表三《詩經》魚類數種統計，頁 198）

（二）以內容言之：

1、 蟲類意象中，螟、螣、螽、賊、蜂、青蠅，以其常爲害人之生活環境，多象徵小人，餘則象徵一切害蟲；草蟲、阜螽、斯螽、莎雞、蟋蟀等之生物特性規律，或象徵月份，或象徵季節，或象徵歲暮，或象徵天寒，多與物候相關；蜻蜓、蛾、蠶，以其外形特徵，多用以象徵美人，並成爲後世固定之意象。所餘如螽斯象徵子孫眾多；蜉

蝣象徵君臣競慕華飾,虛而不實;蜩、螗象徵亂聲等,所象徵之意象,皆與蟲之物性特徵密不可分,故能引起讀者之共鳴。

2、 魚類意象中,「魚」字或象徵人民,或象徵賢人,或象徵豐年,或象徵禮意之勤,可謂多元不一;而個別名稱裡,魴味美、難釣,屬中型上等魚類,其意象亦因詩人之著眼角度不同而異,或象徵人物,或象徵友群和諧,或象徵技藝高超。鱮、鰷、鱒、鱧四魚,於詩中皆與魴並言或連言,故其意象多與之同。鯉爲魚之上品,故爲佳餚珍饌之典型,餚中有鯉,或象徵佳餚,象徵禮意之勤,或象徵備禮之隆。鰥、鰋與鯉並言,其意象亦與鯉同之。鱨、鯊之意象同於前者。至於鱣、鮪二魚,體大味美,其意象或象徵賢人,或象徵隨從之盛,或象徵備禮之隆。可知魚之種類雖多,然單獨出現者少,僅五見,如〈周南・汝墳〉「魴魚赬尾」、〈小雅・南有嘉魚〉「南有嘉魚」等,詩中多魚並言或連言者眾,故意象亦多相同。

二、蟲魚意象之主題

《詩經》蟲、魚類意象之主題,經歸納約有七項:(一)關係國家(二)反映現實(三)象徵人物(四)象徵人際關係(五)象徵物候(六)象徵美貌(七)展現禮儀。分述如下:

(一)關係國家

《詩經》蟲、魚類中關係國家之主題者,蟲類有一篇、二見,皆象徵亂聲,如〈大雅・蕩〉「如蜩如螗」;而魚類有五見,其中象徵人民二見,如〈檜・匪風〉「誰能烹魚」等,象徵豐年一見,如〈小雅・無羊〉「眾維魚矣」,象徵軍容壯盛整齊二見,如〈小

雅・采薇〉「象弭魚服」等，共計七見。

　　由上可知，有關國家之意象，蟲類以蜩、螗爲主，蓋蜩、螗聲噪，詩藉以呈現朝中發言盈庭，毫無承擔之亂聲，其鮮明之意象，藝術之價值，千百年後仍獨特而經典。魚類則皆以魚之「總稱」呈現此類主題，殆因人民爲國家之主體，而魚爲人民生活必需之食材之一故耳。此外，魚亦常用於祭祀，大陸華中地區，人們習以魚頭向財神獻祭，其象徵「富裕之起頭」，故魚多即「餘多」，乃物阜民裕豐年之兆，自與人民生活密不可分，詩人藉以爲象徵，藝術表現切合而自然。

（二）反映現實

　　《詩經》中蟲、魚類意象反映現實之主題者，蟲類有十二見，魚類四見，共計十六見，以呈現一般人民及在位者之生活。茲分述如下：

1、一般人民之生活

　　此類計九見

　　　　（1）蟲類：象徵一切害蟲三篇、六見，如〈大雅・桑柔〉「降此蟊賊」等，象徵荒涼景象一見，如〈豳風・東山〉「熠燿宵行」，象徵蠶事忙碌時節一見，如〈豳風・七月〉「蠶月條桑」，象徵婦女分內之事一見，如〈大雅・瞻卬〉「休其蠶織」，以上僅蟲類意象有之。

2、在位者之生活

　　此類計七見

　　　　（1）蟲類：象徵晏起之託辭一見，如〈齊風・雞鳴〉「蒼蠅之聲」，象徵子孫眾多一見，如〈周南・螽斯〉「螽斯羽」，象徵君臣競慕華飾，虛而不實一見，如〈曹風・蜉蝣〉「蜉蝣之羽」。

（2）魚類：象徵技藝高超二見。如〈小雅・采綠〉「維魴及
　　　　　鱮」等。象徵佳餚二見，如〈陳風・衡門〉「豈
　　　　　其食魚，必河之鯉？」等。

　　由上可知，蟲類意象多反映一般人民之生活，蓋《詩經》時
代為農業社會，收成豐碩與否，攸關民生甚大，故象徵一切害蟲
為數最多。魚類則以反映在位者之生活為主。

（三）象徵人物

　　《詩經》蟲、魚類意象用以象徵人物者，共計二十四見，約
分四類：一象徵在位者。二象徵賢人與不肖。三象徵女子與老人。
四其他。分述如下：

1、象徵在位者

　　此類計四見

（1）蟲類：象徵幽王一見，如〈小雅・小宛〉「螟蛉有子」。
（2）魚類：象徵世子伋一見，如〈邶風・新臺〉「魚網之設」，
　　　　　象徵周公二見，如〈豳風・九罭〉「九罭之魚，
　　　　　鱒魴。」等。

2、象徵賢與不肖

　　此類計十見

（1）蟲類：象徵勤於修德者一見，如〈小雅・小宛〉「果臝
　　　　　負之」，象徵小人四見，如〈周頌・小毖〉「莫予
　　　　　荓蜂」等，象徵讒人一見，如〈小雅・青蠅〉「營
　　　　　營青蠅」。
（2）魚類：象徵賢人四見，如〈小雅・正月〉「魚在於沼」
　　　　　等。

3、象徵女子與老者

　　此類計五見，象徵文姜三見，如〈齊風・敝笱〉「其魚魴鰥」
等，象徵年長老者二見，如〈周頌・閟宮〉「黃髮台背」等，以上

僅魚類意象有之。

4、其　他

此類計五見

（1）蟲類：象徵獨宿之征人一見，如〈豳風・東山〉「蜎蜎
　　　者蠋」。

（2）魚類：象徵嘉賓一見，如〈小雅・南有嘉魚〉「南有嘉
　　　魚」，象徵君子一見，如〈周南・汝墳〉「魴魚赬
　　　尾」。象徵隨從之盛二見，如〈衛風・碩人〉「鱣
　　　鮪發發」。

由上可知，象徵人物之主題，以象徵賢與不肖為數最多。而
值得玩味者，賢者多以魚象徵之，蓋魚安則喜躍，危則深潛，似
賢者「用之則行，舍之則藏。」之操守。至於不肖者，詩均以蟲
象徵之，如〈小雅・青蠅〉「營營青蠅」之青蠅，已深化為鑽取蠅
頭小利之讒人形象。

（四）象徵人際關係

《詩經》蟲、魚類意象中，言人際關係之主題者，共計五見。
蟲類一見，象徵友群和諧，如〈小雅・小弁〉「鳴蜩嘒嘒」；魚類
四見，亦象徵友群和諧，如〈大雅・靈臺〉「於牣魚躍」等。

由上可知，人際關係強調友群和諧，若能此，必家庭和樂，
社會安定，國家富強，足見詩人反映人民內心深處之期待。

（五）象徵物候

《詩經》蟲、魚意象中，用以表徵物候者，共計十見。象徵
天明一見，如〈齊風・雞鳴〉「蟲飛薨薨」，象徵季節四見，如〈召
南・草蟲〉「喓喓草蟲」等，象徵月份三見，如〈豳風・七月〉「斯
螽動股」等，象徵歲暮一見，如〈唐風・蟋蟀〉「蟋蟀在堂」，象
徵天寒一見，如〈豳風・七月〉「十月蟋蟀入我床下」，此一主題

僅蟲類意象有之。

由上得知，《詩經》時代為農業社會，多數昆蟲似氣候之哨兵，其規律之生物性，使古人生活、種植具可循之準則。《禮記·月令》曰：「仲春之月，蟄蟲咸動，啓戶始出。是月也，耕者少舍，乃修闔扇。」又曰：「仲春行夏令，則國乃大旱，煖氣早來，蟲螟為害。」[2]此言行令失所，恐致天災地害，凡得時則興，背時則廢，因而依時而動甚為重要，如〈豳風·七月〉寫農家一年四季之生活，可謂一幅完整之農家風俗畫。其中五章之斯螽、莎雞、蟋蟀三蟲，點明不同生產季節，舖墊情節之發展，月份之推進，深具渲染氣氛之藝術效用，故詩多以蟲象徵之。

（六）象徵美貌

《詩經》蟲、魚類意象中，言象徵美貌之主題者，共一篇、三見。象徵頸白而長一見，象徵眉之細長一見，象徵額之寬廣一見，如〈衛風·碩人〉「領如蝤蠐，螓首蛾眉。」此一主題僅蟲類意象有之。

由上可知，詩言美人，多以物象之。或部分或整體為喻，此類雖僅數見，卻如明珠，熠熠生輝。而類似意象，亦見於《詩經》中之芳草類，如荷、舜之花，喻女子之姣顏等，咸有等同之妙。

（七）展現禮儀

《詩經》蟲、魚類意象中，有關展現禮儀之主題者，共計十四見，約分二類：一指祭祀。二指燕饗，僅魚類意象有之。分述如下：

　　1、**祭祀**：計有六見，可歸於此類，皆象徵備禮之隆。如〈周
　　　　頌·潛〉「潛有多魚，有鱣有鮪，鰷鱨鰋鯉。」等。

---

2 見《十三經注疏》，《禮記·月令》卷十五，頁 300，302，藝文印書館。

2、燕饗：計有八見，可歸於此類，象徵禮意之勤。如〈小雅・魚麗〉「魚麗於罶，魴鱧。」等。

由上可知，展現禮儀之主題，咸以魚象徵之。蓋無論祭祀先祖，或宴請賓友，魚皆為桌上不可或缺之供品及佳餚。而「魚貴其多；多，貴其美；美，貴其時。」[3]故以多種魚類為象徵。

三、蟲魚意象之媒介

《詩經》中將人類情感與自然蟲、魚之型態、特性結合，除意象內容豐富可觀，反映當時社會之面貌外，亦呈現《詩經》時代之文學藝術，為後世提示出詩歌創作之技巧，以下就蟲、魚特性、形相、聲音三方面之運用論述之。

（一）用其特性

《詩經》時代為一農業社會，舉凡國計民生，皆與自然環境緊密相聯，人們從中擷取有利之資源，以蟲、魚為言，二者提供食、衣、物候等所需，社會各階層對蟲、魚之種類及屬性，當是十分熟悉。故詩人藉詩以吟詠心志，蟲、魚自然成為取象立意之對象。而《詩經》蟲、魚出現之型態，以蟲、魚本身之特性為主，此又可二分：一為提示具體物用狀況，如〈大雅・瞻卬〉「休其蠶織」，以蠶可製衣，象徵婦女分內之事；〈陳風・衡門〉「豈其食魚，必河之鯉？」將鯉象徵佳餚，及〈小雅・采薇〉「象弭魚服」之魚服，乃魚皮為飾之箭袋，象徵軍容壯盛整齊等。另一則是藉蟲、魚特性，以象徵生活各樣情思，如〈大雅・瞻卬〉「蟊賊蟊疾」之蟊，象徵小人；〈小雅・四月〉「匪鱣匪鮪」之鱣、鮪，象徵周公。前者為蟲、魚特性之佐證，後者於託物言志上，其運用之豐，正

---

3 見《戴東原先生全集》，戴震《毛鄭詩考證》，頁 144，大化書局。

是論文關注所在。

經由前文「蟲魚意象之主題」分析得知，同一蟲、魚，其所象徵之意象，將視詩人著眼角度不同而異。如〈小雅·小弁〉「鳴蜩嘒嘒」及〈大雅·蕩〉「如蜩如螗」之蜩，前者因蟬聲齊鳴，故象徵友群和諧；後者則以其聲噪，而象徵朝中亂聲。再如〈周南·汝墳〉「魴魚赬尾」與〈小雅·采綠〉「維魴及鱮」之魴，前者以雄魴於生殖求偶期，魚尾變赤，象徵詩中之君子；後者則以魴魚味美難釣，象徵技藝高超。而同一對象，亦運用不同蟲、魚之特性以象徵之，如以〈周頌·小毖〉「莫予荓蜂」及〈小雅·青蠅〉「營營青蠅」之蜂與青蠅，同象徵不肖之人；又如〈豳風·九罭〉「九罭之魚，鱒魴。」其中鱒、魴，同象徵周公等等。

由上可知，蟲、魚之物性特徵，乃詩人言志之重要關鍵與聯繫機制，故蟲、魚出現於詩中並非偶然，而是詩人鎔鑄對蟲、魚特性之理解，將其轉化為表現生活類似之現象與情感，誠為有意味之安排也。

（二）用其形相

詩人觸景興懷，感物思情，以直觀為主。而蟲、魚之色彩、線條、輪廓等外在形相，常為詩人擷取運用。其中以用於人物形貌之象徵最為常見，如蝤蠐體長而白，螓蟲額廣而方，蛾鬚細而纖長，詩遂用以況美人，如〈衛風·碩人〉「領如蝤蠐，螓首蛾眉。」寥寥數語，美態如在眼前。王士禎《漁洋詩話》亦曰：「余思《詩》三百篇，真如化工之肖物。〈碩人〉次章寫美人之姚冶，恐史道碩、戴嵩畫手，未能如此極妍盡態也。」

再如老者皮膚多有斑點，與鮐魚之紋彩甚似，故〈大雅·行葦〉「黃耇台背」之台背，用以象徵年老長者等。

此類為數雖不如運用特性之多，然所言美人幾成定式，台背亦成後世老人之代名詞，其文學價值之高，當無庸置疑。

（三）用其聲音

　　《詩經》蟲、魚類之聲音，有時較其特性、形相，更具傳達情感，輔助思考作用。如〈召南・草蟲〉之「喓喓草蟲」，聞草蟲鳴，即知時序已入夏秋，故用以象徵季節。劉勰《文心雕龍・物色篇》云：「詩人感物，聯類不窮，流連萬象之際，沉吟視聽之區，寫氣圖貌，既隨物以宛轉，屬采附聲，亦與心而徘徊。故『喓喓』學草蟲之韻。……並以少總多，情貌無遺。」[4]又如〈衛風・碩人〉「鱣鮪發發」，言魚尾著網發發（撥撥）作響，象徵隨從之盛。可知聲音之運用，具唯妙唯肖之趣，令人激賞。

結　語

　　人間最精煉而美麗之語言為詩歌，而《詩經》無疑為詩歌之翹楚，無論內容、形式、寫作技巧，前人均予以極高之文學評價。如張世祿《中國文藝變遷論》曰：「歐洲若無荷馬詩，則魏其爾、但丁、彌兒頓諸人，或永不產生於世上。中國無《詩經》，則楚辭以下之文藝，亦將無以產生。」可見其無比推崇之意。

　　本文僅就蟲、魚類意象一端言之，已是收穫不匪。論文先由生物觀點，以科學知識探究《詩經》之蟲、魚，今為何物；其次說明、分析其自然屬性於詩中之對照關係。就結果觀之，誠如《論語・陽貨篇》曰：「多識於鳥、獸、草、木之名。」除增進博物學知識，了解詩人觀物取象，興發詩情之創作方法外，尚能沿波溯源，得詩人豐美之意象，賞析詩歌耐人尋味之雋永內涵。綜合《詩經》蟲、魚之意象，以蟲、魚之自然特性，象徵人物之主題最多，

---

4 見王更生注譯，劉勰著《文心雕龍讀本・物色篇》第四十六，頁 302，文史哲出版社。

故詩人援引蟲、魚入詩，並不在歌詠蟲、魚本身之特質，而是透過蟲、魚之特性、形相、聲音，映襯人類生活中類似之現象與情思。由此可知，《詩經》雖無純粹蟲、魚之「詠物詩」，然蟲、魚於作品主題表現上，卻佔舉足輕重之地位，如〈大雅·召旻〉「蟊賊內訌」中，以蟊賊之為害，象徵小人，主題突出，形象鮮明，何須詞費？

此外，詩中之蟲、魚意象，亦反映周代社會文化，其主呈現下列幾面：首以蟲、魚分別象徵小人及賢達者，透露當時政治之現實情狀。其次，詩中蟲類每每用以作為物候象徵，展現古人浸潤於自然，對自然深刻之體驗與觀察。再則，喜好食魚之風尚，呈現《詩經》時代之飲食風貌。

總結以上《詩經》蟲、魚之意象，已為詩歌不可或缺之部分，其於表現主題、抒發情感方面，與草木鳥獸之意象等同其重，如星空之北辰，其價值與影響，自是不言而喻。詩人將平凡無奇之生物，提升至詩歌文學另一境地，超越客觀物象，塗抹文學色彩，展現文學新意，蟲、魚意象與詩句多為「羚羊掛角，無跡可尋。」達至高度物我無閒，渾然一體之和諧美，此正為研究價值所在，今若得藉蟲、魚意象之探究，釐清蟲、魚之範圍及屬性，復以重窺《詩經》援引外物之精義，即本文創作之特殊收穫也。

《詩經》蟲魚圖鑑

一、蟲類圖鑑

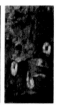

蠐螬（鍬形蟲及其幼蟲）

熠燿（螢火蟲）

螣（稻負泥甲蟲）

蝤（稻水象甲及其幼蟲）

蛾（橙擬燈蛾）

蠶

蠋（鳳蝶及其幼蟲）

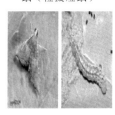

螟蛉（螟蛾及其幼蟲）

螟（二化螟及其幼蟲）

果蠃

蜂（蜜蜂）

蒼蠅（家蠅）

青蠅（麗蠅）　　　　蠓（薄翅蟬）　　　　蜩（高砂熊蟬）

螗（螗蜙）　　蟊斯（台灣擬騷斯）　　草蟲（台灣騷斯）

阜螽（大剪斯）　　斯螽（褐脈露斯）　　　　莎雞

蟋蟀（台灣大蟋蟀）　　蜉蝣　　賊（甘藷象鼻蟲及幼蟲）

二、魚類圖鑑

鱧（月鱧）

鯊（曙首厚唇鯊）

魴

鰱（鱮魚）

鰷（鱤魚）

鯉

鱒（赤眼鱒）

嘉魚（齊口裂腹魚）

鰷（鰺鰷）

鱨（黃顙魚）

鰋（短鰭鰋）

鱣（中華鱘）

鮪（白鱘）

台（密斑二齒魨）

三、非蟲魚圖鑑

伊威（鼠婦）

蠨蛸（蜘蛛）

蠆（蠍）

蛇（赤尾青竹絲）

虺（蛇蜥）

蜴（長尾南蜥）

蜮（血吸蟲與釘螺）

鴻

籧篨（玳瑁）

戚施（蟾蜍）

黿

龜（食蛇龜）

鼉（揚子鱷）　　　　　　　貝　　　　　　　　　龍

飛蟲　　　　　　桃蟲（鷦鷯）　　　　　　魚（馬）

蟲魚圖片出處

壹、蟲類圖片

一、蟷螗：張永仁昆蟲入門，遠流出版社。

二、熠燿：張永仁昆蟲圖鑑，遠流出版社。

三、螣：icgr.caas.net.cn/disease/01 —— 水稻/0530%20 水稻稻負泥甲.htm

四、螽：http://images.google.com.tw/images

五、蛾：張永仁昆蟲圖鑑，遠流出版社。

六、蠶：www.htps.tn.edu.tw/res/insects/han/han.htm

七、蠋：張永仁昆蟲入門，遠流出版社。

八、螟蛉：1、螟蛾幼蟲：aoki2.si.gunma-u.ac.jp/. ../kuwanomeiga.html

　　2、螟蛾：yoyo.center.kl.edu.tw/ New23/cp04_3.htm

九、螟：icgr.caas.net.cn/disease/01－水稻/0470-0472%20 水稻二
　　化螟.htm

十、果蠃：廖智安撰文、潘建宏攝影台灣昆蟲記，大樹文化。

十一、蜂：www.people.com.cn/.../ 37004/37005/2738850.html

十二、蒼蠅：張永仁昆蟲圖鑑，遠流出版社。

十三、青蠅：張永仁昆蟲圖鑑，遠流出版社。

十四、蟓：張永仁昆蟲圖鑑，遠流出版社。

十五、蝘：張永仁昆蟲圖鑑，遠流出版社。

十六、蟷：張永仁昆蟲圖鑑，遠流出版社。

十七、螽斯：張永仁昆蟲圖鑑，遠流出版社。

十八、草蟲：張永仁昆蟲圖鑑，遠流出版社。

十九、阜螽：張永仁昆蟲圖鑑，遠流出版社。

二十、斯螽：張永仁昆蟲圖鑑，遠流出版社。

二十一、莎雞：eshijing.myrice.com/ page3/study-1.htm

二十二、蟋蟀：張永仁昆蟲圖鑑，遠流出版社。

二十三、蜉蝣：張永仁昆蟲圖鑑，遠流出版社。

二十四、賊：

http://quarantine.entomol.nchu.edu.tw/quarantine/euscepes_postfaci
atus_c.htm

貳、魚類圖片

一、鱧：

159.226.2.5:89/gate/big5/www.kepu.net.cn/gb/lives/fish/import/200
210230075.html

二、鯊：陶天麟著台灣淡水魚地圖，晨星出版。

三、魴：

159.226.2.5:89/gate/big5/www.kepu.net.cn/gb/lives/fish/import/200210230034.html

四、鱮：

159.226.2.5:89/gate/big5/www.kepu.net.cn/gb/lives/fish/import/200210230010.html

五、鰥：

159.226.2.5:89/gate/big5/www.kepu.net.cn/gb/lives/fish/import/200210230023.html

六、鯉：

159.226.2.5:89/gate/big5/www.kepu.net.cn/gb/lives/fish/import/200210230006.html

七、鱒：

159.226.2.5:89/gate/big5/www.kepu.net.cn/gb/lives/fish/import/200210230026.html

八、嘉魚：

159.226.2.5:89/gate/big5/www.kepu.net.cn/gb/lives/fish/import/200210230062.html

九、鰷：陶天麟著台灣淡水魚地圖，晨星出版。

十、鱨：

159.226.2.5:89/gate/big5/www.kepu.net.cn/gb/lives/fish/small/200210240054.html

十一、鰋：http://fishdb.sinica.edu.tw/2001new/main1.asp

十二、鱣：

159.226.2.5:89/gate/big5/www.kepu.net.cn/gb/lives/fish/rare/200210230030.html

十三、鮪：

http://database.cpst.net.cn/popul/animal/interest/artic/40514215126.html

十四、台：行政院衛生署編台灣地區有毒魚貝類圖鑑，正中書局。

參、非蟲魚圖片

一、伊威：張永仁昆蟲入門，遠流出版社。

二、蠨蛸：www.geocities.co.jp/AnimalPark/2102/onigumoD337.jpg

三、蠆：張永仁昆蟲入門，遠流出版社。

四、蛇：陶天麟著台灣淡水魚地圖，晨星出版。

五、虺：www.remix-net.co.jp/.../ peponi_LIZARDS_zaiko.htm

六、蜴：陶天麟著台灣淡水魚地圖，晨星出版。

七、蜮：www.jschina.com.cn/.../ userobject1ai463175.html

　　　　血吸蟲與釘螺 www.pathobio.sdu.edu.cn/ parimage/dl.jpg

八、鴻：www.chinabiodiversity.com/ search/detail.shtm

九、籧篨：home.trtc.com.tw/MAGAZINE93/mag7009.asp

十、戚施：blog.elixus.org/ mao/archives/2003_05.html

十一、鼈：陶天麟著台灣淡水魚地圖，晨星出版。

十二、龜：陶天麟著台灣淡水魚地圖，晨星出版。

十三、鼍：animal.ioz.ac.cn/.../ amphitile/yangzie.html

十四、貝：www.wretch.twbbs.org/ blog/amarylliss&year=200

十五、龍：www.rakuten.co.jp/ naka/521118/563205/552453/

十六、飛蟲：www.greencom.com.tw/ gallery/album95/aat

十七、桃蟲：yoyo.center.kl.edu.tw/ new25/c1262.htm

十八、魚：www.hatena.ne.jp/ 1092743720

表一《詩經》蟲魚意象輯錄

一、蟲類意象

（一）以蟲之「總稱」爲意象者

類別	名稱	原文	篇名	意象	章次	句次	出現次數	備註
總稱	蟲	**蟲飛薨薨**	齊風·雞鳴	象徵天明	三	一	一	詞組

（二）以蟲之「個別名稱」爲意象者

類別		名稱	原文	篇名	意象	章次	句次	出現次數	備註
昆蟲綱 個別名稱	鞘翅目	蝤蠐	領如**蝤蠐**	衛風·碩人	象徵頸白而長	二	三	一	
		熠燿	**熠燿**宵行	豳風·東山	象徵荒涼景象	二	十	一	
		螣	去其螟**螣**	小雅·大田	象徵一切害蟲	二	四	一	
		蟊	及其**蟊**賊	小雅·大田	象徵一切害蟲	二	五	五	
			降此**蟊**賊	大雅·桑柔	象徵一切害蟲	七	三		
			蟊賊內訌	大雅·召旻	象徵小人	二	二		
			蟊賊蟊疾	大雅·瞻卬	象徵小人	一	七		詞組
	鱗翅目	蛾	螓首**蛾**眉	衛風·碩人	象徵眉之細長	二	五	一	詞組
		蠶	**蠶**月條桑	豳風·七月	象徵蠶事忙碌時節	三	三	二	詞組
			休其**蠶**織	大雅·瞻卬	象徵婦女分內之事	四	八		詞組

類別		名稱	原文	篇名	意象	章次	句次	出現次數	備註
昆蟲綱個別名稱	鱗翅目	蠋	蜎蜎者蠋	豳風·東山	象徵獨宿之征人	一	九	一	
		螟蛉	螟蛉有子	小雅·小宛	象徵幽王	三	三	一	
		螟	去其螟螣	小雅·大田	象徵一切害蟲	二	四	一	
	膜翅目	蜾蠃	蜾蠃負之	小雅·小宛	象徵勤於修德者	三	四	一	
		蜂	莫予荓蜂	周頌·小毖	象徵小人	一	三	一	
	雙翅目	蒼蠅	蒼蠅之聲	齊風·雞鳴	象徵晏起之託辭	一	四	一	詞組
		青蠅	營營青蠅營營青蠅營營青蠅	小雅·青蠅	象徵讒人	一、三	一	三	
	同翅目	螓	螓首蛾眉	衛風·碩人	象徵額之寬廣	二	五	一	詞組
		蜩	五月鳴蜩	豳風·七月	象徵月份	四	二	三	詞組
			鳴蜩嘒嘒	小雅·小弁	象徵友群和諧	四	二		詞組
			如蜩如螗	大雅·蕩	象徵亂聲	六	三		
		螗	如蜩如螗	大雅·蕩	象徵亂聲	六	三	一	詞組
	直翅目	螽斯	螽斯羽螽斯羽螽斯羽	周南·螽斯	象徵子孫眾多	一、三	一	三	
		草蟲	喓喓草蟲	召南·草蟲	象徵季節	一	一	二	
				小雅·出車	(或秋或夏)	五	一		
		阜螽	趯趯阜螽	召南·草蟲	象徵季節	一	二	二	
				小雅·出車	(或秋或夏)	五	二		
		斯螽	五月斯螽動股	豳風·七月	象徵月份	五	一	一	
		莎雞	六月莎雞振羽	豳風·七月	象徵月份	五	二	一	
		蟋蟀	蟋蟀在堂蟋蟀在堂蟋蟀在堂	唐風·蟋蟀	象徵歲暮	一、三	一	四	

		十月蟋蟀 入我床下	豳風·七月	象徵天寒	五	六		詞組
蜉蝣目	蜉蝣	蜉蝣之羽 蜉蝣之翼 蜉蝣掘閱	曹風·蜉蝣	象徵君臣競 慕華飾,虛 而不實。	一、 三	一	三	

（三）以蟲之「特殊名稱」為意象者

類別	名稱	原文	篇名	意象	章次	句次	出現次數	備註
特殊名稱	賊	及其蟊賊	小雅·大田	象徵一切害蟲	二	五		
		降此蟊賊	大雅·桑柔	象徵一切害蟲	七	三	三	
鞘翅目		蟊賊內訌	大雅·召旻	象徵小人	二	二		

二、魚類意象

（一）以魚之「總稱」為意象者

類別	名稱	原文	篇名	意象	章次	句次	出現次數	備註
總稱	魚	魚網之設	邶風·新臺	象徵世子伋	三	一	十五	
		誰能烹魚	檜風·匪風	象徵人民	三	一		
		魚在在藻 魚在在藻 魚在在藻	小雅·魚藻	象徵人民	一、 三	一		
		魚潛在淵 魚在于渚	小雅·鶴鳴	象徵賢人	一、 二	三		
		魚在于沼	小雅·正月	象徵賢人	十一	一		
		眾維魚矣 眾維魚矣	小雅·無羊	象徵豐年	四	二、五		
		象弭魚服	小雅·采薇	象徵軍容壯 盛整齊	五	六		詞組
		簟茀魚服	小雅·采芑	象徵軍容壯 盛整齊	一	十一		
		魚躍于淵	大雅·旱麓	象徵友群和諧	三	二		
		於牣魚躍	大雅·靈臺	象徵友群和諧	二	六		詞組

		炰鱉鮮魚	大雅·韓奕	象徵禮意之勤	三	六		詞組

（二）以魚之「個別名稱」為意象者

類別	名稱	原文	篇名	意象	章次	句次	出現次數	備註
條鰭魚綱 新鰭亞綱 個別名稱	鱸形目 鱨	魚麗于罶 魴鱨	小雅·魚麗	象徵禮意之勤	二	二	一	
	鯊	魚麗于罶 鱨鯊	小雅·魚麗	象徵禮意之勤	一	二	一	
	鯉形目	魴魚赬尾	周南·汝墳	象徵君子	三	一	九	
	魴	其魚魴鰥 其魚魴鱮	齊風·敝笱	象徵文姜	一、二	二		
		必河之魴	陳風·衡門	象徵佳餚	二	二		
		九罭之魚 鱒魴	豳風·九罭	象徵周公	一	二		
		魚麗于罶 魴鱧	小雅·魚麗	象徵禮意之勤	二	二		
		維魴及鱮 維魴及鱮	小雅·采綠	象徵技藝高超	四	二、三		
		魴鱮甫甫	大雅·韓奕	象徵友群和諧	五	七		
	鱮	其魚魴鱮	齊風·敝笱	象徵文姜	二	二	四	
		維魴及鱮 維魴及鱮	小雅·采綠	象徵技藝高超	四	二、三		
		魴鱮甫甫	大雅·韓奕	象徵友群和諧	五	七		
	鰥	其魚魴鰥	齊風·敝笱	象徵文姜	一	二	一	
	鯉	必河之鯉	陳風·衡門	象徵佳餚	三	二	四	
		魚麗于罶 鰋鯉	小雅·魚麗	象徵禮意之勤	三	二		
		炰鱉膾鯉	小雅·六月	象徵禮意之勤	六	六		
		潛有多魚 鰷鱨鰋鯉	周頌·潛	象徵備禮之隆	一	四		
	鱒	九罭之魚 鱒魴	豳風·九罭	象徵周公	一	二	一	

類別		名稱	原文	篇名	意象	章次	句次	出現次數	備註
條鰭魚綱 新鰭亞綱 個別名稱		嘉魚	南有**嘉魚** 南有**嘉魚**	小雅·南有嘉魚	象徵嘉賓	一、二	一	二	
		鰷	潛有多魚 **鰷**鱨鰋鯉	周頌·潛	象徵備禮之隆	一	四	一	
	鮎形目	鱨	魚麗于罶 **鱨**鯊	小雅·魚麗	象徵禮意之勤	一	二	二	
			潛有多魚 鰷**鱨**鰋鯉	周頌·潛	象徵備禮之隆	一	四		
		鰋	魚麗于罶 **鰋**鯉	小雅·魚麗	象徵禮意之勤	三	二	二	
			潛有多魚 鰷鱨**鰋**鯉	周頌·潛	象徵備禮之隆	一	四		
	鱘形目	鱣	**鱣**鮪發發	衛風·碩人	象徵遹從之盛	四	四	三	
			匪**鱣**匪鮪	小雅·四月	象徵賢人	七	三		
			潛有多魚 有**鱣**有鮪	周頌·潛	象徵備禮之隆	一	三		
		鮪	鱣**鮪**發發	衛風·碩人	象徵遹從之盛	四	四	三	
			匪鱣匪**鮪**	小雅·四月	象徵賢人	七	三		
			潛有多魚 有鱣有**鮪**	周頌·潛	象徵備禮之隆	一	三		

（三）以魚之「特殊名稱」爲意象者

類別	名稱		原文	篇名	意象	章次	句次	出現次數	備註
特殊名稱	鮋形目	台	黃耇**台背**	大雅·行葦	象徵年長老者	八	一	二	詞組
			黃髮**台背**	周頌·閟宮	象徵年長老者	四	十二		

三、蟲魚辨析

（一）前人以爲蟲而非蟲者

類別	名稱	原文	篇名	意象	章次	句次	出現次數	備註
甲殼綱	伊威	**伊威**在室	豳風·東山	象徵荒涼景象	二	七	一	
蛛形綱	蠨蛸	**蠨蛸**在戶	豳風·東山	象徵荒涼景象	二	八	一	
	蠆	卷髮如**蠆**	小雅·都人士	象徵容儀有法	四	四	一	
爬行綱	蛇	維虺維**蛇** 維虺維**蛇**	小雅·斯干	象徵女子	六、七	七、四	二	
	虺	維**虺**維蛇 維**虺**維蛇	小雅·斯干	象徵女子	六、七	七、四	三	
		胡爲**虺**蜴	小雅·正月	象徵人民	六	八		
	蜴	胡爲虺**蜴**	小雅·正月	象徵人民	六	八	一	
吸蟲綱	蜮	爲鬼爲**蜮**	小雅·何人斯	象徵讒人	八	一	一	

（二）前人以爲魚而非魚者

類別	名稱	原文	篇名	意象	章次	句次	出現次數	備註
鳥綱	鴻	**鴻**則離之	邶風·新臺	象徵衛宣公	三	二	一	
爬行綱	籧篨	**籧篨**不鮮 **籧篨**不殄	邶風·新臺	象徵醜惡之人	一、二	四	二	
	戚施	得此**戚施**	邶風·新臺	象徵醜惡之人	三	四	一	
	鼈	炰**鼈**膾鯉	小雅·六月	象徵禮意之勤	六	六	二	
		炰**鼈**鮮魚	大雅·韓奕	象徵禮意之勤	三	六		
	龜	我**龜**既厭	小雅·小旻	象徵占卜	三	一	四	
		爰契我**龜**	大雅·緜	象徵占卜	三	四		

爬行綱		維**龜**正之	大雅·文王有聲	象徵占卜	七	三		
		元**龜**象齒	魯頌·泮水	象徵厚禮	八	七		
	鼍	**鼍**鼓逢逢	大雅·靈臺	象徵君民同歡	四	三	一	詞組
腹足綱	貝	成是**貝**錦	小雅·巷伯	象徵讒人之巧言	一	二	二	詞組
		貝胄朱綅	魯頌·閟宮	象徵軍容壯盛整齊	四	五		
多物之綜合體	龍	**龍**盾之合	秦風·小戎	象徵軍容壯盛整齊	二	五	四	詞組
		龍旂陽陽	周頌·載見	象徵諸侯	一	三		
		龍旂承祀	魯頌·閟宮	象徵諸侯	三	七		
		龍旂十乘	商頌·玄鳥	象徵諸侯	一	十三		

（三）名為蟲而實非蟲者

類別	名稱	原文	篇名	意象	章次	句次	出現次數	備註
鳥綱	飛蟲	如彼**飛蟲**	大雅·桑柔	象徵貪人	十四	三	一	
	桃蟲	肇允彼**桃蟲**	周頌·小毖	象徵成王	一	五	一	
氣體	蟲蟲	蘊隆**蟲蟲**	大雅·雲漢	象徵酷暑	二	二	一	

（四）名為魚而實非魚者

類別	名稱	原文	篇名	意象	章次	句次	出現次數	備註
哺乳綱	魚	有驔有**魚**	魯頌·駉	象徵賢人君子	四	五	一	

表二　　《詩經》蟲類數種統計

		蟲　　　類			
篇名		〈風〉	〈雅〉	〈頌〉	總計
篇數		160	105	40	305
出現次數排行	1　螽	〔0〕	〔5〕	〔0〕	5
	2　蟋蟀	〔4〕	〔0〕	〔0〕	4
	3　青蠅	〔0〕	〔3〕	〔0〕	3
	3　螽斯	〔3〕	〔0〕	〔0〕	3
	3　蜉蝣	〔3〕	〔0〕	〔0〕	3
	3　蜩	〔1〕	〔2〕	〔0〕	3
	3　賊	〔0〕	〔3〕	〔0〕	3
	4　蠹	〔1〕	〔1〕	〔0〕	2
	4　草蟲	〔1〕	〔1〕	〔0〕	2
	4　阜螽	〔1〕	〔1〕	〔0〕	2
	5　熠燿	〔1〕	〔0〕	〔0〕	1
	5　蟏蟅	〔1〕	〔0〕	〔0〕	1
	5　螣	〔0〕	〔1〕	〔0〕	1
	5　蛾	〔1〕	〔0〕	〔0〕	1
	5　螟蛉	〔0〕	〔1〕	〔0〕	1
	5　螟	〔0〕	〔1〕	〔0〕	1
	5　蠋	〔1〕	〔0〕	〔0〕	1
	5　蜂	〔0〕	〔0〕	〔1〕	1
	5　果蠃	〔0〕	〔1〕	〔0〕	1

5	蒼蠅	〔1〕	〔0〕	〔0〕	1
5	斯螽	〔1〕	〔0〕	〔0〕	1
5	莎雞	〔1〕	〔0〕	〔0〕	1
5	蓁	〔1〕	〔0〕	〔0〕	1
5	螗	〔0〕	〔1〕	〔0〕	1
出現次數		22	21	1	44
出現物種		15	12	1	※24

※註：〈風〉與〈雅〉重疊 4 種，故總計為 24。

表三　《詩經》魚類數種統計

魚　類				
篇名		〈風〉	〈雅〉	〈頌〉	總計
篇數		160	105	40	305
出現次數排行	1　魴	〔5〕	〔4〕	〔0〕	9
	2　鱮	〔1〕	〔3〕	〔0〕	4
	2　鯉	〔1〕	〔2〕	〔1〕	4
	3　鱣	〔1〕	〔1〕	〔1〕	3
	3　鮪	〔1〕	〔1〕	〔1〕	3
	4　嘉魚	〔0〕	〔2〕	〔0〕	2
	4　鱨	〔0〕	〔1〕	〔1〕	2
	4　鰋	〔0〕	〔1〕	〔1〕	2
	4　鮐(鮊)	〔0〕	〔1〕	〔1〕	2
	5　鰷	〔0〕	〔0〕	〔1〕	1
	5　鰥	〔1〕	〔0〕	〔0〕	1
	5　鱒	〔1〕	〔0〕	〔0〕	1
	5　鱧	〔0〕	〔1〕	〔0〕	1
	5　鯊	〔0〕	〔1〕	〔0〕	1
出現次數		11	18	7	36
出現物種		7	11	7	※14

※〈風〉與〈雅〉重疊 5 種,〈雅〉與〈頌〉重疊 6 種,故總計為 14。

附錄一　蟲類各部位名稱

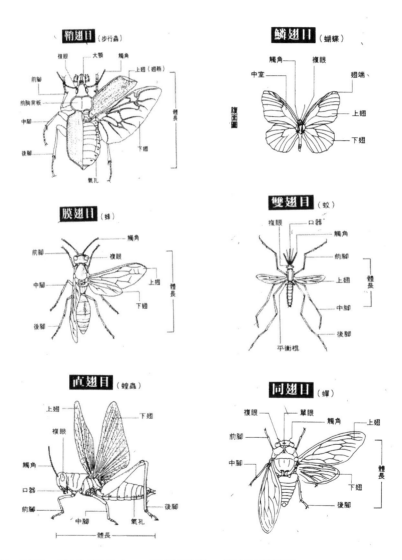

圖片來源：取自張永仁，昆蟲圖鑑，遠流出版社。

附錄二　魚類各部位名稱

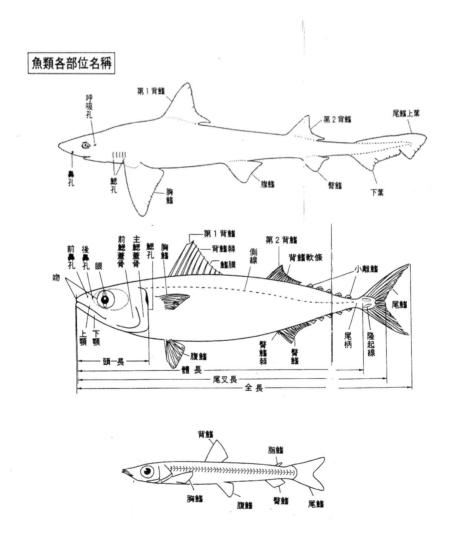

圖片來源：取自李嘉亮，臺灣常見魚類圖鑑（五冊），戶外生活雜誌。

參考書目舉要

一、參考書目分爲兩大類：壹、專書。貳、論文。

二、專書部分，依性質加以歸納分爲若干類，每一小類，民國前
　　按時代先後，民國後按出版先後排列。

三、論文部分，分爲學位論文及期刊論文，亦按時間先後順序編
　　排。

壹、專　書

一、詩經類

毛詩故訓傳（簡稱傳）　　【漢】毛亨　　十三經注疏本　臺北
　　藝文印書館　　54 年

毛詩傳箋（簡稱箋）　鄭玄　　十三經注疏本　　臺北　　藝文
　　印書館 54 年

毛詩音義（簡稱釋文）　　【隋】陸德明　十三經注疏本　臺北
　　藝文印書館　　54 年

毛詩正義（簡稱正義）　　【唐】孔穎達　十三經注疏本　臺北
　　藝文印書館　　54 年

毛詩指說　成伯璵　　通志堂經解

詩本義　【宋】歐陽修　　通志堂經解

穎濱詩集傳　蘇轍　　欽定四庫全書經部 64

毛詩集解　　李樗、黃櫄　　通志堂經解

詩總聞　　王質　　欽定四庫全書經部 65

詩集傳　　朱熹　　華正書局　　66 年 5 月初版

詩序辨說　　朱熹　　學津討原第二集第 18 冊

慈湖詩傳　　楊簡　　欽定四庫全書經部 67

呂氏家塾讀詩記　　呂祖謙　　欽定四庫全書經部 67

續呂氏家塾讀詩記　　戴溪　　欽定四庫全書經部 67

絜齋毛詩經筵講義　　袁燮　　欽定四庫全書經部 68

毛詩講義　　林岊　　欽定四庫全書經部 68

詩童子問　　輔廣　　欽定四庫全書經部 68

毛詩集解　　段昌武　　欽定四庫全書經部 68

詩義指南　　叢書集成初編

詩緝　　嚴粲　　欽定四庫全書經部 69

詩傳遺說　　朱鑑　　欽定四庫全書經部 69

詩說　　張耒　　通志堂經解

詩論　　程大昌　　百部叢書集成

詩疑　　王柏　　通志堂經解

詩傳注疏　　謝枋得　　宛委別藏

詩說　　劉克　　宛委別藏

逸齋詩補傳　　范處義　　通志堂經解

詩考　　王應麟　　欽定四庫全書經部 69

詩傳旁通　　【元】梁益　　欽定四庫全書經部 70

詩傳通釋　　劉謹　　欽定四庫全書經部 70

詩經疏義會通　　朱公遷　　欽定四庫全書經部 71

詩纘緒　　劉玉汝　　欽定四庫全書經部 71

詩總疑問附詩辨說　　朱倬　　欽定四庫全書經部 71

詩演義　　【明】梁寅　　欽定四庫全書經部 72

詩解頤　　朱善　　通志堂經解

詩傳大全　　胡廣等　　欽定四庫全書經部 72

新編詩義集說　　孫鼎　　宛委別藏

詩說解頤　　季本　　詩經要籍集成 12、13

毛詩或問　　袁仁　　百部叢書集成

詩故　　朱謀瑋　　欽定四庫全書經部 73

重訂詩經疑問　　姚舜牧　　欽定四庫全書經部 74

毛詩原解　　郝敬　　百部叢書集成

詩經世本古義　　何楷　　欽定四庫全書經部 75

詩問略　　陳子龍　　百部叢書集成

待軒詩記　　張次仲　　欽定四庫全書經部 76

詩經稗疏　　【清】王夫之　　欽定四庫全書 84

詩廣傳　　王夫之　　船山遺書

詩經考異　　王夫之　　船山遺書

詩經通義　　朱鶴齡　　欽定四庫全書經部 79

毛詩稽古編　　陳啓源　　皇清經解毛詩類彙編

白鷺洲主客說詩　　毛奇齡　　皇清經解續編

詩說　　惠周惕　　皇清經解毛詩類彙編

詩經通論　　姚際恒　　詩經要籍集成 26、27

虞東學詩　　顧鎮　　欽定四庫全書經部 82

讀風偶識　　崔述　　詩經要籍集成 27

毛鄭詩考正　　戴震　　皇清經解毛詩類彙編

詩經補注　　戴震　　皇清經解毛詩類彙編

毛詩故訓傳　　段玉裁　　皇清經解毛詩類彙編

詩經小學　　段玉裁　　皇清經解毛詩類彙編

御纂詩義折衷　　傅恒　　欽定四庫全書

詩疑辨證　　黃中松　　詩經要籍集成 26

毛詩補疏　　焦循　　皇清經解毛詩類彙編

毛詩馬王徵　　臧庸　　百部叢書集成

毛詩考證　　莊述祖　　皇清經解續編上、下

毛詩後箋　　胡承珙　　續修四庫全書 67

毛詩傳箋通釋　　馬瑞辰　　臺灣中華書局　　69 年臺 3 版

毛詩鄭箋改字說　　陳喬樅　　皇清經解續編

詩經四家異文考　　陳喬樅　　皇清經解續編

毛詩平議　　俞樾　　續修四庫全書 178

詩毛氏傳疏　　陳奐　　續修四庫全書 70

詩經原始　　方玉潤　　台北藝文印書館影本

詩古微　　魏源　　皇清經解續編

三家詩拾遺　　范家相　　百部叢書集成

三家詩遺說考　　陳喬樅　　皇清經解續編

詩三家義集疏　　王先謙　　台北鼎文書局

詩經研究論文集　　【民國】高亨等著　　北京人民出版社
48・2 月第 1 版

詩言志辨　　朱自清　　台灣開明書局　　53 年臺 1 版

詩經今論　　何定生　　臺灣商務印書館　　57 年 6 月

詩經通釋　　王靜芝　　輔仁大學文學院　　57 年 7 月初版

詩義會通　　吳闓生　　台灣中華書局　　59 年臺 1 版

敦煌詩經卷子研究論文集　　潘重規　　香港新亞研究所
59・9 月初版

詩經通解　　林義光　　台灣中華書局　　60 年 10 月臺 1 版

韓詩外傳今註今譯　　賴炎元　　臺灣商務印書館　61 年 9 月
初版

毛詩會箋　　（日）竹添光鴻　　台北大通書局 64 年 9 月再版

詩經篇旨通考　　張學波　　台北廣東出版社　　65 年 5 月初版

詩經研讀指導　　裴普賢　　台北東大圖書公司　66 年 3 月初版

詩經注釋　　（瑞典）高本漢著、董同龢譯　　國立編譯館　68 年
2 月再版

詩經選　　余冠英　　人民文學出版社　　68 年 10 月再版

詩經通釋　　李辰冬　　台北水牛出版社　　69 年 11 月

詩經今注　　高亨　　台北里仁書局　　70 年 10 月

詩經研究論文集　　熊公哲等著　　台北黎明文化事業公司　70‧初版

澤螺居詩經新證　　于省吾　　北京中華書局　　71 年 11 月第 1 版

詩經研究　　李辰冬　　台北水牛出版社　　71 年 5 月再版

詩經研究史概要　　夏傳才　　鄭州中州書畫社　　71 年 9 月

詩經詮釋　　屈萬里　　台北聯經出版事業公司　　72 年

詩經比較研究與欣賞　　裴普賢　　台灣學生書局　　72 年 9 月

詩經研究論集　　林慶彰編　　台灣學生書局　72 年 11 月初版

詩三百篇探故　　朱東潤　　台北漢京文化事業公司　73 年 2 月

詩經評釋　　朱守亮　　台灣學生書局　　73 年 10 月

詩經欣賞與研究　　裴普賢、糜文開著　　台北三民書局　73 年

詩經新論　　宮玉海　　吉林人民出版社　　74 年 5 月第 1 版

毛詩鄭箋平議　　黃焯　　上海古籍出版社　74 年 6 月第 1 版

詩經學論叢　　江磯編　　台北崧高書社　　74 年 6 月

詩經直解　　陳子展　　河南復旦大學出版社　74 年 7 月第 2 版

詩經新解與古史新論　　駱賓基　　山西人民出版社　74 年 9 月第 1 版

詩疏平議　　黃焯　　上海古籍出版版社　74 年 11 月第 1 版

詩經周南召南發微　　文幸福　　台北學海出版社　75 年第 8 版

詩經探微　　袁寶泉、陳智賢　　廣東花城出版社　76 年 4 月第 1 版

詩經研究論集　　林慶彰編　　台灣學生書局　　76 年初版

國風與民俗研究　　徐華龍　　北京中國民間文藝出版社　77 年

詩經學　　胡樸安　　臺灣商務印書館　　77 年 5 月臺 5 版

詩經詞典　　向熹編　　四川人民出版社　　77 年 6 月第 1 版

詩經語言藝術　　夏傳才　台北雲龍出版社　79 年 10 月臺 1 版

詩經末議　　韓明安、林祥征　　黑龍江人民出版社　80 年 4 月

詩經辨義　　蘇東天　　浙江古籍出版社　　81 年 4 月

中國歷代詩經學　　林葉蓮　　台灣學生書局　　82 年 3 月初版

國風集說　　張樹波　　河北人民出版社　　82 年 8 月初版

白話詩經　　吳宏一　　聯經出版社　　82 年

詩經的文化闡釋　　葉舒憲　　河北人民出版社　83 年 6 月初版

詩經正詁　　余培林　　三民書局　　84 年 10 月初版

詩經與周代社會研究　　孫作雲　　北京中華書局　　85 年 4 月
　　第 1 版

詩三百精義述要　　盛廣智　東北師範大學出版社　87 年 12 月
　　第 1 版

詩經名物意象探析　　李湘　　台北萬卷樓圖書公司　　88 年初版

詩經蠡測　　郭晉稀　　甘肅人民出版社

二、小學、博物類

說文解字注　　【漢】許慎撰【清】段玉裁注　　黎明文化事業
　　有限公司

釋名　　劉熙　　臺灣商務印書館　　85 年

異物志　　楊孚撰　　新興書局　　68 年

毛詩草木鳥獸蟲魚疏　　【吳】陸璣　　欽定四庫全書經部 64

博物志　　【晉】張華　　四部備要

古今注　　崔豹　　增訂漢魏叢書第四冊

爾雅注疏　　【晉】郭璞注【宋】邢昺疏　　十三經注疏　54 年

肘後備急方　　葛洪　　人民衛生出版社　　45 年

埤雅　　【宋】陸佃　　百部叢書集成

爾雅翼　　羅願　　百部叢書集成

毛詩名物解　　蔡卞　　通志堂經解

詩集傳名物鈔　　【元】許謙　　通志堂經解

六家詩名物鈔　　【明】馮復京　　欽定四庫全書經部 74

陸氏詩疏廣要　　毛晉　　欽定四庫全書經部 64

本草綱目　　李時珍　　臺灣商務印書館

養魚經　　黃省曾　　百部叢書集成

異魚圖贊　　楊慎　　百部叢書集成

廣博物志　　董斯張　　欽定四庫全書子部

詩傳鳥名　　【清】毛奇齡　　續修四庫全書 64

詩識名解　　姚炳　　欽定四庫全書 80

毛詩類釋　　顧棟高　　欽定四庫全書 82

詩傳名物集覽　　陳大章　　四庫全書珍本 6－7 冊

詩經鳥獸草木考　　黃春魁　　文海出版社

詩名物證古　　俞樾　　皇清經解續編

毛詩名物圖說　　徐鼎　　詩經動植物圖鑑叢書上

異魚圖贊補　　胡世安　　百部叢書集成

然犀志　　李調元　　百部叢書集成

毛詩品物圖考　　（日）岡元鳳　　詩經動植物圖鑑叢書下

爾雅義疏　　郝懿行　　四部備要

爾雅正義　　邵晉涵　　皇清經解

廣雅疏證　　王念孫　　四部備要

經義述聞　　王引之　　台北鼎文書局

經傳釋詞　　王引之　　太平書局　　85 年 12 月

別雅　　【民國】王雲五　　臺灣商務印書館　　62 年 12 月

爬蟲類與兩棲類　　波頓撰、吳嘉玲譯　　自然科學文化事業公司　67 年

臺灣常見魚類圖鑑（五冊）　　李嘉亮　　戶外生活雜誌　79 年

校園常見的昆蟲　　楊世平、陳建志　　台灣省政府教育廳
　80 年 5 月初版

先秦經子僻字解　　易雪凝　　台北正中書局　　81 年 11 月

諸病源候論校注　　丁光迪　　人民衛生出版社　　81 年

古辭辨　　王鳳陽　　吉林文史出版社　　82 年

昆蟲圖鑑　　張永仁　　遠流出版事業股份有限公司　　87 年 6
　月初版

昆蟲入門　　張永仁　　遠流出版事業股份有限公司　　87 年 6 月
　初版

兩棲・爬蟲類簡介　　呂光洋、陳世煌著　　墾丁國家公園管理處
　87 年

昆蟲圖鑑　　喬治・麥葛文　　貓頭鷹出版　　89 年初版

魚文化錄　　賴春福、張詠青、莊棣華　　水產出版社　　90 年 9 月
　第 1 版

台灣淡水魚地圖　　陶天麟　　晨星出版　　93 年初版

三、群經、諸子類

五經異議　　【漢】許慎　　皇清經解

尚書正義　　孔安國傳【唐】孔穎達正義　　十三經注疏

周禮注疏　　鄭玄注【唐】賈公彥疏　　十三經注疏

儀禮注疏　　鄭玄注【唐】賈公彥疏　　十三經注疏

禮記正義　　鄭玄注【唐】孔穎達正義　　十三經注疏

春秋公羊傳注疏　　何休注【唐】徐彥疏　　十三經注疏

孟子注疏　　趙岐注【宋】孫奭疏　　十三經注疏

淮南子　　高誘注釋　　華聯出版社　　62 年

易林註　　焦延壽　　四部叢刊初編－上海書局

周易正義　　【魏】王弼、韓康伯注【唐】孔穎達正義　　十三經

　注疏

周易略例　　王弼　　百部叢書集成

論語注疏　　何晏注【宋】邢昺疏　　十三經注疏

春秋左傳正義　　【晉】杜預注【唐】孔穎達正義　十三經注疏

春秋穀梁傳注疏　　范寧注【唐】楊士勛疏　　十三經注疏

山海經箋疏　　郭璞傳【清】郝懿行箋疏　　藝文出版社　47年

莊子集釋　　【唐】成玄英疏【清】郭慶藩集釋　　新編諸子集成

管子校正　　尹知章注【清】戴望校正　　新編諸子集成

荀子集解　　【唐】楊倞注【清】王先謙撰　　藝文印書館

夏小正戴氏傳　　【宋】傅崧卿注【清】黃丕烈撰　　百部叢書
　集成

四書讀本　　朱熹集註【民國】蔣伯潛廣解　　啓明書局

墨子閒話　　孫詒讓撰　　新編諸子集成

阮元校勘本　　阮元　　十三經注疏

夏小正經傳集解　　顧鳳藻　　百部叢書集成

呂氏春秋集釋　　【民國】許維遹　　台北鼎文書局　　55年

孔學論叢　　高明　　黎明文化事業股份有限公司　　67年

韓非子集釋　　陳奇猷撰　　成文書局　　69年影印本

論衡校釋　　黃暉　　臺灣商務印書館　　72年

大戴禮記今註今譯　　高明　　臺灣商務印書館　　73年

山海經校譯　　袁珂　　台北明文書局　　75年9月

列子全譯　　王強模　　貴州人民出版社　　82年

四、歷史、文化、考古類

國語　　【周】左丘明撰【吳】韋昭注　台北漢京文化事業公司

戰國策　　【漢】劉向輯錄　　台北里仁書局

史記會注考證　　（日）瀧川龜太郎　　洪氏出版社

漢書　　【漢】班固　　台北鼎文書局

春秋繁露　　董仲舒　　台灣中華書局

後漢書　　【南朝宋】范曄　　台北鼎文書局

通志略　　【宋】鄭樵　　欽定四庫全書史部

逸周書集訓校釋　　【清】朱右曾　　台北世界書局

中國古代社會研究　　【民國】郭沫若　　北京人民出版社　19 年

古史考研　　趙鐵寒　　台北正中書局　　54 年 10 月臺初版

中國古代民族神話與文化研究　　印順　　台北正聞出版社　64．10 月初版

中國的神話與傳統　　王孝廉　　台北聯經出版事業公司　66．2 月初版

古今本竹書記年八種　　林春溥等編　　台北世界書局　　66 年

中國古代社會史　　李宗侗　　中國文化大學　　70 年 6 月 4 版

西周史　　許倬雲　　台北聯經出版事業公司　73 年 10 月初版

中國史探研（古代篇）　　齊思和　　台北弘文出版社　74 年 9 月

古史新探　　楊寬　　台北谷風出版社　　75 年

中國古文化　　文崇一　　台北東大圖書公司　78 年 8 月初版

中國魚文化　　陶思炎　　北京華僑出版社　　79 年

周代宗法制度史研究　　錢杭　　上海學林出版社　　80 年 8 月初版

草木蟲魚世界　　鄧雲鄉　　臺灣商務印書館　　81 年 1 月

中國古禮研究　　鄒昌林　　台北文津出版社　　81 年 9 月初版

古代社會與國家　　杜正勝　　台北允晨文化　　81 年 10 月初版

周代禮俗研究　　常金倉　　台北文津出版社　　82 年月臺初版

周代祭祀研究　　張鶴泉　　台北文津出版社　　82 年 5 月初版

黃土與中國農業的起源　　何炳棣　　香港中文大學　　85 年 4 月

中華草木蟲魚文化　　童勉之　　台北文津出版社　　86 年 1 月

中國古史的傳說時代　　徐旭生　　台北里仁出版社　　88 年

五、文集類

文選　　【南朝梁】昭明太子選　　【唐】李善注　　台北藝文印書館

文心雕龍注　　【南朝】劉勰　【民國】范文瀾注　　台北開明書局

文心雕龍讀本　　劉勰　　王更生注譯　　台北文史哲出版社

樂府詩集　　【宋】郭茂倩編撰　　台北里仁書局

楚辭補注　　洪興祖　　台北藝文印書館

古詩源箋注　　【清】沈德潛著、王純父箋註　　台北華正書局

杜詩鏡銓　　楊倫編輯　　台北藝文印書館　　67 年再版

王漁洋詩話　　王士禎　　台北廣文書局　　71 年

豐鎬考信錄　　崔述　　畿輔叢書 108

歷代詩話統編　　丁福保編　　北京圖書館　　92 年

詩學指南　　顧龍振編　　台北廣文書局　　62 年 4 月再版

社會學　　【民國】龍冠海　　三民書局　　55 年 5 月

藝術的奧秘　　姚一葦　　台灣開明書店　　59 年 2 月初版

清詩話　　丁福保編　　台北明倫出版社　　60 年 12 月初版

陳世驤文存　　陳世驤　　台北志文出版社　　61 年 7 月初版

文學欣賞與批評　　徐進夫譯　　台北幼獅文化事業公司　64 年 4 月第 1 版

文學論　　韋勒克・華倫著、王夢鷗譯　　志文出版社　　65 年 10 月

中國藝術精神　　徐復觀　　台灣學生書局　　65 年

詩與美　　黃永武　　洪範書局　　67 年 12 月第 4 版

中國詩學　　黃永武　　台北巨流圖書公司　　68 年

困學集・意象派：現代詩的先河　　傅孝先著　　時報文化出版事業有限公司 68 年 11 月

掌上雨　　余光中　　時報文化出版事業有限公司　　69 年 4 月

歷代詩話　　何文煥輯　　北京中華書局　　70 年 4 月初版

中國詩學　　劉若愚著、杜國清譯　　台北幼獅文化事業公司 72 年 10 月第 4 版

中國古代文學創作論　　張少康　　北京大學出版社　72 年 12 月

迦陵談詩　　葉嘉瑩　　三民書局　　73 年 1 月

文藝心理學　　朱光潛　　台北漢京文化事業公司　　73 年

屈萬里先生文存　　屈萬里　　台北聯經出版事業公司　　74 年

迦陵談詩　　葉嘉瑩　　東大圖書公司　　74 年 2 月初版

中國文學理論　　劉若愚著、杜國清譯　　台北聯經出版事業公司 74 年 8 月

比興物色與情景交融　　蔡俊英　　台北大安出版社　　75 年 5 月初版

美學四講　　李澤厚　　台北人間出版社　　77 年 11 月第 1 版

興的起源－歷史積澱與詩歌藝術　　趙霈霖　　台北谷風出版社 78 年 9 月

中國詩歌藝術研究　　袁行霈　　台北五南出版社　　78 年

范成大詩歌賞析集　　顧志興主編　　巴蜀書社 80 年 2 月第 1 版

詩歌意象論　　陳植鍔　　中國社會科學出版社　81 年 11 月再版

神話與詩　　聞一多　　聞一多全集　　台北里仁書局　　89 年初版

古典新義　　聞一多　　聞一多全集　　台北里仁書局　　89 年初版

談美　　朱光潛　　聖天堂出版有限公司　　89 年 7 月

貳、論文類

一、學位論文

國風寫作技巧研究　　彭麗秋　　輔仁中研所 69 年碩士論文

詩經比興研究　　蘇伊文　　師大國研所 70 年碩士論文

詩經國風歌謠的特色　　洪湘卿　　東吳中研所 70 年碩士論文

詩經中草木鳥獸意象表現之研究　　文鈴蘭　　政大國研所 72 年碩士論文

詩經所反映之周代社會　　藍麗春　　高師國研所 75 年碩士論文

詩經雅頌中的德治思想　　林佳蓉　　師大國研所 77 年碩士論文

十五國風章節之藝術表現　　林奉仙　　師大國研所 78 年碩士論文

杜甫詩之意象研究　　歐麗娟　　台大中研所 80 年碩士論文

詩經鳥類意象及其原型研究　　林佳珍　　師大國研所 82 年碩士論文

聞一多詩經學研究　　侯美珍　　政大中研究所 83 碩士論文

詩經草木意象　　陳靜俐　　師大國研所 86 年碩士論文

唐詩魚類意象研究　　吳瓊玫　　師大國研所 88 年碩士論文

詩經獸類意象研究　　楊明哲　　玄奘人文社會學院國文研究所 92 年碩士論文

二、期刊論文

詩經國風中的特殊「意象」　　董挽華　　反攻　　第 352 期

鳥蟲書論稿　　馬國權　　古文字研究第 10 輯

詩經中有關魚之「興」詞研究　　（日）家井貞　　日本中國學

會報第 27 集

詩經中所見魚、漁之研究　　（日）田忠正春　　漢文學會報第 2 輯

詩經〈召南‧草蟲〉釋義　　左松超　　人文中國學報第 1 期

毛詩動植物今釋　　薛蟄龍　　國粹學報第 37-43 期

詩經興義新探舉例　　周示行　　古典文學論文集－湖南人民出版社

詩經國風的草木和詩的表現技巧　　葉珊（楊牧）　　現代文學 33 期

釋「多識於鳥獸草木之名」的詩學內涵　　曾永成　　西南民族學院學報‧哲學社會科學版　　21 卷第 12 期

詩經欣賞選例 —— 采綠　　江甯　　中國語文　　第 46 卷第 3 期 69 年 3 月

詩經欣賞選例 —— 汝墳　　江甯　　中國語文　　第 49 卷第 5 期 70 年 11 月

詩經中的興與人和自然的對應　　王健　　復旦學報 71 年第 4 期

詩經欣賞選例－衡門　　江甯　　中國語文　　第 53 卷第 1 期 72 年 7 月

詩經欣賞選例－無羊　　江甯　　中國語文　　第 56 卷第 1 期 74 年 1 月

〈先秦文學中楊柳的象徵意義〉　　Caroline Spurgeon 著、鍾玲譯古典文學第七集上冊學生書局　　74 年 8 月初版

詩經興義類探　　倪祥保　　蘇州大學學報 76 年第 2 期

傳統詩歌與農業社會　　胡曉明　　文學遺產 76 年第 2 期

詩經的比興與周易卦爻辭的象徵　　李炳海　　東北師大學報 78 年第 4 期

對詩經所載魚類的研究　　李思忠　　大陸淡水漁業期刊 79 年第 1 期

詩經中動植物崇拜與情愛意識　　徐燕平　　上海師範大學學報
79 年第 1 期

論意象　　鄭全和　　雲夢學刊　　第二期　　83 年

試論詩經中「鳥獸草木」的價值蘊含　　管仁福　北方論叢　1 期
83 年

漢畫中魚龍圖的含義　　徐嬋菲　　故宮文物月刊　　第 12 卷
第 1 期　　84 年 2 月

詩經比興中性意象的文化探源　　廖群　　文史哲　　第 3 期
84 年

意象論　　劉偉林　　華南師範大學學報·社會科學版　　第 1 期
85 年

試論詩經中的意象　　黃培坤　　福建論壇·文史哲版　　第 6 期
85 年

詩經中的「魚」　　余培林　　紀念許世瑛先生 90 冥誕學術研討
會論文集

古典文學中的魚龍解　　徐國能　　中國語文　　88 年 12 月

詩經·小雅·鹿鳴「鹿」意象闡釋　　岳泓　　山西大學師範學
院學報　　第 4 期　　88 年

「意象」說：中國古代第一個系統的詩學理論　　賀天忠　　襄
樊學院學報　　第 21 卷第 6 期　　89 年

詩經意象論　　孫伯涵　　煙台師範學院學報　　第 18 卷第 12 期
90 年 6 月